中公クラシックス W3

レヴィ=ストロース

悲しき熱帯 I

川田順造 訳

中央公論新社

「中公クラシックス」版のためのメッセージ

クロード・レヴィ＝ストロース

この本の日本語版の初版〔一九六七年〕が出たときには、私は一度も日本を訪ねたことがありませんでした。ところが一九七七年から一九八八年のあいだに、私は五度《たび》日本へ行くことができたのです。それはいつもさまざまな機関のお陰でした。ここで改めてそれらの機関——国際交流基金、サントリー財団、日本生産性本部、石坂財団、国際日本文化研究所——に、お礼を申し上げたいと思います。

国際交流基金は、六週間の間、日本という国を、きわめて多様な角度から私に紹介しようという配慮から、東京、大阪、京都、奈良、伊勢の他、私の優れた同僚である吉田禎吾教授や福井勝義教授の御案内で、能登半島や日本海の隠岐にまで行かれるように計らって下さったのです。サントリー財団には、瀬戸内海と四国を知る機会を与えていただいたことを感謝しています。一九八三年には、いまお名前を挙げた吉田禎吾教授は琉球諸島の伊平屋島、伊是名島、久高島にお連れ下さり、教授の民族学的調査に私もほんの僅かですが加わらせていただきました。三年後、次の滞在のときには、私は九州を訪ねたいと思いました。一週間以上にわたったこの旅行は、渡辺靖夫人にご一緒していただいたお蔭で可能になったといえますが、渡辺夫人は、私の初めての日本訪問以来、かけがえのない案内者、通訳をつとめて下さいました。

川田順造教授に対しては、この本を訳して下さったことを始めとして、私が感謝すべきことは数え切れません。それに加えて一九八六年には、川田教授は外人訪問者のほとんどが知らない東京の一面を見せて下さいました。昔ながらの和船で、隅田川を遡り、さらにこの川の西でも東でも東京の街を縫って流れている運河をめぐったのです。

初め何度かの日本訪問の頃、パリの私の研究室では、さまざまな時代の多様な社会の、さまざまな職種での労働観の研究計画に着手したところでした。それ故、私の旅行がこの種の課題にかかわるように企画されることを私は願い、どんな辺鄙なところでも構わないから、町や村の職人の方々にお会いできるように計らっていただいたのです。奈良の数々の博物館や社寺、伊勢神宮の思い出は無論忘れられないものではありますが、私の大部分の時間は、和服の機織師、染師、絵師（染織美術の研究者である私の妻も関心をもっていた職種でしたが）や、陶芸師、鍛冶師、木地師、金細工師、漆芸師、木工師、漁師、杜氏、板前、菓子杜氏、それに文楽の人形遣いや邦楽の奏者の方々とお会いすることに割かれました。

そこから私は、「はたらく」ということを日本人がどのように考えているかについて、貴重な教示を得ました。それは西洋式の、生命のない物質への人間のはたらきかけではなく、人間と自然のあいだにある親密な関係の具体化だということです。他の面では、ある種の能の演目でのように、ごく日常的な仕事に詩的価値を付与することによって、それらを顕彰しています（「詩的」という言葉のギリシャ語の〔「作る」ことを意味した〕語源と、芸術的意味とを一致させています）。

日本での人間の自然に対する関係について、日本へ行く前に考えていたとき、私はやや理想化しすぎていたと思うのですが、上に述べた面以外でも私には予期しない発見がありました。日本を旅行していて、素晴らしい庭園、桜の花への愛着、生け花、そして日本料理さえもが西洋人の目に示してくれる、自然美への崇敬がある一方で、自然環境と折り合いをつけるときには極めて粗暴な手法が用いられることもあると知ったからです。北斎の美しい画集『隅田川両岸一覧』によって隅田川を心に描き続けていた私にとっては、先に触れたこの川の遡行は衝撃でした。古い版画を通してパリを知っている外国からの訪問者も、今のセーヌ川の両岸を見て、同様の反応を示すでしょう。ただ、パリでは版画からの想像と現実とのへだたりはおそらくより小さく、過去から現在への移り変わりも隅田川ほど激しくはないと思います（とはいえ、私が聞かされていたのとは反対に、現代の東京は私には醜くは感じられませんでした。建造物の単調な整列が、通行者に二面の壁のあいだの小路や大通りをたどらせる西洋の都市と違って、さまざまな建物が不規則にたてこんでいることは、多様で自由な印象を与えます)。

さらに、日本人が(捕鯨に対してのように、時として彼らが拠りどころにする、よこしまな理由付けによって)ある時は自然を、ある時は人間を優先し、人間のために必要なら自然を犠牲にする権利を自らに与えるのも、おそらく自然と人間とのあいだに、截然《せつぜん》とした区別が存在しないことによって説明されるのかもしれません。自然と人間は、気脈を通じ合った仲間同士なのですから。

日本人の同僚たちが、彼らの歴史を解く一つの鍵として私に教えてくれた、あの「二重の規準」による理由付けの一例を、私はそこに見出せるように思うのです。ある意味では、一世紀の間に世界の人口が二〇億足らずから六〇億になったという、われわれの時代の大問題に対しても、日本は自国に関するかぎり、都市の切れ目のない連続を生じさせるほど人口の密集した沿岸部の国土と、人がまったくか、ほとんど住んでいない山がちの内陸部とを共存させるという独特の解決法を見出しました。このような対立はまた、科学、産業、通商という領域と、昔ながらの考え方に依拠し続けている領域との、二つの精神世界の間にも見られるのかもしれません。

なぜなら、この「二重の規準」は時間の次元にも適用されるからです。驚異的に高速の進化によって、日本は西洋世界が何世紀もかかってたどった道のりを、数十年で通過しました。そのおかげで、日本はその精神的な根源との緊密なつながりは保ったまま、近代化することに成功したのです。

職業生活の大半を、私は神話を研究することと、この思考領域がいかに理に適ったものであるかを示すことに費やして来ました。日本で神話が保っている活力に深い感銘を受けずにいられないのも、そのためなのでしょう。琉球の小島で、小さな森や、岩や、天然の井戸や、泉など、聖なるもののかくも豊かな顕現とみなされているもののあいだにいたときほど、自分が遠い過去に近く身を置いていると感じたことはありません。久高島では、世の初めの畑に蒔かれた五種の種子をもたらした聖なる来訪者が出現したという場所を、島の人は私たちに示してくれました。島の人々にとっては、この出来事は神話の時代に起こったことではないのです。その出来事は昨日のことであり、今日の、あるいは明日のことでもあるのです。なぜなら、ここに足跡を印した神々は毎年再来するからであり、全島のいたるところで、儀礼や聖なる遺址が、神々が確かに来訪されたことを証拠立てているからです。

おそらく、書かれた歴史が比較的新しい時代に始まったために、日本人は歴史を神話のなかに根付かせるのでしょう。そのことを私は、あなた方の最も古い神話の舞台となった九州で確信させられたのです。この段階では、歴史性という問題は提起されません。不都合を感じることなしに、二つの遺址で、瓊瓊杵尊《ににぎのみこと》が天から下ったときにお迎えした栄誉を言い立てることもできるのです。そして大日孁貴《おおひるめのむち》、つまり天照大神の祠のある場所の荘厳さは、この神が岩屋に姿を隠した、古《いにしえ》の物語がここで起こったと信じさせるに足るほどのもので、岩屋は近寄って見るには懼れが多く、遠くから垣間見るだけとなっています。この偉大な建国神話と、伝承がそれを位置づけている崇高な風景とが、神話の時代と現代の感受性のあいだに、生きられた連続性を保っているさまを実感するのには、この聖地訪問者たちを乗せてくるバスの台数を数えてみるだけで十分です。

『悲しき熱帯』を書きながら、人類を脅かす二つの禍《わざわい》——自らの根源を忘れてしまうこと、自らの増殖で破滅すること——を前にしての不安を表明してから、やがて半世紀になろうとしています。過去への忠実と、科学と技術がもたらした変革のはざまで、おそらくすべての国のなかで日本だけが、これまである種の均衡を見出すのに成功してきました。このことは多分何よりも、日本が近代に入ったのは「復古」によってであり、例えばフランスのように「革命」によってではなかったという事実に、負っているのでしょう。そのため伝統的諸価値は破壊を免れたのです。しかし同時に、日本の人々、開かれた精神を長いあいだ保ってきた、それでいて西洋流の批判の精神と組織の精神には染まらなかった日本の人々に、負っています。この二つの精神の自己撞着した過剰が、西洋文明を蝕んできたのですから。今日でもなお、日本を訪れる外国人は、各自が自分のつとめを良く果たそうとする熱意、快活な善意が、その外来者の自国の社会的精神的風土と比べて、日本の人々の大きな長所だと感じるのです。日本の人々が、過去の伝統と現在の革新の間の得がたい均衡をいつまでも保ち続けられるよう願わずにはいられません。それは日本人自身のためだけに、ではありません。人類のすべてが、学ぶに値する一例をそこに見出すからです。

二〇〇〇年十二月、パリで

目次

『悲しき熱帯』のいま——四十六年ののちに

川田順造

『悲しき熱帯』の原著が刊行されて四十六年、日本語での初めの拙訳（マリノフスキーと合本の「世界の名著」のための部分訳）が出て三十四年、拙訳による全訳が出て二十二年経った。フランス語の原著も、ペーパーバックスなども含めて、現在もパリをはじめフランス語圏のいたるところの書店で売られているし、世界二十六ヶ国語に翻訳されて、それぞれの言語圏でロングセラーとなっている。原著は晦渋といっていいフランス語で書かれており、その晦渋な味わいを日本語に移そうと努めた拙訳も決して読み易くはないのだが、上下二冊七〇〇ページ近い全訳本も、昨年の二十一版まで毎年のように版を重ねている。この著作の何が、これだけ広汎な読者を、原著でいえば三世代にわたるかもしれない長い間、惹きつけてきたのだろう。

第二次大戦をはさんだ世界の変動のうち、植民地帝国の崩壊と植民地の独立、政治・経済の次元での南北問題の発生と、知の次元での「野生の知」の復権は、現在以後にまでつながる、根の深い事象といえよう。かつての「野蛮」「未開」社会が「低開発」ないし「開発途上」社会として、以前にもまして差別的に位置づけなおされ、植民地の独立にともなって、世界は時代遅れの「国民国家」で覆われ尽くした。国民国家の枠とグローバル化する凶暴な力とが立てる軋《きし》みのなかで、しばしば「民族」に名をかりた弱者の要求が生む、遠くまでは届かない叫び。宇宙開発や情報通信技術の変革、空前の物質的達成が人類の一小部分で実現された一方で、貧困と飢餓を制度として解消する思想は力を失い、世界の貧富の格差は広がり続け、死に至る感染症と地球環境の破壊が人類を脅かす。

未来への展望が重苦しさを増したこのような百年の前半、ユダヤ人としての迫害を生き、ブラジルの奥地で文明に圧殺される寸前の「野蛮人」に共感し、野生の知の復権をくわだてた一知性の、控えめだが激しい同時代証言がこの『悲しき熱帯』だといえるだろうか。原著名 "Tristes Tropiques" は、二語の第一音節同士の音の響き合いの力強さと呼応して、名詞の前につけられた形容詞 "tristes" が含む、「憂鬱な、暗い、うんざりする」といった重苦しい語感が、内容を適切に指示する題名になっている。"tropiques" は、複数形で南北両回帰線のあいだにある地域、熱帯を指すが、"tristes" の今述べたような語感がどうしても日本語一語では表せず、やむを得ず「悲しき」という、文語的表現の、しかも甘美な感じさえする形容詞を使わざるをえなかった。

題名が示すように心の重くなる同時代証言ではあるが、ありのままの記述や告白からは遠く、鋭い感性が切り取った素材を強靱な頭脳で咀嚼し尽したあと、時間や空間の秩序を無化し、過剰なまでの暗喩で再構築した物語だ。いわば著者が文化研究の方法として開拓し、二十世紀後半の人文科学に衝撃を与えた構造主義の手法の見事な結実でもあるのだが、そこに展開されている世界像も、構造主義の認識方法から生まれているといえる。

自我の主体性にすがる「私」の否定から出発する著者の認識方法は、「私」も一個の「他者」であるとする透徹したへりくだりにつながる。そこでは、拡大された「私」としての人類に与えられる位置も、ささやかなものだ。『悲しき熱帯』の最終章にある「世界は人間なしに始まったし、人間なしに終わるだろう」という一言は、私の深く共感する言葉だ。人間の思い上がりをしずかに、しかし決然と戒める、これほど簡潔な言葉がかつてあったろうか。

レヴィ＝ストロース先生は、仏教思想に深い尊敬を抱いているが、輪廻のような宇宙観には反発する。何年も前になるが、先生の人間と自然についての思想を確かめたい気持ちから、私が三十代の頃アフリカにいて書きつけた、「人類の歴史は、自然の一部でありながら、自然を対象化する意志をもつようになった生物の一つの種が、悲惨な試行錯誤をかさねながら、個人の一生においても、社会全体としても、叡知をつくして、つまり最も人工的に、みずからの意志で自然の理法にあらためて帰一する、その模索と努力の過程ではないかと思うことがある」（中公文庫『曠野から』三一ページ）という考えについて、先生の意見を求めたことがある。レヴィ＝ストロース先生は、その自然の理法はどのようにして認識できるのか、特別の瞑想や修行によって一挙に到達するのでない、誰もが分かち合える方法として探求できないものかといい、自分は認識論においてはごく常識的なカント主義者だといわれた。不可知論に立った認識深化の努力ということなのであろうが、手続きとしては「合理的」だし、その限りでは自然一元論ではなく、構造主義に対する批判として私も述べたことがある、「主観の研ぎすまし」につながるかもしれない。先生は、「強いていえば、私はラディカルなペシミストなのです」ともいわれた。

ペシミズムということばにも含意されているように、人間の立場に立つが人間謳歌に陥ることを自らに禁じる、自然のなかでの人間以外の他者への共感は、種間倫理を考えるところに行き着かざるをえないのではないか。そのことは、昨年レヴィ＝ストロース先生も読める形で、先生が創刊以来中心になって発行されてきた学際的人類学誌『人間』に、「ある構造主義者——種間倫理を求めて?」と疑問符つきの題で短い文章に書いたことがあり、昨年十一月末、満九十二歳になられたばかりの先生にパリでお会いしたとき、私の勝手な思いこみでないか伺ったところ、疑問符は取ってよいといわれた。そして、一九九六年にイタリアの新聞『ラ・レプブリカ』に発表した「狂牛たちからの教訓」と題するエッセーのフランス語の原文が、最近フランスの動物保護運動の雑誌に掲載されたばかりだからと、そのコピーを『悲しき熱帯』の今度の版への序文の原稿と一緒に送って下さった。それはまさに種間倫理の根源に踏み込んだ、現代の人類の痛烈な戯画だ（拙訳により「狂牛病の教訓」という題で『中央公論』二〇〇〇年四月号に掲載）。

地球環境の保護などという考え方も、所詮は人間のアメニティないしは生き残りのための自然維持論であり、先生の壮大なペシミズムからみれば、形を変えた人間中心主義ということになるだろう。『悲しき熱帯』には、一九三〇年代のブラジル奥地の、まだ人間にひどく汚されていない自然と、そこにつつましく生きるインディオたちの、息をのむような叙述がふんだんにある。青年期のこのような体験と、第二次大戦中ナチスのユダヤ人迫害を逃れてアメリカ合衆国へ渡る、深刻さを諧謔でくるんだ筆致で描かれている体験を経て、先に引用した末尾の「壮大なペシミズム」の言葉も生まれてくるのだと思う。その過程を、著者の二十世紀初めのヨーロッパでの、精神分析、マルクス主義、地質学などを通しての思想形成の回顧とともに綴ったこの書は、やはりすぐれて今日的な意味をもち、そして今後ももちつづけるにちがいない。

「中公クラシックス」の先頭を切る一冊として、『悲しき熱帯』が新しく刊行されるに当たってのメッセージでも、先生の「自然の一部としての人間」の思想は底流をなしている。先にも引いた認識の方法論に忠実に、西洋の自然と人間の考え方と対比させる形で、日本で直接経験したことを批判をまじえて述べながら、先生の自然・人間観を、控えめに匂わせている。ただ、初めての日本語版の序文にも記されている幼時の浮世絵体験にはじまって、日本につよい愛着と夢を抱きつづけてきた先生の、日本に対する評価はやはり甘すぎるという印象は拭えないし、最後に来日したのが十三年前で、思い出が体験を美化した面もあるかもしれない。伝統と現代の調和的共存という、日本についてのやや神話化した評価が現在でも当てはまるのか、日本人には面映ゆくもある。とはいえ、一昨年パリで開かれた縄文文化展の図録に寄せた文章を読んでも、著者の日本についての理解はなみなみならぬものがあり、日本についての甘い評価の言葉も、事実認識の表明というより、私たち日本人へのやや反語的な叱咤と励ましのメッセージと受け取るべきかもしれない。

このメッセージにも、『悲しき熱帯』全体にも流れている、一種の「文化的保守主義」とでも呼ぶべきものについては、一九七七年版の全訳につけた著者との対談でも私が質問しているが、シュールレアリスムにもつながるレヴィ＝ストロースの思想の、現代世界の文化状況における異議申し立ての一表明でもあることを忘れてはならない。それは深く「人類」の土壌に根ざすもので、浅薄な読みから誤解を受けるかもしれない、日本的国粋主義への共鳴などとは、およそ無縁のものだ。

＊　　＊　　＊

『悲しき熱帯』が刊行されてから三十九年経った一九九四年、レヴィ＝ストロースは *Saudades do Bresil*『ブラジルへの郷愁』（川田順造訳、みすず書房刊）を出した。これは『悲しき熱帯』に描かれている一九三〇年代のブラジル滞在中、著者が撮った約三千点の写真から一八〇点を選び、密度の高い「プロローグ」に加えて、個々の写真に改めて文章を添えたものだ（このうち、約三分の一の写真は、本書にも収められている）。人類学者の楽屋裏である、現場での走り書きのデッサンや楽譜も混じる、フィールドノートの断片も挿入されている。著者自身による「『悲しき熱帯』のいま」であり、ブラジルを去ってから十五年を経ることによって書き得た『悲しき熱帯』を、三十九年後に、五十四年前の写真が喚起するものを媒介として捉えなおした著作として、多面鏡に映し出された記憶ともいうべき迫力と魅力を具えている。

なお、著者のブラジル体験の五十年後に、大学の夏休みの二ヵ月間だったが、私はブラジルを訪れる機会があった。創刊百号の記念特集の企画で、私をナンビクワラの集落にまで行かせてくれた雑誌『ブルータス』に書いた文章に、月刊誌『中央公論』に寄稿した「なぜ熱帯は今も悲しいのか」などを加え、その十二年後の文章も合わせた拙著『ブラジルの記憶』（NTT出版、一九九六）にも、ここには書き切れなかった、現代世界にとっての『悲しき熱帯』をめぐる考察を記した。関心のある読者は参照していただきたい。

二〇〇一年一月、アフリカへ発つ前夜、広島の寓居で

二十二年ののちに――一九七七年版の全訳の訳者前書きより

『悲しき熱帯』の原著 *Tristes Tropiques* は、一九五四年十月十二日から翌年の三月五日のあいだに書かれ、一九五五年秋、パリで出版された。あらためて言うまでもなく、これは記録文学の傑作として世界にすでに高い声価を得ている作品である。フランス語で書かれた原著が、初版後二十二年たった現在まで毎年のように版を重ね、この種の本としては驚異的なロングセラーを続けているだけでなく、十四の外国語に翻訳されて、それぞれの国で愛読され注目されてきた。

記録文学、さらに限って言えば、文化人類学者がいわゆる「未開」社会での体験を綴り、そこに著者の考察や感想を織り込んだ著述は、これまで世界中で夥《おびただ》しい数のものが上梓《じょうし》されている。しかし『悲しき熱帯』には、凡百の類書のように、著者の体験の特異さと、学者という装いを脱いだ著者の情感のなまなましさとに縋《すが》って、読者を惹《ひ》きつけようとするところは微塵《みじん》もない。この本には、そうしたものを遥かに超える、或る普遍的な価値にまで達した一個の作品としての通用力があり、だからこそ、長い年月にわたって世界に熱読者を得てきたのだろうと思う。

一九三〇年代のブラジル奥地での豊かな体験のかずかず、ユダヤ人としての第二次大戦中のアメリカへの脱出の思い出、少青年期の回顧、インド、パキスタン、現在のバングラデシュを訪れた時の印象などが、著者の強靭な筆によって、個別の体験や感想から、人類史の一断面を見る思いさえする一連のタブローにまで高められている。十五年の醸成のあと一気に書かれたこの本は、上等な木の樽の中でたっぷり時間をかけて濃《こく》と香りを身につけた酒のように、辛口でありながら豊かなひろがりをもった大人の読み物だ。そしてその全体を、暗いセピアのような色調で彩っているのが、自伝ないし、民族学者の告白としての、これもまた魅力に溢れた側面なのである。己を語ることへの嫌悪と、それにもかかわらず敢えてそれを試みようとする自己との軋轢、逡巡――密度の高い文章に託した韜晦《とうかい》のうちに、それを一つの肯定にまでたかめてゆく第一部に始まって、自己の思想形成のあとを振り返り、或る時はアマゾンの奥地で、コルネイユの『シンナ』のパロディーを通して粉飾された自画像を描き、一匹の猫と交す瞬《まばた》きへと収斂してゆくこの絢《けん》爛《らん》たる長篇の散文は、二十世紀前半の地球に生を享《う》けた、卓越した一見者《ヴォワイヤン》の手記とみることもできるかもしれない。だがこの「手記」は、著者の実在との律儀な密着に支えられた「私記」や、ありのままと正直を尊ぶ日本的感性とは、何と異質なものの上に成り立っていることだろう。

まず、時間の秩序を無視した、というより敢えて交錯させた重層的な叙述。空間の秩序においても、可視的な対象を一旦分解したあとで、知的に一つの新しい実在を再構成してゆく叙述。言葉と言葉の破格な結び合せ。言葉の多義性を通しての意味の啓示。ときに、曖昧な語法によって、観念はかえって厚みを帯びて定着する。そして、隠喩《いんゆ》と換喩《かんゆ》のふんだんな使用――これは、単なる修辞上の技法ではなく、レヴィ＝ストロースの世界把握の方法の根本にもかかわるものであろう。『野生の思考』に鮮やかに用いられている認識の方法としての隠喩と換喩は、人文科学におけるいわゆる実証主義、経験主義の方法とは対照的なもので、後者の方法によっては明らかにできない次元に隠れていたものを、一挙に発《あば》いてみせる力をもっている。ブラジルに生きる白人や、行動を共にした人たちの姿も、時に戯画化されながら克明に描き出されるが、それでいて、ブラジルへ同行し、調査に大きな貢献をしたといわれる著者の最初の夫人については、この長篇全体の中でただ一個所、その存在がほのめかされているにすぎない。それにしても、観念の世界を描く著者の筆の、時に重苦しいまでの克明さにくらべて、可視的な世界の記述の、何としばしば具体性を欠いていることか。事物の時間・空間の中での位置や展開、物の作り方についての記述には、どれほど注意深く読んでも、私には結局解らなかったところが何個所もある。隠れた次元に向かって異常に発達した感受性を通して、この著者は、常人とは別の世界を知覚しながら生きているのではないかとさえ、時に思いたくなる。

一方、この作品は、レヴィ＝ストロースの文化人類学者としての自己形成の過程と、その後彼が創りあげた学問の性格の幾つかの側面を、ありありと見せてくれる。レヴィ＝ストロースがブラジルで数年にわたって行なったのは、ラドクリフ＝ブラウンやマリノフスキーが範を示したような、一つの社会についての集中的な調査ではない。当時のブラジル奥地では、長期間のインディオ社会への住み込み調査は不可能に近かったという現実的な制約もあったであろうが、レヴィ＝ストロース自身、一つの社会とそれを構成する個人をあらゆる角度から徹底して理解することに努めようという志向を、初めからもっていなかったように見える。ここに記述されているのは、個々のインディオの集団については、長い間の人間関係の中で繰り返し咀嚼《そしやく》され、考え直され、訂正され、確かめられて定着した理解ではない。既存の文献資料の吟味がどれほど入念であれ、また観察そのものがたとえどれほど鋭くても、むしろ旅の見聞に近いものである。多くの人類学者にとって、形成期の数年をかけた異郷での調査体験から得られたものは、彼の学問を築く基礎となり素材ともなるのだが、レヴィ＝ストロースの場合は、彼自身が現地調査で得た資料は、その後の彼の研究に驚くほど僅かしか用いられていない。ボロロ族、ナンビクワラ族などについて、論文形式で二、三別に発表された考察も、その最良の部分はすべて『悲しき熱帯』の中に再録されており、本書は、レヴィ＝ストロースがブラジルの現地調査で得た民族誌的知見の、集成であると言ってもよいのである。レヴィ＝ストロースのブラジルでの体験は、資料を蒐集する行為としてよりは、彼の文化認識の方法——というよりもっと根本的な、文化人類学者としての感性——を形作る上で、特に意味をもった（そのことは多くの文化人類学者の調査体験について言えるのだが）ように思われる。レヴィ＝ストロースの学問的著作に接している読者は、その方法の原型を、『悲しき熱帯』の記述のいたるところに見出すに違いない。

一つは、空間的にも時間的にも連続した、複合体としての境界をもたない文化の概念であり、だからこそ、そこに人為的な断絶をもたらすべく適用される構造の概念は、あくまでも知的操作のモデルとして理解される。ブラジルでの広い地域にわたる調査旅行（当時レヴィ＝ストロースは、構造主義とはおよそ対蹠《たいせき》的に考えられるかも知れない、伝播主義の文化理論にも深い関心と理解をもっていたと言われるが、そのことは本書の記述にも随所に表れている）と考古学的関心の中で、レヴィ＝ストロースが文化の概念を培ったのに対して、集中的な調査と、歴史への懐疑と、実体としての構造概念の先駆者となったラドクリフ＝ブラウンとマリノフスキーの調査が、いずれも大洋の中の小島で行われたことは興味深い。後に、アフリカ社会というような広大な文化の連続体の中で現地調査を行なったその弟子たちも、大陸の中に「島」社会を設定することを研究の出発点にしたようにみえる。こうした見方にとっては、フォーテスにおけるように、社会構造が実体としての所与であることは疑う余地がなかったのであろう。だが、こうした空間的にも時間的にも限定された対象の集中的な理解が、確かに文化研究の或る面での精密化に貢献した一方で、ある認識上の一面性を露呈していることも明らかだ。

第二に、文化を、一つの単位をなした総体として経験的・実証的に満遍なく捉えるのでなく、文化の幾つかの徴候の吟味を通して隠れた意味を解読してゆこうとする、これも構造主義の一つの基本となった態度がある。複数の異なる文化のあいだでの、徴候の対置や転換によって、あるいは、表面的にはかけ離れているように見える徴候同士を、思いがけない遣り方で接近させ、あるいは重ね合わせることによって意味を発見するという操作は、『悲しき熱帯』の随所に展開されている。様々な文化との短期間の接触の中から、鋭い感受性と洞察力(この点で、レヴィ＝ストロースがいかに恵まれた資質を具えているかは、本書でも明らかだ)によって、指標となるべき徴候を見出してゆく習練を、レヴィ＝ストロースはブラジルでの広域の調査旅行の過程で積んだようにみえる。ただしこうした方法が、研究者の特殊な才能を必要とし、しかもその適用に大きな制約と危険が伴うことは、本書の記述からも明らかに読み取れる。時にそれは、断片的な資料の過剰解釈ともなり、研究者の論理の整合性が、対象に内在する構造と、そのまま同一視されかねない。

＊　＊　＊

この著作に初めて私が接したのは、東京大学の教養学科に新設されたばかりの文化人類学分科に進学して間もなく、研究室の、まだ数少なかった図書をあれこれと手にとって見ている時だった。いま考えてみると、原著がフランスで出版されて二年後だったはずである。一読して、私はその魅力に眩惑される思いだったが、その頃の私の、今よりも更に幼稚だったフランス語の理解力では、著者が表現しようとしていることの十分の一も読み取れなかったに違いない。

レヴィ＝ストロースの名は、当時、日本でも欧米でも一般にはほとんど知られていなかったと思うが、文化人類学の分野では『親族の基本構造』や、初め英語で発表された「社会構造」（後に「民族学における構造の観念」という題で、著者自身がフランス語で書き直し、『構造人類学』に収録された）などによって、すでに令名が高かった。東京大学での私の恩師であった故石田英一郎先生、故泉靖一先生も、レヴィ＝ストロースを高く評価して教室でもテキストとして使い、日常の雑談でもよくとりあげておられた。とくに、ブラジルの調査からお帰りになって間もなかった泉先生からは、私は『悲しき熱帯』が優れた著作であることを繰り返し伺ったが、十年後に、泉先生のお勧めで、私がその一部を翻訳（中央公論社発行の「世界の名著」の一巻としての、原著の半分以下の部分訳）する廻り合せになろうとは、その頃は思ってもみなかった。

大学院の学生時代、フランスに留学してレヴィ＝ストロース教授の講義やセミナーにも出席し、教授に直接教えを受ける機会も何度かあったが（それは一九六二年から六五年で、一九六二年の夏から秋に発表された『今日のトーテミスム』、『野生の思考』が大きな反響を呼びつつある時だったが、その年の冬の、後に『神話学』第一巻にまとめられたコレージュ・ド・フランスの公開講義でも、受講者は少数にすぎなかった）、私が研究課題としていたアフリカの政治組織の研究では、私はジョルジュ・バランディエ教授に指導を受けていた。バランディエ教授とその弟子たちは、フランスの文化人類学・社会学における最も強い反レヴィ＝ストロース、反構造主義のサークルを形作っていたが、フランスの学問的環境の自由さと外国人としての身軽さのお蔭で、私はレヴィ＝ストロースの講義も聴き、レヴィ＝ストロースの研究室にも何人も親しい友達がいた。だから、私が後に構造主義の方法に批判をもつようになったのも、フランスの学界の派閥の絆などによるものではなく、自分の研究課題とのかかわりで私なりに到達した見方のためである。レヴィ＝ストロースの学問上の方法について私なりの疑問と批判はあっても、教授の人柄とそのスケールの大きい世界観、文化認識の方法の幾つかの側面には、私は深い尊敬を抱いているし、何よりも、私のささやかな探求の過程で受けた学恩の大きさを否定することはできない。

私が結局十二年もかかって翻訳することになった『悲しき熱帯』についても、その一部に述べられている考えに、私は否定的な意見を発表したこともあり、そのほか、この著書全体を貫く、南アメリカのインディオの文化を侵蝕するものへの怒りやインディオに対する道義的姿勢とは裏腹な著者自身の幾つかの行動の叙述、二、三のあまりに飛躍していると思われる考察、部分的な事実の誇張や一般化、明らかに前後矛盾した幾つかの叙述等には、私は今も疑問を抱いている。だが、そうした或る意味での粗《あら》さや自家撞着も呑み込んだ吐露感と、線の太い力がこの著作にみなぎっていることも確かで、その作品としての全体と文章表現に対する強い愛着があったからこそ、十二年来、『悲しき熱帯』の原著を持って、ヨーロッパ、アフリカ、時に日本を転々とし、翻訳という作業の絶望的なむずかしさに何度となく筆を折りたい思いを重ねながら、ともかく訳し終えることができたのだと思う。

その間、中央公論社の担当の編集者も三人交代し、私の怠慢と我儘から、それぞれの方に大変な迷惑をかけた。それでも何とか一応の終点に辿り着くことができたのも、三人の編集者の忍耐強い督励のお蔭である。一九六五年～六七年に訳し、一九六七年に部分訳として出版されたものも、一九七一年に原文と照合して全面的に訳し直し、今度また大幅に手を加えた。残りの部分は、二度目のパリ滞在中やアフリカでの数年の調査の合間、あるいはアフリカで自動車事故で負傷してフランスの病院で療養していた時とか、日本での再手術後の入院中など、バラバラに千切った原著の一部を持ち歩いたり、新しく買ったりして、そのときどきに前後の一貫性なく訳したために、苦心して訳しておきながら原稿を紛失し、後で訳し直した章もあり、十二年のあいだには私自身のフランス語の読み方や日本語の好みにも変化があり、全篇にわたって満足のゆく統一を与えることは不可能だった。翻訳に慣れた人なら、もっとすらすらと訳してしまったに違いない。フランス語にも翻訳にも自信のない私は、まず、書き直しや挿入で蜘蛛《くも》の巣のようになった第一次の訳稿を作る。妻が一旦清書し、それをかなりの日時、ときには何年もほったらかしておいてから、先に原文を読んだ上で照合して、ほとんど原形を留めないくらいに書き直し、それをまた妻が清書し、そのあと通して読んでみて筆を加え、最終的な訳稿を作る。編集者に原稿を渡してからも、炯眼《けいがん》な編集者の意見を取り入れて修正した個所は多い。校正の段階でも三校まで夥しい直しを入れつづけるという非常識をあえてしたが、それでもまだ、誤訳はいたるところにあるに違いない。

勿論、重要な疑問点については、何度かレヴィ＝ストロース教授に直接お目にかかって説明していただいたし、文通で教えていただいたところも多い。多岐にわたる内容の理解や日本語による表記の仕方については、日本人、フランス人、ブラジル人と、自分でも呆《あき》れるくらい多くの方々を煩《わずら》わして御教示を仰いでいる。だが、長いあいだ断続して作業を進めるにつれて、自分のフランス語と日本語の未熟を感じる度合いだけが強まり、それに、どんなに頑張ってみても、翻訳とは所詮、双曲線と軸のように決して交わることのない近似的な作業に終わるという、自明の事実についての絶望感が募ってくる。自分で文章を書くときは、私も直接かける時間としては短い時間で一気に書いてしまうことが多く、文章には吐露感とリズムが大切だと思ってはいるものの、この翻訳に関する限り（前に、同じレヴィ＝ストロースの『構造人類学』の約三分の一に当る部分の翻訳を分担した時は、何度も読んでいた論文形式の平明な文章のことでもあり、短時日で訳了した）、原著の驚異的な速筆に対して、訳文の方は馬鹿馬鹿しいという他はない遅筆ぶりだった。

そうこうするうち、未完の訳稿を抱えたまま私も馬齢を加え、訳し終えた今年の春には、レヴィ＝ストロースがこの本を書いた四十七歳にあと五年で届くという年齢になってしまった。それでもなお私は、この著者のフランス語の老成した手応えを日本語に移し替えるには遠く及ばず、自分の老い足りなさに足摺りしたいほどのもどかしさを覚える……。

一九七七年六月二十八日、西アフリカ、オートヴォルタ（現ブルキナファソ）で

凡　例

一　本書は、和訳の作業が十二年にわたったため、底本としては、章によって、一九六二年版以後の、Claude Lévi-Strauss, *Tristes Tropiques* (Collection "Terre Humaine"), Plon, Paris. の様々な版を、その時々にパリで入手して用いたが、すべての訳稿が完成したのち、一九七六年版に合せて統一した。版が改まるにつれ、誤記・誤植が訂正されているほか、本文については、関連するあとの章を参照させるための補助的な挿入、欄外注などが二、三加わっている。本文中の図版は、初版以後大幅に削除されている。底本中の誤記または誤植は、それによって意味の変わるようなものは著者の確認・了解を得て、他の明らかな誤植は特に確認を求めずに、それぞれ訂正した上で訳出した。年代の誤りや、フランス語の表現で、著者の了解を得て訂正または変更した上で和訳した個所もあり、これはその都度、訳注で示してある。なお、和訳に当たって、英語訳 Tristes Tropiques (Translated from the French by John and Doreen Weightman), Atheneum, New York, 1974. を参照した。

二　訳書中の（）は原著で用いられている丸括弧で、〔〕は訳者による挿入である。原注は＊を付してその段落のあとに、本文中に〔〕で挿入したもの以外の訳注は、章ごとに〔〕で通し番号を付けて章末に、それぞれ記した。原著中の引用符、イタリックなどは、場合によって「」、『』または傍点で表わしたが、ブラジル語やインディオ諸語の単語で、原著でイタリックで書かれているものは、頻出するため、特に必要と思われる場合のほかは何も付けずに訳出してある。

三　外国語の単語の仮名表記は、日本で慣用化しているものを除き、それぞれの言語による元の発音をできるだけ尊重して表記するよう努めたが、言うまでもなく、仮名表記に不可避に伴う発音の変形や簡略化を含んでいる。インディオ諸語の単語は、主なものを原著者に直接発音してもらった上で仮名表記した。また、本書に頻出するブラジル語の単語の仮名表記は、左記の原則に従って簡略化してある。

(イ) 下降二重鼻母音 "ão" は、音としては「アォン」にむしろ近いが、「アウン」と統一して表記した(例、sertão は「セルタォン」とせず「セルタウン」と表記)。ただし、日本で慣用化している「サン・パウロ」は、「サウン・パウロ」とせず、これに伴って、地名にしばしば付いている São だけは、すべて「サン」と表記した。従って、São Sebastião「サン・セバスティアウン」という例では、二つの異なる表記法が併用されていることになる。

(ロ) 二重子字 "rr" も、結局は一音であるためと仮名表記の煩雑さを避けるため、ラ行の字を二重にせず表記した(例、chimarrão は「シマルラウン」とせず「シマラウン」と表記)。

(ハ) 音節末の "l" は、耳に受ける感じとしては仮名で書き表すとすればむしろ「ウ」に近いが、母音ではないので「ル」と表記した(例、mel は「メウ」とせず「メル」、falta は「ファウタ」でなく「ファルタ」と表記)。

(ニ) 原著に複数形で書かれている名詞も、複数形が慣用になっているものを除いて、単数形で仮名表記した（例、capães は「カポンイス」とせず capão「カパウン」、emburradas は複数のまま「エンブラーダス」と表記）。

（ホ）原著の manioc（フランス語）は、ブラジル語の mandioca に直し、「マンジョーカ」と表記した。サン・パウロおよびブラジル南部の発音では、「マンディオカ」にむしろ近いようだが、本書では前者に統一した。

（ヘ）原著のローマ字表記を、現地で慣用化されている発音に従って仮名表記したものもある（例、Nova-Dantzig は「ノヴァ・ダンティジーギ」と表記）。

四　それ自体、コロンブス時代のヨーロッパ人の誤解に由来している les Indiens という名称の訳語は、便宜上、北アメリカについては「インディアン」、中・南アメリカについては「インディオ」とした。

五　巻頭の「献辞」に引用されているルクレティウスの訳文は、藤沢令夫・岩田義一両氏共訳のもの（「世界古典文学大系」第二十一巻、筑摩書房）を、両氏のご了解を得て使用させていただいた。ご好意に対し厚くお礼申し上げたい。

悲しき熱帯

ローランのために

お前と同じように、これまでそうした世代は亡びてきたし、
これからも亡びるだろう。

――ルクレティウス『事物の本性について』第三巻九六九

第一部　旅の終り

1　出発

私は旅や探検家が嫌いだ。それなのに、いま私はこうして自分の探検旅行のことを語ろうとしている。だが、そう心を決めるまでにどれだけ時間がかかったことか！　私が最後にブラジルを去ってから十五年が過ぎたが、そのあいだじゅう、私は幾度もこの本を書いてみようと思い立った。そのたびに、一種の羞恥《しゅうち》と嫌悪が私を押し止めた。一体何だというのだ？　あの沢山の味気ない些事《さじ》や、取るに足りない出来事を細々《こまごま》と物語る必要があるだろうか。民族学者の仕事の中で、冒険は格別の意義をもってはいない。冒険は単に仕事に付随したものであり、途中で空費される数週間あるいは数ヵ月という重荷になって、効果的な作業の上にのしかかってくるに過ぎない。調査地で話し相手になってくれる人が、どこかへ行ってしまったために過ごす無為な数時間。空腹、疲労、時には病気。その上必ず、数知れない労役のうちに幾日もの日が何もなすことなく蝕《むしば》まれ、処女林の直中での危険な生活は、軍務のような様相を帯びてくる……。研究の対象に到達するために、これほどの努力と無駄な出費が必要だということは、私たちの仕事のむしろ短所と看做《みな》すべきで、何ら取り立てて賞賛すべきことではない。私たちがあれほど遠くまで探し求めに行く真理は、このような夾雑物《きょうざつぶつ》を取り去ったのちに、初めて価値をもつのである。確かに、六ヵ月の旅と、窮乏と、むかむかするようなやりきれなさとの犠牲を払って、まだ記録されていない神話一つ、あるいは新発見の婚姻規制[1]一つ、あるいは氏族名の完全なリスト一つを採録することもある（採録そのものは数日、時には数時間で終わる）。そして、鉱滓《かなくそ》のように残る記憶――朝五時三十分、私たちは、レシーフェ〔ブラジル東部の港町〕の入江に進入しつつあった。鷗が鳴き、見慣れない果物を売る商人の小舟の群が船体に添って犇《ひし》めいていた――、こんな貧しい思い出が、筆をとって書き留めるに値するだろうか。

しかし、この種の物語は、私にはいまだに納得の行かないような人気を博することがある。アマゾン地方やチベットやアフリカは、旅行記、探検報告、写真集などの形で街の店先に侵入しているが、これらの本では、読者にいかに強い印象を与えるかという心遣いがすべてに先立っているので、読者は持ち帰られた見聞の価値を吟味することができない。批判精神が目覚めるどころか、読者はこの口あたりのいい食物のお代りを求め続け、その厖大な量を呑みくだしてしまうのである。いまや、探検家はれっきとした職業である。この職業は、人が思い込み勝ちなように、何年も労苦を重ねて未知の事実を発見することにあるのではなく、できるだけ沢山のキロ数を走り回り、スライドや映画――それもなるべくカラーのものがいい――を拵《こしら》えることにあるのだ。

こうしたスライドや映画のおかげで、何日も続いて講堂は聴衆で一杯になるというわけなのである。俗悪さや凡庸さすら、聴衆を前にして、奇蹟のように天啓に姿を変えてしまう。というのも、俗悪と凡庸を作り出した当の本人が、それらを覆っている粉飾を聴衆の前で剝ぎ取って見せる代りに、二万キロを踏破したということで、それらを聖化してしまうからにほかならない。

これらの講演会で、私たちは何を聞き、これらの本の中に、私たちは何を読むのであろうか。運ばれた行李《こうり》の細目、船の上の小犬のいたずら、そして、珍談奇談に混っている洗い晒された断片的な知見。ところがこうした知見たるや、もう半世紀も前から、あらゆる概説書の中にいつも顔を出していたような代物なのである。しかも、並みはずれた破廉恥によって、だが、お客の単純さや無知とはぴったり調子を合わせて、これらの知見は、臆面《おくめん》もなく実地調査の記録として、さらには新しい発見としてさえ提示されるのである。確かに例外はある。そして、どの時代にも優れた旅行家はいた。今日広く親しまれている名前の中からも、私は容易に二、三の優れた旅行家を挙げることができると思う。私の目的は、ごまかしを告発したり、免状を授与したりすることにあるのではなく、むしろ一つの精神的、社会的現象——フランスに極めて顕著で、しかもわがフランスにおいてさえ最近になって現われてきた現象——を理解することにあるのだ。

二十年も前には、人はめったに旅行などしなかった。そして冒険譚の語り手を迎え入れるのも、五回も六回も満員になるプレイエル音楽堂ではなく、この種の催しのためのパリにおける唯一の場所であった、植物園の隅の古い建物の中にある、暗くて寒々とした、壊れかかった小さな講堂だった。博物館友の会はそこで、毎週——恐らく、今も続いていることだろうが——自然科学に関する講演を催した。映写機は、広すぎる壁面に、弱すぎる電灯で、ぼんやりとした影を送った。講演者は、壁に鼻をすりつけるようにして、それでも映像の輪郭がなかなか確かめられず、来会者も、映写された影と壁を汚している湿気の染《し》みとが容易に見分けられなかった。定刻を十五分過ぎても、まばらなシルエットを階段席に点々とさせている数少ない常連のほかに聴衆が来るかどうか、講演者は不安に捉われたまま、まだ案じている。人々が諦めかけた瞬間に、決まって母親や子守りに連れられた子供たちが入ってきて、講堂の半分くらいを埋める。子供たちの或る者は、風変りなものをただで見られるというので一所懸命なのであり、他の子供は、外の騒音と埃に飽きてやってくるのである。虫に食われた幻のように影の薄い人々と、じきに退屈してしまう子供たちとの混ぜ合せ——これが、あれほどの努力と心労と研究の最高の報いなのだ——の前で、私たちは、このような会合でもうすっかり凍りついてしまった、記憶の宝の荷を解く権利を行使するのだった。そして、薄暗がりの中で講演しながら、記憶が、井戸の底深く吸い込まれて行く小石のように、一つまた一つと、私たちから剥がれ落ちて行くのを感じるのであった。

帰国報告会の有様はこんなふうで、それは出発の時、現在はフランクリン・ルーズヴェルト通りと呼ばれている大通りのと或る館で、フランス・アメリカ委員会が催した荘重な宴会に勝るとも劣らない憂鬱《ゆううつ》さであった。その館には当時人は住んでいず、この宴会のために仕出し屋が二時間早く来て、焜炉《こんろ》や皿の一式を取り付けたのだが、大急ぎで空気を入れ替えたものの、廃屋の臭気がまだ払いきれてはいなかった。

こうした場所の荘重さにも、その場所が発散している埃っぽい憂鬱さにも不慣れなままに、私たちは、この大きな広間には小さすぎるテーブル——実際にテーブルが据えられている、中央の部分だけ掃くのがやっと間に合ったのだが——の周りに坐り、お互いに初めて顔を合わせた。私たちは、フランスの田舎の高等中学校《リセ》でまだ教壇に立ち始めたばかりの若い教師で、ジョルジュ・デュマ〔一八六六～一九四六。フランスの心理学者、医学者。P・ジュネと『心理学雑誌』を創刊〕のやや天邪鬼《あまのじゃく》な気紛れが、突然、田舎町のグロッグ〔ラム酒にレモンと砂糖を加え湯でわったもの〕や酒倉や冷えた葡萄《ぶどう》の枝の燃えがらの匂い[2]の沁み込んだ、家具付き宿のじめじめした冬から、熱帯の海洋へ、豪華船へと、私たちを移そうとしていたのであった。その一方で、こうした体験のすべてがやがて遠いつながりを示すはずの不可避に誤っているイメージを、旅というものの宿命で、私たちはすでに抱きつつあった。

かつて私は、『心理学概説』を著わした時代のジョルジュ・デュマの生徒だった。週に一度、木曜だったか日曜の朝だったかもう覚えていないが、デュマは哲学の学生たちを、窓の反対側の壁が一面に精神病患者の楽しげな絵で覆われている、聖アンヌ病院の講堂に集めた。そこに入っただけで、私たちは、一風変わった異国情緒に自分たちが身を曝《さら》しているのを感じた。教壇の上に、デュマはそのいかつい、荒削りの胴体を据える。胴体の上には、海の底に長いこと沈んでいたために白くなって皮の剝がれた、大きな木の根を想わせる凸凹の頭がついている。こんな形容をするのも、彼の蠟のような膚の色が、顔と、いが栗にそれも極めて短く刈っている白い髪と、やはり白くてあらゆる方向に伸びている顎鬚《あごひげ》との区別をつかなくしていたからである。まだ細かい根が突き出しているこの奇妙な植物性の漂着物は、頭の白さを際立たせている炭のような目の動きによって、突然、人間らしくなる。この白と黒の対比は、白いシャツと糊の効いた折返しの襟、それと対照を成しているいずれも黒ずくめの、縁の広い帽子、結びの大きな蝶ネクタイ、上着にまで続いている。

　講義といっても、たいしたことを教えるわけではなかった。彼は決して講義を準備しなかったが、それというのも、自在な筋肉の動きに応じて形を変える唇の表情豊かな演技や、とりわけ彼の声、嗄《しわが》れていてしかも歌うような声によって、聴衆に働きかける肉体的魅力の持ち主であることを、自分で意識していたからなのである。彼の声ときたら、まさしくセイレーン〔ギリシア神話の半人半鳥、美声の女〕の声というべきもので、その奇妙な抑揚は、彼の生れつきのラングドック〔フランス南部の一地方〕訛《なまり》に戻っているだけでなく、地方的な言葉の特性ということを越えて、話し言葉としてのフランス語がもつ音楽の、極めて古風な様式にまで立ち帰っていたのである。そのため、声と表情という感知できる二つの側面が、鄙《ひな》びていてしかも辛辣《しんらつ》な一つのスタイル――十六世紀のあのユマニストたちのスタイル——を想い起こさせた。彼は肉体においても精神においても、医者であり哲学者であった十六世紀のユマニストの種族を存続させているかのようであった。

　二時間目、時には三時間目は、患者の供覧にあてられた。その時、私たちは、狡猾《こうかつ》な看護人と、何年もの保養所生活のせいでこの種の訓練に慣れっこになっている患者とのあいだに展開される、異様な見世物に居合わせることになるのだった。患者たちは、人が彼らに期待しているものをよく心得ており、合図があると症状を示し、猛獣使いに勇気のひとかけらを示す機会を与えるのにほどよい程度に、彼に反抗してみせたりする。騙《だま》されているなどという意識なしに、受講者はややすやすとこの妙技のデモンストレーションに魅了されて行く。生徒が先生の注目に値した時には、褒美に先生から患者を任され、特別に患者と話の遣り取りをすることができた。野蛮なインディオとのいかなる接触も、厚ぼったいセーターを体に巻き付けた一人の老婦人と過ごした或る朝ほど、私に恐怖を感じさせはしなかった。彼女は、自分を、氷の塊《かたまり》の中に閉じ込められたまま腐ってしまった鰊《にしん》だと言っていた。見たところ病気のようには思えないが、彼女を保護していることの覆いがはずれると自分が分解するという恐怖に、彼女は脅やかされていた。

　この、幾らか人をかつぐことが好きな学者——彼はまた、総合的研究の一連の著作の推進者で、その壮大な計画は、かなり幻滅を感じさせる批判的実証主義に奉仕しようとするものだった——は、極めて高貴な心の持ち主でもあった。彼は後に、フランスとドイツの休戦〔一九四〇年六月二十二日〕の直後、彼が死ぬほんの少し前だったが、もうほとんど視力を失い、郷里のレディニヤン〔フランス南部の村〕に隠退していた時、私に、丹念で慎み深い一通の手紙を、骨折って書いてよこした。その手紙は、大戦の初期に犠牲になった人々に対して彼は依然連帯を感じている、ということを改めて表明する以外に目的をもっていないように思われた。

私はいつも、若い盛りの時代の彼を知らなかったことを残念に思った。髪が栗色で膚《はだ》は日焼けし、征服者《コンキスタドール》[3]さながら、十九世紀の心理学が拓《ひら》いた科学的展望に魂を震撼《しんかん》させつつ、彼は新世界の精神的な征服に出発したのだった。彼とブラジル社会のあいだに芽生えようとしていたのは一種のひとめ惚《ぼ》れというべきもので、そこには確かに、或る神秘的な現象が姿を現わしていた。つまり、四百歳の齢をとったヨーロッパ[4]の二つの断片――その幾つかの根本的な要素は、一方は南ヨーロッパのプロテスタントの一家系、他方は、熱帯で悠然と暮らしている極めて洗練され、幾分退廃もしたブルジョア社会の中に保存されていたわけだが――が出逢い、認知し合い、そしてほとんど接合されたのである。ジョルジュ・デュマの過ちは、この接合が、実は極めて考古学的な性格をもつことに気付かずにしまったことである。彼が自分に惹《ひ》きつけることができた唯一のブラジルは（束の間の政権の掌握であったにもかかわらず、それが真の姿であるかのような錯覚を与えたのだが）、次第に資本を、外国が肩入れしている工業への投資に移し変えつつあった、あの地主たちのブラジルだったのである。地主たちは、上流階級の議会政治に都合のよいイデオロギーの装いを探し求めていた。比較的新しい移民か、または土地に縛りつけられたまま、世界的な規模での商業の変動によって滅ぼされた田舎の富農の出である私たちの学生までが、怨恨《えんこん》をこめて「グラン・フィーノ」、上流ぶった連中、いわば「上澄み」と呼んでいたのも、この地主たちに他ならないのだった。奇妙なことに、ジョルジュ・デュマの生涯での大事業だったサン・パウロ大学の創設は、これらの慎ましい階級の人々が、行政官の地位への通行証である卒業免状を手に入れて、社会の上層に登って行くことを可能にすることになったのである。それゆえ、私たちブラジルの大学に派遣された使節は、新しいエリートを生み出すために働いたのだが、これらのエリートは、次第に私たちから離れて行くことになった。それというのも、彼らエリートが、当時のブラジルの封建制を解体する仕事に専念したにもかかわらず、彼らは私たちのつくり出した最も貴いものだということを、デュマが、そして彼に続いてケー・ドルセー〔フランス外務省〕が、認めまいとするようになったからであった。そして私たちを、ブラジルに呼び寄せ、保証人として利用し、一方では気晴らしの相手にしようとしたのは、他ならぬその封建制だったのである。

とはいうものの、フランス・アメリカ委員会の夕食の夜には、私の同僚も私も、それに私たちに同行した妻たちも、まだ、ブラジル社会の発展の中で私たちが知らず識《し》らずのうちに演じようとしていた役割を、推しはかることなどできなかった。私たちは、互いに目を光らせ合い、ひょっとしてへまをやったりしないようにと気を配ることで精一杯だったのである。というのも、私たちはジョルジュ・デュマに、私たちの新しい主人並の生活をするよう、つまり、モーター・クラブやカジノや競馬場の常連になる心構えをするよう、注意されたばかりのところだったからである。これは、それまで年収二万六千フランだった若い教師たちには、祖国脱出の志願者はたいへん珍しいというので給料が三倍になった後でもなお、途方もないことに思われた。「とくに」と、デュマは私たちに言った。「よい身形《みなり》をするように心掛けなければなりません」。私たちを安心させようという心遣いから、彼は、いささか感動的な率直さで、パリ大学の医学生だったころ、自分はいつもそこで借り着をしなければならなかったのだが、中央市場から遠くない「ジャネット十字〔首飾りの一種の名〕で」という店に行けば、ずいぶん安あがりに済ませることができますよ、と付け加えた。

〔1〕いわゆる未開社会では、一定の血縁集団内部での結婚が禁止されたり、あるいは、いとこ間の結婚が好まれるなど、婚姻の規制が社会で重要な役割をもつことが多い。
〔2〕葡萄の枝は焚くと好い香りがするので、フランスの田舎では、よく料理用の薪に使う。
〔3〕十五世紀の、ヨーロッパ人によるアメリカ大陸発見後、新しい世界に富と新天地を求めて渡って行った、主としてスペイン人の征服者たちをいう。
〔4〕ブラジルに初めてヨーロッパ（とくにスペイン、ポルトガルなどの南ヨーロッパ諸国）の文化が移植されたのは、四百年前のことである。

2 船で

ともあれ、それに続く四、五年のあいだ、私たち小人数のグループが、僅かの例外を除いて、南アメリカ航路の「海洋運送会社」の貨客便の一等船客のすべてになろうとは、全く思いも掛けないことであった。私たちは、この航路に就航していたただ一隻の豪華船の二等か、他の、より質素な船の一等のどちらかに乗るように言われた。抜けめなく知恵を働かせる者は、差額を自分の懐から払って豪華船の二等の方を選んだ。彼らはこのようにして、大使連と近づきになり、あやしげな利益を引き出そうと考えたのだ。私たちそうでない者は貨客船に乗ったが、貨客船は六日余計にかかるものの、その船では私たちは主人で、しかも立ち寄る港も多かったのである。

今になって私は、二十年前に、この風変りな贅沢《ぜいたく》を、その値打ち通りに楽しめていたらよかったのにと思う。それは王侯のような特権というべきもので、百人か百五十人を乗せるために設計された船で、八人か十人の船客が、甲板、船室、喫煙室、一等食堂などを独り占めしていたのである。海上で、十九日のあいだ、他に人がいないのでほとんど何の制約もない状態になったこの空間は、私たちにとって一つの小国のようなものであった。私たちの領地が一緒に動いていたのである。二、三回この航路を往復すると、私たちはこの船にも、船での生活にもすっかり馴染んでしまった。私たちは船に乗り込む前からもう、マルセーユ出身の、口髭《くちひげ》をはやして厚ぼったい底の靴をはいた、私たちに随分よくしてくれたあの給仕たち全員の名前を知っていた。彼らは、私たちの皿に肥育鶏《プーラルド》の極上肉や鰈《かれい》の切り身を置く時にも、猛烈な大蒜《にんにく》の匂いを発散させていた〔南フランスの人は大蒜を好む〕。食事は、もともとパンタグリュエル式[1]になるように材料が積み込まれていたのだが、私たち船の料理を消費する人間の数が極めて少なかったために、なお一層パンタグリュエル式になった。

一つの文明が終わり、他の一つの文明が始まったということ、われわれの世界が、そこに住む人間にとって、恐らく狭くなり過ぎ始めているということの突然の自覚、それを私にありありと感じさせてくれたのは、沢山の数字や統計資料や変化ではなく、数週間前に電話で受け取った返事であった。その電話のあった時、私は、ブラジルを今度訪れるに当たって、十五年前の私の青春を再び見出すことができるという楽しい想いに耽っていた。電話の返事によると、事情の如何によらず、船室は四ヵ月前に予約しておくべきだったのである。

私はといえば、ヨーロッパ・南アメリカ間の旅客のために飛行機の便ができてからは、船に乗るのはもはや極く少数の変り者だけだろうと想像していたのである！ まったくのところ、一つの新しい要素の侵入が、前からある要素を無用なものにしてしまうと考えるのは、甚だしい思い違いだった。四発のコンステレーション旅客機の出現によって海が静けさを取り戻さないことは、丁度〔南フランスの〕紺碧海岸《コート・ダジュール》に小区画の分譲地が続々と出来たからといって、パリ郊外が鄙《ひな》びた佇まいを取り戻さないのと同様なのである。

一九三五年当時の、あの素晴しい何度かのフランス・ブラジル間の船旅と、私があわてて取り止めにした今度の渡航のあいだに、一九四一年に、私はもう一回渡航しているが、その航海についても、それが来たるべき時代をどれほど象徴的に表わすことになるか、当時の私には考え及ばなかった。フランスとドイツの休戦の直後、ロバート・H・ローウィ〔一八八三～一九五七。アメリカの人類学者。『未開社会』や『国家の起原』などを著わす〕とA・メトロー〔一九〇二～六三。フランスの人類学者。ブラジルの調査を行ない、フランスにおける南アメリカ研究の組織者として功績をあげる〕が、私の民族学上の仕事に好意的に注目してくれた上に、合衆国に定住していた私の両親の心遣いもあって、私はニューヨークの新・社会研究学院《ニュー・スクール・フォア・ソーシャル・リサーチ》〔成人を対象として作られた夜間学校〕に招かれることになった。これは、ドイツの占領によって脅やかされているヨーロッパの学者を救おうという、ロックフェラー財団の手で推進されていた計画の一部を成すものであった。ニューヨークへ発たなければならない。だが、どうすればよいか。私がまず考えたことは、戦前の私の研究を続けるためにブラジルへまた赴く、という口実を作ることであった。私が査証《ヴィザ》の更新を申請しに行った時、ヴィシー[2]の町の、ブラジル大使館が設けられていた建物の一階の小部屋で、束の間の、しかし私にとっては悲しむべき光景が展開された。ルイス・デ・スーザ＝ダンタス大使——大使のことを私はよく知っていたが、私と面識がなかったとしても、大使は同じように振舞ったろう——が、印鑑を持ちあげ、パスポートにまさに捺印《なついん》しようとする時であった。一人の参事官が、うやうやしく、冷やかにそれを押し留め、捺印の権限は、新しい行政措置の結果、たった今、大使から取り上げられたところである旨を注意した。数秒のあいだ、印を持った腕は空中に上げられたままであった。大使は、気遣わしげな、ほとんど懇願するような目差《まなざし》で、印鑑がおろされるあいだ、むこうを向いていてくれるようこの下役に許しを求めようとした。そうすることで、私がブラジルに入国しないまでも、フランスを離れる許可は与えられるのだ。だがその甲斐《かい》もなく、参事官の目は大使の手の上に据えられたままであった。大使の手は気抜けしたようにおろされたが、書類の横にであった。私は査証《ヴィザ》をもらえないことになり、パスポートは、同情をこめた仕草と共に私に返された。

私はセヴェンヌ〔フランス南部の地方〕にある家に戻った。退却戦の結果、偶々《たまたま》そこから遠くないモンペリエの町で、私は召集解除になっていたのである。私はマルセーユに行ってみたが、これといった当てがあるわけではなかった。マルセーユの港で耳にした話から、私は、一隻の船が間もなくマルティニック〔カリブ海の小アンティール諸島の島〕に向けて出航するはずだということを知った。ドックからドックへ、密談の交わされている場所から場所へと渡り歩いて、私はついに、問題の船は、それに先だつ数年間、ブラジルへのフランスの大学使節の人々が忠実な乗客としてほとんど独り占めにしていた、あの「海洋運送会社」の船であるということを突き止めた。冬の北風の吹いている一九四一年の二月、私は、煖房《だんぼう》もなく七分通り閉鎖されている事務所で、かつて会社からいつも私たちのところへ挨拶に来ていた職員を見つけた。まさしくあの船はいた。そして、あの船は出航しようとしているのだ。それなのに、私は乗ることができない。なぜ？　私には納得が行かなかった。彼は私に説明できなかった――もう、前のような船旅はできないでしょう。それなら、どんなふうになったというのだ？　ああ、それはたいへん長くて苦しい旅ですよ――彼は私のことを、そんな状態で想像してみることもできなかったのだ。

この気の毒な男は、かつてフランス文化の小型大使であった私を、まだ思い浮べていたのであろう。一方私は、もう自分が、強制収容所の獲物になったように感じていた。おまけに私は、その前の二年間を、まず処女林の直中《ただなか》で、次いで舎営地から舎営地へ、混乱した退却のうちに過ごしてきたのだ。私は、マジノ線〔第一次大戦後、ドイツとの国境につくられたフランスの要塞線〕からサルト、コレーズ、アヴェイロンの各県を通ってベジエ〔フランス南部の町〕まで、家畜運搬用の貨車から羊小屋へと移されながら、辿《たど》り着いたのだった。だから、相手の気遣いは、かえって私を困惑させた。私は広々とした海の上で、当てもなく彷徨《さまよ》う自分という存在を取り戻すことを想ってみた。密航船に乗り組むという冒険に投げこまれた一摑《つか》みの水夫たちと、作業や粗末な食事を分け合うことを許され、甲板に眠り、来る日も来る日も海と何の気がねもなく差し向いで暮らす、そんな私の存在を想ってみた。

ついに私は、「ポール・ルメルル大尉号」の切符を手に入れた。乗船の日、鉄兜《てつかぶと》をかぶり、軽機関銃を握りしめた機動部隊の兵士が埠頭《ふとう》を取り巻き、乗船者は、見送りに来た近親や友人たちからまったく遮《さえぎ》られ、兵士たちに小突かれたり怒鳴られたりしながら、別れの言葉もおちおち交わしてはいられなかった。その兵士たちの人垣をくぐり抜けながら、ようやく私にも事態が呑み込めてきた。そこに始まろうとしていたのは、まさしく乗船者一人一人の孤独な冒険であった。それはむしろ、徒刑囚の出発というべきものであった。私たちの受けた取扱いよりも、乗船者の人数に私は唖然としてしまった。というのは、まもなく気付いたのだが、二つの船室しかなく、簡易ベッドが合計しても七つというこの小さな蒸気船に、およそ三百五十人もの人間が詰め込まれようとしていたのだから。二つの船室の一つは三人の婦人に当てられ、他の船室は四人の男性に割り振られることになったが、そのうちの一人に私もはいっていた。かつての豪華な船の客の一人が、家畜のように運搬されるのを見るに耐えなかったB氏（私はここでB氏に感謝したい）の好意によるものであったが、これは過大な好意というべきであった。なぜなら、私と一緒に乗船した他の人たちは、男も女も子供も、通風も悪く明りもない船艙《せんそう》に詰め込まれたからである。そこには、大工が俄《にわか》造りで組み立てた、藁布団《わらぶとん》付きの、何段にも重なった寝台があった。特別待遇を与えられた四人の男のうち、一人はオーストリアの金属商であったが、彼は明らかに、この特権が幾らにつくかを理解していたようであった。他の一人は、若い「ベケ」、つまり植民地生れの富裕な白人で、戦争のために生れ故郷のマルティニックから引き離されていたのであった。彼はこの船上で、ユダヤ人、外国人、無政府主義者のいずれとも看做《みな》されていない唯ひとりの人間であったから、特別の取扱いを受ける資格があったのだ。残りの一人は風変りな北アフリカ人で、たった数日の滞在のためにニューヨークへ行くのだ、と言っていた（ニューヨークに着くのに私たちが三ヵ月を費やそうとしていたことを考えると、これは馬鹿げた計画であった）。彼はスーツケースの中に一点のドガ〔一八三四～一九一七。フランスの印象派の画家〕を入れていた。また彼は、私と同じ程度にユダヤ人であったにもかかわらず、あらゆる警察、治安当局、憲兵隊、植民地・保護領保安局でペルソナ・グラータ〔承認された人物〕であった。それは、当時の状況においては驚くべき神秘であって、私はとうとうその秘密を見抜くことができなかった。

「賤民ども」――憲兵はそう呼んでいたが――の中には、アンドレ・ブルトン〔一八九六～一九六五。フランスのシュールレアリスムの先駆者〕やヴィクトール・セルジュ〔一八九〇～一九四七。ロシアのジャーナリスト、小説家。ボルシェヴィーキとして革命に参加したが、一九三〇年、反スターリンの左翼少数派として三年の流刑に処された後、ドイツ、フランスを経てメキシコに亡命〕も含まれていた。この徒刑囚の船をひどく居心地悪く感じていたアンドレ・ブルトンは、甲板に空いている極めて僅かの部分を縦横に歩き回っていた。毛羽立ったビロードの服を着た彼は、一頭の青い熊のように見えた。彼と私とのあいだに、手紙の遣り取りによって、その後も続いた友情が始まろうとしていた。手紙の遣り取りは、この果しない旅のあいだかなり長く続いたが、その中で私たちは、審美的に見た美しさというものと絶対的な独創性との関係を論じた。

ヴィクトール・セルジュはかつてレーニンの同志だったので、私はなんとなく彼が怖かった。同時に、そうした彼の過去と人柄——むしろ、一人の志操堅固な老嬢を想い起こさせる——とを一つにして考えるのは、私には大変むずかしく思われた。妙に勿体《もったい》ぶった用心深い挙動に加えて、あのすべすべした顔、あの華奢《きゃしゃ》な目鼻だち、あの澄んだ声などは、私が後にビルマの国境地帯の仏僧たちに認めた、ほとんど男女の別を脱したような性格を示していた。それは、フランスで昔から何かを転覆しようとする活動と結び合わせて考えられている、男性的な気質や生命力の横溢《おういつ》からは遠く隔たっている。そのことはつまり、極めて単純な対立の組合せを核として作られるために、どの社会でもかなり似通ったものとして生まれて来る文化の型《タイプ》が、各々の集団の中で異なった社会的機能を果たすのに用いられるということを示している。セルジュという型《タイプ》は、ロシアでは革命家としての経歴の中で形を成したのだが、別の環境ではどうだったであろうか。二つの社会の各々が、相互に類似した型《タイプ》の人間を異なった社会的機能を充《み》たすために用いるその用い方を、暗号解読用の格子のようなものを当て嵌《は》めることによって、対応するものの体系として設定することができるとしたら、二つの社会の関係づけはもっと容易になるに違いない。人々が現在やっているように、医者を医者に対応させ、実業家を実業家に、教授を教授に対応させるだけに止《とど》めないならば、個人とその役割とのあいだに、さらに精緻な対応関係が存在するのを認めることが、恐らくできるであろう。

人間という積み荷の他に、その船には何やら密輸品も積み込まれていたらしい。私たちは、地中海とアフリカ西海岸で、恐らくイギリス艦艇の監視から逃れるために、港から港へと隠れながら、ひどく長い時間を過ごした。フランスのパスポートを持っている者は時には上陸を許されたが、他の乗船者は、各人が自由にできる、甲板上の数十センチ四方の中に閉じ込められたままであった。熱帯に近づくにつれて増してゆく暑さが、船艙《せんそう》にいることを耐え難くしたので、甲板は次第に、食堂と寝室と育児室と洗濯場と日光浴場とを兼ねたものに姿を変えて行った。しかし、最も不快だったのは、軍隊で「衛生管理」と呼ばれているものであった。甲板の欄干《らんかん》に沿って左右対称に、左舷には男性用、右舷には女性用として、乗組員が木の板で換気窓も灯《あか》りもない二対の小屋を拵《こしら》えておいた。小屋の一つには、朝だけ水が出るシャワーの口が幾つか取り付けられていた。もう一つには、内側だけざっとトタン張りになった長い木の溝が、海の上に突き出ていたが、その用途は説明するまでもないであろう。このあまりにひどい混雑に耐えられず、大勢そろってしゃがむことがどうしても嫌ならば——第一、それは船の横揺れのために不安定なものだった——、非常な早起きをする以外に手立てがなかった。航海のあいだじゅう、感覚の細やかな人人のあいだに一種の競走が行なわれるようになり、遂には、午前三時に行かなければ比較的静かに用を足すことを期待できなくなった。おちおち寝てはいられないようにさえなった。二時間くらいのずれはあったが、シャワーについても事情は同じであった。シャワーに関しては、用便の場合のような羞恥心による配慮からそうなったというより、人混みの中に自分の場所を取ることが先決だったのである。もともと少ししかない水は、大勢の湿った体の触れ合いで蒸発してしまうかのように、膚《はだ》に流れて行きさえしなかった。用便もシャワーも、人々は早く済ませて外へ出ようとした。なぜなら、これらの通風孔のない仮小屋は、切ったばかりで樹脂《やに》の出る樅《もみ》の木の板で作られていたが、汚水や尿や海の風が染み込んだために、太陽の下で、なま暖かくて甘酸っぱい、吐き気を催させるような臭いを放ちながら腐り始めていたからである。その臭いは他の臭気に加わって、たちまち耐え難いものになった。とくに、海にうねりのある時はそうだった。

一ヵ月の航海のすえ、夜中にフォール・ド・フランス〔マルティニックの首府〕の灯台が見えた時、船客の胸をふくらませたのは、やっとありつけることになった喉《のど》を通る食事や、シーツのある寝床や、穏やかな夜などに対する期待ではなかった。船に乗り込むまでは、これらの人々はすべて、文明のもたらす「アメニティー」〔快適さ〕と英語で体裁よく呼ばれているものを享受していたのだが、彼らにとって苦痛だったのは、空腹、疲労、睡眠不足、混雑、侮辱、そのいずれにも増して、強制された不潔さ、彼らがこの四週間をその中で過ごしてきた暑さのために一層ひどくなった不潔さであった。船には、若い綺麗な女性もいた。色恋のかけひきの場面も見られたし、男女の接近も起こっていた。これらの女性にとって、別れる前に、ようやく好ましい状態で自分の姿を見せられるということは、単なる媚態《びたい》への心遣い以上のものであった。それは、支払うべき手形、返済すべき負債であり、彼女たちが真底から男たちの注意を惹《ひ》くのに値しなかったのではないという、一点の疑いもなく正当な証明であった。航海中の男たちの注意を、彼女らは、いじらしい感覚の細やかさから、単に男が彼女たちに信用貸しをしていたに過ぎないと看做《みな》していたのである。だから、航海物語でお馴染《なじみ》の「陸だ！　陸だ！」という叫びの代りに、すべての人の胸から湧き上がったあの叫び声、「風呂だ！　とうとう風呂だ！　あすはひと風呂浴びられるぞ！」という叫び声には、道化じみた一面があっただけでなく、慎ましい、ひとつまみの悲壮味も含まれていたのである。あちこちから上がったこの叫びを耳にしながら、人々は、この偉大な瞬間のために、熱に浮かされたようになって、石鹸《せっけん》の最後のかけら、汚れていないタオル、しまい込んであったシャツなどの点検を始めた。

この水療法の夢は、四世紀にわたる植民地統治から期待できる文明化の成果についての、あまりにも楽観的な見通しを含んでいたのであるが（なぜなら、浴場はフォール・ド・フランスにはほとんどなかったから）、船客たちはまもなく、陸に用意されていたもてなしに比べれば、すし詰めの汚ならしい彼らの船での生活の方が、まだしも牧歌的だったということを悟った。そのもてなしというのは、入江に船が錨《いかり》を下ろすや否や、一種の集団脳障害に罹《かか》っているとしか思えない無規律な兵士の一群が示してくれたものである。この脳障害は、もし私が、困った結果に陥ることからどうやって逃れようかという、ただそれだけのために一切の知力を使うことに心を奪われていなかったとしたら、民族学者である私の関心を十分惹くに値したであろう。

フランス人の大部分は、「おかしな」戦争を体験していた。マルティニック島駐屯《ちゆうとん》の士官たちの体験した戦争も、どう贔屓目《ひいき》にみても、まともな戦争の部類には入らないものであった。フランス銀行の金《きん》を守るという彼らの唯一の使命は、一種の悪夢のうちに解消してしまっていたが、それは、あながちパンチ〔マルティニック名産のラム酒を主にしたカクテル〕の飲み過ぎのせいばかりでもなかった。もっと潜行性の、しかしパンチの飲み過ぎに勝るとも劣らない本質的な影響を及ぼしていたのは、島という状況、本国からの隔離、数々の海賊の思い出に彩られた歴史伝説であった。そこでは、北アメリカ側の監視や、ドイツ潜水艦の秘密行動が、黄金の耳輪をはめ、片目はくり抜かれ、義足をつけた伝説の主人公の姿に、いとも簡単にとって代わっていた。こうして、一種の被包囲妄想が昂じていたのだが、直接戦闘に加わらなかったことは言うに及ばず、敵の姿を見たことさえないのに、この妄想がもとで、大部分の士官は気が触れたようになってしまっていた。島民は島民たちで、彼らの会話は、もっと散文的な遣り方で同じ型の精神過程を表現していた。「鱈《たら》がいなくなりよったで、島はもうおしまいじゃ」。こんな言葉が頻々と聞かれた。その一方では、ヒトラーは、これまで二千年のあいだキリストの教えを忠実に守らなかった白人を罰するべく、地上に再び降臨したキリストにほかならないのだ、と説明する者もいた。

　フランスとドイツの休戦が成立した時、下士官たちは、自由フランスに加担するどころか、自分たちが中央体制〔ヴィシー政府の対独協力体制〕と息が合っているのを感じた。彼らは、「局外者として」留まり続けようとしていた。彼らの肉体的、精神的持久力がもう何ヵ月も苛《さいな》まれてきた結果、もし戦う破目になったとしても、彼らは到底戦闘などできないような状態になってしまっていた。彼らの病んだ心は、ドイツ人という実質上の敵、しかしあまり遠く離れているので目にも見えず、いわば抽象化されてしまった敵を、アメリカ人という頭の中で仕立てあげた敵、しかし近くて感知できるという点ではドイツ人よりは好都合な敵で置き換えることによって、一種の落ち着きを見出していたのである。それに、二隻のアメリカの軍艦が投錨《とうびょう》地の沖をたえず遊弋《ゆうよく》していた。フランス軍総司令官付の、或る要領のいい副官は、毎日これらのアメリカ艦へ行って昼食をしていたが、一方、彼の上官である総司令官は、彼の軍隊を、アングロ・サクソンに対する憎悪と怨恨で燃え立たせようと骨折っていたのである。

　敵——何ヵ月も前から累積されて来た攻撃性がそこに向けられていた——という点でも、敗戦——下士官たちは戦闘から遠ざかったままでいたので、自分たちは敗戦には無関係だと思っていたが、しかしその一方では、彼らは漠然とではあったが、自分たちにも罪があると感じていた(彼らは、少なくとも祖国の一部がその犠牲になった、無頓着《むとんちゃく》、幻想、倦怠《けんたい》の最も完全な見本であり、自ら最も極端な形でそれを体現していたのではなかったか)——の責任者という点からも、私たちの船は特別念入りに選ばれた標本を彼らにもたらした訳である。それはあたかも、ヴィシー政府当局者が、マルティニック島に向けて私たちの乗船を許可することによって、この島のお歴々に船一艘に満載した贖罪山羊《スケープ・ゴート》（村の災厄や罪を負わされ、村外へ追い出される山羊）を届け、彼らのいらいらを鎮めようとしたとさえ思われるものであった。半ズボンをはき、鉄兜《てつかぶと》をかぶり、銃を手にした兵士の一団は船長室に陣どって、私たちを一人一人前に呼び出して上陸に当たっての尋問を始めたが、彼らは尋問することよりもむしろ罵《ののし》ることに夢中で、私たちはただそれを傾聴していればよかった。フランス人でない者は、敵扱いされることになった。フランス人については、彼らは乱暴に、お前たちはフランス人でないと言い、故国を卑劣にも見捨てたと言って私たちが旅立って来たことを非難した。この非難は、宣戦布告以来、現にモンロー主義③の待避壕《たいひごう》の中で暮らしてきた人々の口から出るものとしては、矛盾しているだけでなく、かなり奇妙でさえあった……。

　さらば風呂よ！　全員、入江の向こう側にあるル・ラザレと呼ばれる収容所に入れられることになった。ただ三人だけが上陸することを許された。マルティニック生れの「ベケ」、彼は問題外だった。あの不思議なチュニジア人、彼は或る書類を見せた。そして私。私は、海軍管理局から船長に与えられていた特別の恩典によってであった。なぜなら、船長と私とは昔馴染として再会したのだから。彼は、戦争前に私が乗った船の一等運転士だったのである。

〔1〕パンタグリュエルは、フランスの作家ラブレーの長篇小説『ガルガンチュアとパンタグリュエル物語』の主人公である巨人の名。このことから、ここでは、勝手気ままにたらふく食べることをいう。

〔2〕中部フランスの都市。第二次世界大戦でフランスが、一九四〇年ドイツに降服後、ドイツに協力したペタン内閣はここに政府を移した。以後、連合軍による解放まで、フランスの対ドイツ協力の政府はここに存続し、ヴィシー政府と呼ばれた。

〔3〕アメリカ大陸諸国とヨーロッパ諸国との相互不干渉主義。一八二三年、アメリカ合衆国大統領モンローによって宣告されたことに由来して、こう呼ばれる。

3　アンティール諸島

時計が午後二時を打つときのフォール・ド・フランスは、死んだ町だった。椰子《やし》の木が植えられ、雑草が茂り放題の細長い広場を縁《ふち》取っている荒屋《あばらや》には、人が住んでいないかとさえ思われた。この広場は空地《あきち》のように見えたが、その中央には、緑青《ろくしょう》のふいたジョゼフィーヌ・タシェール・ド・ラ・パジュリ〔ナポレオン一世の妃。マルティニック生れ〕、後のボーアルネ夫人の像が、置き忘れられたかのように立っていた。一軒のさびれたホテルに荷物を置くとすぐ、チュニジア人と私は、まだ午前中の出来事で頭が混乱したまま、貸自動車に飛び乗ってル・ラザレの方角へ向かった。私たちの仲間、とりわけ二人の若いドイツ婦人を励ましに行くためであった。この二人の婦人は、体を洗えるようになりさえしたらすぐ、彼女らの夫を欺《あざむ》きたいと思っていることを、航海のあいだ、私たちに印象づけたのである。その意味でも、ル・ラザレへの収容は、私たちの幻滅を一層深めた。

古ぼけたフォードは、凹凸のはげしい道をロー・ギアでよじ登って行き、私はアマゾン地方以来、私にとって馴染の深い植物の種《しゅ》を、これほど多くここにも見つけたことに恍惚《こうこつ》となっていた。ただここでは、私はそれらを指すのに新しい名前を覚えることになった。フルータ・ド・コンデ〔公爵の果実〕の代りにカイミト——梨の中に朝鮮薊《あざみ》の感じが含まれている——であり、ここではグラヴィオラでなくてコロッソルであり、マムマウンの代りにパパイヤ、マンガベイラの代りにサポティーユ〔あかてつ〕であった。そのあいだじゅう、私は過ぎ去ったばかりの、苦痛に充ちた出来事の数々を心に想い浮かべ、それらを同じ型の他の経験に結び合わせることは出来ないだろうかと考えてみた。なぜなら、多くの場合平穏だった生活の後に冒険に投げ込まれた私の仲間たちにとって、この悪意と愚かしさのごたまぜは、未聞《みもん》の、他に類のない例外的な現象であったろうからである。それは、歴史上まだ決して起こったことのないような国際的な規模での破局の、私の仲間や彼らの獄吏一人一人への投射であった。しかし少しは世間を見、それに先立つ数年間、およそ異常な状況に身を置いていた私にとって、この種の経験はまったく新奇なものではなかった。私は、緩慢にではあったが次第にはっきりと、それが、いつのまにか地面からしみ出る水のように人類——その数にも、自己の問題の日ごとに増して行く複雑さにも飽和している人類——から溢れ出始めているものであることを知った。あたかも、人類の表皮が、コミュニケーションの密度の高まりによって増大した、物的、知的交流に基づく摩擦のために炎症を起こしたかのようであった。このフランス領の土地に、戦争と敗北の及ぼした作用と言えば、世界的な規模で進みつつあった或る過程の歩みを速めること、つまり、一種の持続性の伝染病が移し植えられるのを容易にしたことだった。この伝染病は、地球上から決して完全には消滅せず、或る場所で衰えれば他のどこかで蘇生するはずであった。これら、愚かしく、憎悪と軽信に満ちた現象のすべては、社会集団が互いの距離を失った時、膿《うみ》のように滲出するものであるらしい。私は、こうした現象にそのとき初めて出会ったのではなかった。

それは、まだついこのあいだ、宣戦〔一九三九年九月〕の数ヵ月前、フランスへ帰る途中、バイア〔ブラジルの東海岸の町〕でのことであった。この町の山の手を、私は三百六十五あると言われている教会の一つ一つを訪ねながら散歩していた。これらの教会は、各々が一年の一日一日に対応していて、建物の様式や内部の装飾も、日や季節のイメージに合わせて変えてあると言われていた。「ティラ・オ・レトラート！　ティラ・オ・レトラート！」（写真とっておくれ！）とせがむ半裸の黒人の子供の一群に、行く先々でつきまとわれながら、私は建築の細部の写真を写すことに没頭していた。とうとう、これほどの真情の籠《こ》もった物乞《ものご》いに心を動かされて――いくらかの小銭より、彼らが決して見ることがないと思われる一枚の写真の方を要求するのだ――、私は子供たちを満足させるために一枚写真をとることに同意した。まだ百メートルも歩かないうちに、一つの手が私の肩にかかった。散歩の初めから足跡《あしあと》を辿るようにして私を尾行してきた二人の私服の監視人が、私に、たった今あなたはブラジルへの敵対行為を行なったと通告した。ヨーロッパで使われるこの写真は、黒い皮膚をもつブラジル人がいるという風聞や、バイアでは子供たちは裸足《はだし》で歩いているという噂《うわさ》を弘めることになるだろうから、というのであった。私は拘留されたが、幸いなことにほんの少しのあいだであった。船が出港しようとしていたからである。

この船は、明らかに私に不幸をもたらしていた。その僅か数日前、私は似たような目に遭っていた。その時は乗船に際して、しかもサントスの港の埠頭《ふとう》においてであった。私が船に乗り込むや否や、大仰な制服を着たブラジル海軍の一指揮官が、剣付き銃を持った二人の水兵を伴って船室に私を監禁した。そこで、不審な点を解き明かすために四、五時間かかった。一年間、私が指導していたフランス・ブラジル合同の探検は、両国間で蒐集品を分配するという取り決めに従っていた。この分配は、リオ・デ・ジャネイロの国立博物館の監督の下《もと》に行なわれることになっており、博物館は直ちにブラジルのすべての港に通達を発していた。もし、私が秘かな意図を抱いて、フランスに割り当てられた分を越える弓矢や羽根の頭飾りの梱《こり》を持ってブラジルから脱出しようとでもすれば、彼らはあらゆる方法を講じて私を逮捕することになっていた。ただ、探検から戻った時、リオの博物館は意見を変え、ブラジルの分をサン・パウロの科学研究所に譲渡することに決めていた。したがって、フランスの分の積出しも、リオからではなくサントスから行なわれなければならない旨、私は確かに通告を受けていたのである。しかし当局は、一年前とは違った内容の規定を設けたのを忘れていたので、私は古い指令に基づいて有罪とされた。古い指令を発した当局は、そのことを忘れてしまっていたのに、執行する人々は忘れていなかったからである。

幸い、この時代には、まだすべてのブラジル人官吏の心の底には、ヴォルテールやアナトール・フランス〔一八四四〜一九二四。フランスの小説家、批評家〕の読みかじりのお蔭で生命が保たれている、まどろんでいるような無政府主義者が潜んでいた。ヴォルテールやアナトール・フランスは、未開地の奥でも、ブラジル文化の中になお隠然たる力をもっていた（「ああ旦那《だんな》、あなたはフランス人ですね！　ああ、フランス！　アナトール、アナトール！」。内陸の或る小さな村の一老人は、動転して、腕の中に私を抱きしめながらこう叫んだ。彼はそれまでに、まだ私の同国人に出逢ったことがなかったのである）。それゆえ、ブラジルという国、とりわけ海軍当局に対する私の畏敬《いけい》の念を、必要なだけ時間をかけて披瀝《ひれき》することに十分習熟していた私は、相手の心のうちの感じ易い絃を共鳴させようと努めた。努力は無駄ではなかった。というのは、冷汗びっしょりになって過ごした数時間（私はブラジルをすっかり引き払う積りでいたので、民族学上の蒐集品も、運送箱の中で私の家財道具や蔵書と混り合っていた。私は或る瞬間には、それらの荷物が、船が錨《いかり》を上げようとしている時に、埠頭《ふとう》にばらばらに放り出されるのではないかと不安になった）ののちに、私自身が、私の尋問者に、いかめしい表現の報告書を口述筆記させたのだから。その報告書の中で、彼は、私と私の荷物の出港を許可することによって、国際的な紛争や、それに伴う恥辱から彼の国を救ったという栄光を、自分自身に付与したのである。

とはいうものの、南アメリカの官憲から彼らの一切の威厳を剝《は》ぎ取ってしまうような思い出の影響に、まだ私が包まれていなかったとしたならば、私も恐らく、それほど大胆には振舞わなかったであろう。それより二ヵ月前、ボリビア低地地方のと或る大きな村で、私は同行の医者T・A・ヴェラール博士と一緒に、飛行機の乗換えを前にして、接続の便を待って数日間足止めをされたことがあったが、その接続の飛行機はやって来なかったのである。一九三八年には、航空事情は、今日《こんにち》の状態とはおよそ異なっていた。南アメリカの僻地《へきち》で、飛行機は、進歩の幾つかの段階をあっさり飛び越えて、村人たちの乗合馬車の役割を果たしていた。それまで村人たちは、整備された道路がないので、隣村の市《いち》に行くのに徒歩や馬で何日も費やしていたのである。飛行機が入るようになってからは、数分間の飛行によって（もっとも、実を言えば、しばしば数日以上も遅れるのだが）村人たちは彼らの鶏や家鴨《あひる》を運搬することができるようになった。彼らは普通、鶏や家鴨に混って、しゃがみ込んで旅をしたが、それというのも小さな飛行機は、裸足《はだし》のお百《ひゃく》姓《しょう》や家禽《かきん》や、森の中の道を通すには重すぎるか嵩《かさ》ばりすぎる箱などの、色とりどりの雑多な物でぎっしり詰まっていたからである。

そんなわけで私たちは、サンタ・クルス・デ・ラ・シエラ〔ボリビア東部の町〕の街中で無為をもて余していた。街路は雨季のために泥水の急流に姿を変えており、人々は、実際に車を通れなくした横断歩道の杭《くい》のような具合に、等間隔に置かれた石を伝って泥水を渡っていた。その時、パトロールの警官が見慣れない顔の私たちに気付いた。それだけで、私たちを逮捕し、取調べの時間が来るのを待つあいだ、私たちを一室に閉じ込めておく理由としては十分だったのである。私たちが入れられたのは、古めかしい豪華さの立ち籠めた部屋で、元の地方総督の邸宅であった。壁は寄木細工《よせぎざいく》で覆われ、それに縁取られてガラス戸の書棚があり、どっしりとした本が豪奢に装釘されて並んでいた。ただ一枚の、やはり枠に嵌《は》められたガラス板だけがその列を仕切っていたが、そのガラス板には、達筆で、まったく思いがけない次のような言葉が記されていた。それをスペイン語から翻訳してみよう。「蔵書のページを私的な用途のために、あるいはトイレット・ペーパーにするために破ることは、厳重な制裁をもって、固く禁じられている。この禁令に違反する者は、何人《なんぴと》といえども罰せられるであろう」

実を言って、マルティニック島での私の立場が好転したのは、或る高級土木官吏が仲に入ってくれたお蔭であることを私は認めざるをえない。この官吏は、幾分冷やかにみえる控えめな態度のかげに、お役人風な感覚からはほど遠い心情を隠しもっていた。私の立場が好転したのはまた、恐らくは、私が或る宗教新聞の発行所を足繁く訪ねていたためでもあったろう。その事務所には、何人かの神父たち――どの修道会だったかはもう覚えていないが――が、インディオが住みついた時代にまで遡《さかのぼ》る考古学遺物の詰まった箱をうず高く積んでおり、私は暇潰しに、それらの遺物の目録を作っていたのである。

　或る日私は、折から開廷中だった重罪裁判所の法廷に入ってみた。裁判所を訪れたのは、その時が初めてで、その後も行ったことはない。一人の農夫が裁かれているところだったが、彼は口論しているうちに、相手の耳朶《みみたぶ》の一部を歯で喰い千切ってしまったのである。被告、原告、証人は、クレオル〔西インド諸島などの住民が使う、スペイン語、フランス語、英語などと現地語の混成語〕で饒舌《じょうぜつ》にまくし立てたが、その音の結晶したように冷たい感じは、こういう場所では何か超自然的な響きを帯びていた。陳述は三人の判事に通訳された。判事たちは、酷暑のさなかで、赤い長衣《ガウン》や毛皮の飾りをもて余していた。湿気のためにいたんでしまったこれらの古衣裳は、まるで血まみれの繃帯のように彼らの体の周りに垂れ下がっていた。きっかり五分間で、この短気な黒人は八年の懲役を宣告された。裁判というものは、私の心の中では、その時も今も変わらず、疑いと不安と尊厳の気持に結び合わされている。人間が、こんなにも短い時間で、一人の人間をこれほど無造作に処分できるということは、私を啞然とさせた。私は、自分がたった今そこに居合わせた出来事が現実のものだということが、どうしても納得できなかった。現在でも、どんなに幻想的なあるいは怪奇な夢でも、これほどの信じ難さの感覚を伴って私の心の中に入り込むことはあるまい。

　船の仲間が釈放されたのは、海軍当局と商人たちとの諍《いさか》いのお蔭であった。海軍当局が、私の仲間をスパイ、裏切り者と看做せば、商人は商人で、私の仲間を、ル・ラザレへの収容——有料であったにせよ——によって商人の手が届かなくなった利益の源と看做していた。商人たちの言い分が勝ち、約二週間というもの、船の仲間はみな自由に最後のフランス紙幣を使えることになった。ただ、それは警察の極めて厳しい監視のもとにであって、警察は、一人一人、とくに婦人の周りに誘惑、挑発、報復の網の目を張りめぐらした。同時に、人々はドミニカ領事館に査証《ヴィザ》の交付を嘆願した。そして、私たち全員をこの島から連れ去ってくれるはずの、まだ来るかどうかわからない船の到来について、真偽不明の風聞を集め回った。こうした状況が再び変化したのは、首府の受けている利益を妬《ねた》んだ地方の商人たちが、彼らも避難者からの利益の分け前に与《あずか》る権利がある、と言い出したためであった。まもなく全員が、海岸から離れた村にある収容所に移された。今度も収容されずに済んだ私は、プレー山の麓の新しい収容所に入った私の女友だちと何とか連絡を保とうとして、何度も素晴しい散歩をすることになったが、それも、警察のこの新しい措置のお蔭であった。確かにこの島は、南アメリカの大陸部より遥かに古典的な異国情緒に満ちていた。海岸には、樹枝状の模様のある瑪瑙《めのう》が、銀箔《ぎんぱく》を施した黒い砂の輝きに縁取られていた。乳のような霧に呑み込まれた谷に入れば、木の形をした歯朶《しだ》の、生きた化石のような幹の上方に拡がる、巨大な羽毛状の柔らかい葉の茂りが、絶え間ない水のしたたりによって、目よりはむしろ耳で感知された。

それまで私は、仲間に比べれば恵まれていたとはいうものの、或る一つの問題に頭を悩ませていた。そのことを、私はここに記すべきだと思う。この本を書くことができたのも、その問題が解決したお蔭なのだから。そしてその解決は、読者もやがてお分りのように、決してやすやすと得られはしなかったのである。私は、唯一の財産として、私のブラジルでの調査の資料——言語や技術に関する資料カード、旅行中の日誌、調査地でとったノート、地図類、写真のネガなど、数千の紙片やカードや原板——を詰めた大型トランクを持ち運んでいた。こんなにも胡散《うさん》臭いものの一揃いがそれまで関門を通過してきたわけで、それを通すについては、係官は職責上、相当の危険を冒していたことになる。マルティニックで私たちが受けたあしらいから推して、私は税関にも、警察にも、海軍省の第二司令部にも、たとえひと目でも、このトランクの中身を見せてはならないと思った。彼らにとってこの中身は、土語の単語は暗号で書かれた指令に、地図や図表や写真は、戦術上の配置の一覧や侵攻計画に見られることは、間違いなしと思われたからである。

それで私は、トランクを通過貨物として申告し、トランクは封印をされて税関の倉庫に送り込まれた。その結果、まもなく通告されたのだが、私は外国船でマルティニックを出て行かなければならないことになった。そしてトランクは、その船に直接積み込まれることになった（この処置を認めさせるのに、私はまたもやさんざん苦心しなければならなかった）。私がドマール号（それはまさしく幽霊船というべきもので、私の仲間は一ヵ月ものあいだそれを待った。或る朝、それは塗装したばかりの、前世紀の巨大な玩具《がんぐ》のような姿で私たちの前に現われた）に乗船してニューヨークに行くと主張していたとすれば、トランクはいったんマルティニックに入り、また出て行くことになる。それでは話にならない。こうして私は、純白に塗装したスウェーデンのと或るバナナ船で、プエルト・リコに向かった。この船上で、四日のあいだ、私は平穏な、ほとんど孤独な海上の旅――私たち乗船者は八人だった――を、あたかも過ぎ去ったばかりのあの一連の出来事の後味のように、ゆっくりと味わった。このようにして私は、この短い船旅を精一杯楽しんだ。

フランス警察の次はアメリカ警察だった。プエルト・リコの土を踏むや否や、私は二つのことを発見した。マルセーユ出発以来、二ヵ月ほどの時間が経つあいだに、アメリカ合衆国における移住の法規が変わっており、私が持っていた「新・社会研究学院《ニュー・スクール・フォア・ソーシャル・リサーチ》」からの書類は、新しい規則には適合しなくなっていた。第二に――しかもこの点がとくに重要だったのだが――、私の民族学上の資料に関して、マルティニックの警察に抱かせた疑惑、そして私があれほど合法的にそれから身を守ってきた疑惑を、アメリカ警察は極めて強くもっていたのである。フォール・ド・フランスで、アメリカ人から金銭的に支援されているフリー・メーソン[1]のユダヤ人として扱われた私は、ここではその償《つぐの》い、むしろ苦《にが》い償いを受けた。つまり、アメリカ合衆国の立場からすれば、私がドイツ人の間諜《かんちょう》でないまでもヴィシーの回し者と看做されるのは、むしろ当然だということを知らされたのである。私が至急電報を打った新・学院《ニュー・スクール》が法の要求を満足させてくれるまで、またとりわけ、フランス語の読めるＦＢＩ〔連邦捜査局〕の専門家がプエルト・リコに到着するまで、入国管理当局は、私を格式ばったスペイン式のホテルに、船会社の費用持ちではあったが、監禁しておくことに決めた（私のカードに記入されていることばの四分の三は、フランス語ではなく、ブラジル中部の、ほとんど知られていない土語に由来していることを承知していた私は、その土語の解る専門家を見つけるために要するかもしれない時間を考えて慄然《りつぜん》とした）。そのホテルで私は、牛肉の煮込みやひよこ豆の食事を当てがわれ、一方、私の部屋の戸口では、ひどく汚れ、無精髭《ぶしょうひげ》をはやした二人の現地人の警官が、昼夜を分かたず交代で勤務していた。

私は思い出すのだが、同じ船で到着し、その後、原子力委員長になったバートランド・ゴールドシュミットが、ある晩、原子爆弾の原理を私に説明してくれたのも、このホテルのスペイン風の中庭でのことであった。ゴールドシュミットは私に（それは一九四一年五月だった）、列強は一種の科学競争に入ったこと、この競争で一位になった国に勝利が保証されると思われること、などを明かしてくれた。

数日後には、船で私と一緒だった連中の最後の人々も、各々、身元に関する難題に方《かた》をつけてニューヨークへ発《た》って行った。私は二人の警官にぴったりと付き添われたまま、ひとりサン・フアン〔プエルト・リコの政庁所在地〕に残った。この二人の警官は、私が許可されていた三つの外出先——フランス領事館、銀行、入国管理局——へ、必要な時は頼めばいつでも付いて来てくれた。それ以外の一切の外出には、私は特別の許可を願い出なければならなかった。

　或る日、私は大学へ行く特別許可を得たが、私の係の監視人は、一緒に大学の中に入らないという心遣いをしてくれた。私に侮辱を与えないように、彼は門のところで待っていてくれたのである。しかし、彼自身も彼の相棒も退屈してしまった結果、二人は時折規則を破って（彼らの方から言い出すのだが）、二人を映画に連れて行くことを私に許可する、と言った。私が島を見物することができたのは、釈放されてから乗船するまでの四十八時間のあいだだけであった。当時総領事であったクリスチャン・ベル氏が、親切にも私を案内してくれたのだが、私は、氏が私と同学のアメリカニスト〔南北アメリカ大陸を専門領域とする研究者〕であることを知って、このような異常な境遇の中だっただけに少なからず驚いた。ベル氏は、南アメリカの沿岸諸地方を帆船で訪ねた時の話をいろいろと聞かせてくれた。ほんの少し前、私は朝の新聞で、フランス人居住民をド・ゴール将軍支持に回らせるために、②アンティール諸島を歴訪中のジャック・スーステル〔一九一二〜九〇。フランスの人類学者、アメリカニスト。ド・ゴールの率いる「自由フランス」の指導者の一人〕が到着したことを知った。彼と会うために、私にはまた別の許可が必要であった。

　このようにして、プエルト・リコで、私はアメリカ合衆国と接触したことになる。初めて私は、生ぬるいワニスとウィンター・グリーン（かつてはカナダ茶と呼ばれていたが）の匂いをかいだ。この二つは、いわば嗅覚《きゅうかく》で感知しうる両極で、これらのあいだにアメリカ式快適さの様々な段階——自動車からラジオや菓子や煉歯磨《ねり》きを経てトイレットに至るまで——が並んでいるのである。私は、薄紫の服を着け、髪はマホガニー色のドラッグ・ストアの売り子のお嬢さんたちが、お化粧した顔の奥で何を考えているのか知りたいと思った。大アンティール諸島というかなり特殊な背景においてではあったが、アメリカの町に共通して見られる或る様相を私がまず認めたのも、プエルト・リコにおいてであった。どこへ行っても、建物が軽快で、効果だの通行人の関心を惹くことばかりねらっている点で、いつまでも催されている万国博覧会か何かに似ていた。ただここでは、人々はむしろ博覧会のスペイン会場にいるような気がするのである。

旅の偶然は、しばしば、事物のこのような二面性を見せてくれるものである。アメリカ合衆国の領内での初めての数週間をプエルト・リコで過ごした結果、私は、後にスペインではアメリカを発見することになった。同様に、その後かなり経ってからのことであるが、私が初めてイギリス式の大学を訪れたのは、東部ベンガル〔現在のバングラデシュ〕のダッカにあるネオ・ゴティック様式の建物の並ぶ構内においてであったため、今でも私には、オクスフォード大学は、泥と黴《かび》と植物の氾濫《はんらん》を制御するのに成功したインドのように見えるのである。

ＦＢＩの検察官は、私がサン・ファンに上陸してから三週間たって到着した。私は税関に駆けつけてトランクを開いた。息の止まるような一瞬だった。礼儀正しい青年だったこの係官は、進み出て、資料カードのうちから試しに一枚を抜き取った。彼の目差は険悪になった。彼は獰猛《どうもう》に私の方に向き直ると、言った。「これはドイツ語だな！」そこに記されていたのは、私が調査をしたブラジルの中部マト・グロッソ地方に関しての、優れた、そして私にとっては遥かな先達であるフォン・デン・シュタイネンの古典的な著作『中部ブラジルの自然民族の中で』（ベルリン、一八九四年）の参照部分であった。この説明で、あれほど長いあいだ私が待ち受けていたこの専門家は、たちまち心を和らげ、もう私の一件にはまったく関心を失ってしまった。結構です。OK。かくて私は、アメリカの土の上で釈放された。私は自由なのだ。

この手の話はもう止めにしなければなるまい。こうした些細《ささい》な出来事の一つ一つが、私の追憶の中で、また他《ほか》のものを甦らせる。その幾つかのものは、今読者がお読みになった出来事のように、戦争に結び合わされている。しかし他の、私がもっと前に物語った出来事は、戦争以前のものである。まだほんの数年しか経っていないアジア旅行の経験も物語るとすれば、私は更に新しい出来事を付け加えることもできたであろう。ところで、親切なわがFBIの査察官氏も、今だったらあれほど簡単には了解しなかったと思われる。至るところで、空気はそんなにも重苦しくなって来ているのである。

〔1〕十八世紀初め、イギリスに始まった世界市民主義、自由主義を掲げる一種の結社組織。多数の著名な自由主義的知識人が参加していて、第一次世界大戦後も国際親善運動などを行なっていた。

〔2〕第二次世界大戦中、フランス降服後も、ド・ゴールはロンドンに政府を樹立してドイツに抗戦していた。

4 力の探求

これら数々の疑わしい匂い、一層深刻な動乱を予告するようなこれらの旋風——その最初の徴候を私に示し、そして予兆のように私の記憶の中に留まり続けているのは、一見何の変哲もない、と或る出来事であった。ブラジル奥地での長期間の現地調査に取り掛かるために、サン・パウロ大学との契約の更新を断った私は、同僚たちより数週間早くブラジル行きの船に乗った。それまで四年間で初めて、私は船上で唯ひとりの大学教師という訳であった。船には多くの相客があったが、これも四年間で初めてのことであった。外国の実業家たち、そしてとくに、定員ぎりぎりまで、パラグアイへ向かう軍事派遣団が乗り込んでいた。馴染の深いこの航路の面影も、かつてはあれほど澄んだ明るさに満ちていたこの定期船の雰囲気も、以前とはすっかり変わっていた。これらの士官とその配偶者は、大西洋横断の船旅を植民地獲得のための探検と履き違え、所詮たいした数ではない軍隊の訓練官として赴任するにもかかわらず、征服した国を占領しにでも行くかのように思い込んでいた。彼らは、この占領の、少なくとも精神的な予行演習を練兵場に姿を変えてしまった甲板で行ない、一般船客に先住民の役割を当てがっていた。一般船客は、甲板の上にまで不快を及ぼしてしまっていたこんなにも騒々しい無礼さから、どこへ逃れたらよいのか判らなくなっていた。派遣部隊の隊長の態度は、彼の部下の態度とは対照的であった。隊長もその夫人も、控えめで愛想のよい人たちだった。彼らは或る日、私が喧騒《けんそう》を避けようとしていた人気《ひとけ》の少ない場所で私に話しかけ、それまでの私の仕事や、調査旅行の目的について尋ねた。それから夫妻は、彼らが派遣される任務は単に無力な証人として事態を正確に見守るだけであることを、それとなく話して私に理解させてくれた。隊長と隊員たちとの対照があまりに際立っていたので、背後に何か謎《なぞ》が隠されているように思われた。三、四年経って新聞でこの上級士官の名を見つけたとき、その時のことが私の記憶に甦った。新聞で見たこの士官の置かれていた立場は、実際、理不尽なものであった。

世界の他の地域でも、同じように人間の精神を堕落させる状況が、やがて私に決定的な形で示してくれることになったものを、私は、このとき初めて納得したのではなかったか。旅よ、夢のような約束に充ちた魔法の小箱よ、お前はもうお前の宝を無垢《むく》のまま与えてはくれまい。異常な発育を遂げ、神経のたかぶりすぎた一つの文明によって乱された海の静寂は、もう永久に取り戻されることはないであろう。熱帯の香りや生命のみずみずしさは、怪しげな臭気を発散する腐蝕作用によって変質してしまっている。この腐蝕作用はわれわれの欲求をねじ曲げ、われわれはやっきになって半《なか》ば腐った追憶を拾い集めることになるのだ。

ポリネシアの島々がコンクリートに埋まって、南の海深くずっしりと錨《いかり》を下ろした航空母艦に姿を変え、アジア全体が病んだ地帯の表情に変わり、貧しいバラックの町がアフリカを蝕《むしば》み、アメリカ大陸やメラネシアの天真爛漫《てんしんらんまん》な森が処女性を破壊されないうちからすでに、商業用、軍事用の飛行によって空から汚されている今日、旅行による逃避と称するものも、われわれの存在の歴史の最も不幸な姿に、われわれを直面させるだけのことしかできないのではないだろうか。西洋のこの偉大な文明は、われわれが享受している数々の素晴しいものを創りだしはしたが、しかしその陰の部分を生むことなしにはそれに成功しなかった。西洋文明の生んだ最も高名な作品――窺《うかが》い知ることのできない複雑さで、さまざまな構造が入念に組み合わされている原子炉――の場合のように、西洋の秩序と調和は、今日地上を汚している夥《おびただ》しい量にのぼる呪われた副産物の排泄《はいせつ》を必要とするものなのである。旅よ、お前がわれわれに真っ先に見せてくれるものは、人類の顔に投げつけられたわれわれの汚物なのだ。

このように見てくると、数々の旅行譚《たん》の、あの情熱、狂気、欺瞞《ぎまん》が私には理解できる。旅行譚はもはや存在していないが、しかしまだ存在していて欲しいものの幻影をもたらすのである。それというのも、二万年の歴史がすでに演じられたという、われわれの上にのしかかる明白な事実からわれわれが逃れるためなのだ。もう打つべき手はあるまい――文明はもはや、地方種の豊かな土地の、囲いをした片隅で人間が守り、骨折って育てたあの傷付きやすい花ではない。地方種は、その旺盛な活力によって脅威も与えるが、しかしその反面、変化に富んだ強壮な苗を生み出すことも可能にしていたのである。人類はいまや、本式に単一栽培を開始しようとしている。まるで砂糖大根のように、文明を大量生産する準備をしているのである。人類の常食は砂糖大根の料理ばかり、ということになるであろう。

かつては、人々はインド諸国やアフリカ大陸から、命がけで、今では取るに足りないと思われるような財宝を持ち帰った。アメリカ杉《ボア・ド・ブレーズ》（そこからブラジルという名が由来している）、赤の染料、あるいは胡椒《こしょう》などである。胡椒は、アンリ四世〔一五八九〜一六一〇、フランス国王として治世〕の時代には異常なまでに珍重され、宮廷の人々は、胡椒の粒を菓子鉢に入れておいて嚙んだものである。これらの視覚あるいは嗅覚《きゅうかく》上の刺激、目の享受するあの熱っぽい悦楽、舌を焼く美味などは、一つの文明の感覚中枢の鍵盤に、新しい音域を付け加えたのである。その頃はまだ、この文明は、自分が色褪《あ》せてしまったかもしれないなどとは考えていなかった。それなら状況を二重に転換してみて、われわれ現代のマルコ・ポーロたちが、この同じ土地から、今度は写真や書物や物語の形で、精神的香辛料、われわれの社会が倦怠《けんたい》の中に沈みつつあることを自覚しているために、一層烈しく必要を感じている香辛料を持ち帰っていると言い得るであろうか。

もう一つの並行関係は、私には更に意味深長であるように思われる。つまり、これら現代の香辛料は、望むと望まないとにかかわらず擬《まが》い物だからである。それらが、元来純粋に心理学的なものだからそうなのではなく、物語の語り手がどんなに正直であっても、彼はもはや本当の姿のまま、それらをわれわれのところへ持ち帰ることができなくなっているのである。われわれがそれらを受け容《い》れるのに同意するように、彼はちょっとした手を加えて——最も誠実な人々においても、それは単に意識されないでいるに過ぎない——記憶を仕分けし、篩《ふるい》にかけ、真の体験を型に嵌《は》まった絵で置き換えなければならないのだ。私はこの種の探検家の物語を繙《ひもと》いてみる。そこに登場する部族は野蛮な部族として、著者が軽い筆致で戯画化している人類の未開の習俗とやらを、現代まで保っている部族として記述されているのであるが、その部族を研究した学者の著作——それらの著作は、五十年も前の研究もあり、つい最近のものもあったが、白人との接触とそれに伴って蔓延《まんえん》した疫病が、彼らを生きる拠りどころを奪われた一握りの惨めな人々にしてしまう以前のものであった——を、私は学生時代、何週間もかかって注解したことがある。また、それとは別の集団は、うら若い旅行者である著者が、その存在を初めて発見し、四十八時間にわたって調査したものなのである。著者は、この集団を彼らの領域を出て移動している途中の宿営地で見掛けた（このことは無視できないことだ）のだが、彼は素朴にも、この一時の宿営地を定住の村落と思い込んでいるのである。しかも著者は、二十年も前から先住民と絶えず接触している宣教師の駐在地のことも、この国の最僻地にまで入り込んでいる機関船の小さな航路のことも、読者に覚《さと》られまいとして、彼がこの土地にどうやって到達したかを、用心深く包み隠しているのである。写真の微細な部分から、そうしたものの存在を推測できるのである。しかし、よく訓練された目なら、写真の構図をいかに工夫しても、まだ白人と接触したことがないはずのこの人たちが、炊事に使っている錆びた石油缶を画面に入れないようにすることに、いつも成功するとは限らないからである。

このように虚勢を張ることの空しさ、この種の見せ掛けを喜んで受け容れ、さらに誘発しさえする素朴な信じやすさ、そして、あれほどの無益な努力を正当化する才能（これらの努力は、先住民の生活の破壊を懸命に覆い隠そうと努める一方、破壊を推し進めることにも貢献しているので、その限りでは無益とは言えないのであるが）、これらすべてのものは、強い心理的な動機を内包しており、それは、役者の側にも観衆の側にも、同じように言えることなのである。ところで、これらの心理的動機を解明するのに、先住民社会の或る種の制度の研究が役立つことがある。結局は民族誌を傷つけるこうした一切のお手伝いを、民族誌に引き寄せているこの流行を理解するのに、民族誌は力を貸す義務があろう。

北アメリカ・インディアンのかなり多くの部族で、個人の社会的な威信は、若者が丁度《ちょうど》思春期に達した時に受けなければならない試練が、どのようなものであったかによって決定される。或る者は食物なしで独り筏《いかだ》に乗って彷徨《さまよ》い、或る者はひとりきりになるために山の中に入って行き、獰猛《どうもう》な獣や寒さや雨に身を曝《さら》すのである。何日も何週間も、時には何ヵ月も、彼らは食物をとらない。野生に近いものしか食べないか長いあいだ断食するか、あるいは、吐き薬を使って彼らの生理的衰弱を一層ひどくしたりさえする。すべては、現実を超えた世界を喚起するための方便なのだ。凍りつくような水に長く漬かっていたり、指の骨を一本または数本わざと傷付けたり、足の背面の筋肉の下に鋭い針を刺し込み、そこに紐《ひも》で錘《おもり》をつないで引き、腱膜《けんまく》を裂いたりする。それほど極端なことはしない場合でも、若者たちは、何のためにするのか解らない作業で、少なくとも心身を消耗し尽くすのである。たとえば、体の毛を一本一本抜き取ったり、樅《もみ》の木の枝がすっかり裸になるまで葉を毟《むし》ったり、石の塊に穴をあけたりする。

若者たちは、これらの試練によって彼らが投げ込まれる麻痺《まひ》、衰弱、錯乱の状態の中で、超自然の世界との交りに入ろうとする。苦痛と祈りが絶頂に達して、彼らが心を震わせる時、呪力《じゆりよく》を具えた一匹の動物が彼らの前に姿を現わすはずなのだ。幻覚が、以後彼らの守護霊となるものと、彼らがその名で呼ばれることになる呼び名とを、彼らに啓示する。そして、その守護霊によって特殊な力を与えられ、その力が、社会集団の中での彼らの特権と序列を決定することになるのである。

これらの先住民にとって、社会から期待できるものは何もないと言いうるだろうか。さまざまの制度や慣習は、彼らにとっては、偶然や幸運や才能の働く余地のない、決まりきった運動を繰り返す機構に等しいものなのかもしれない。この宿命を人力で変える唯一の方法は、社会の規範が意味をもつことをやめ、同時に、彼らの属する集団の保証や要求が消滅する危険に充ちた辺境まで、思いきって行ってみることである。良俗の支配している領域の限界まで、生理的な抵抗あるいは肉体的、精神的な苦痛の極限まで、行ってみることである。この不安定な縁《ふち》の上で、人は向こう側に落ち込んでもう戻っては来られないか、逆に、よく整頓された人間の生活を取り囲んでいる未開拓の力に充ちた大洋の中で、知恵を働かせて個人としての力を貯えるかの、いずれかに自己を曝すのである。こうした力の貯えによって、この命知らずは、さもなければ変わることのない社会秩序を、自分に都合のよいように取り壊すことができるかもしれないのである。

しかしながら、このような解釈はまだ底の浅いものと言わなければならない。なぜなら、これら北アメリカの大平原地帯あるいは高原地帯のインディアン諸族においては、集団の掟《おきて》に対立するものとしての個人の信念が問題になっているのではないからである。習俗と集団の哲学とのあいだには、完全な弁証法が成り立つ。個人が掟を学ぶのは集団からである。守護霊への信仰は、集団において成り立っている事象である。そして社会はそのすべてをあげて、その成員に対して、社会の秩序の枠の中にある限り、そこから脱出する機会は、無謀で絶望的な試みの犠牲によってしか与えられないということを教える。

このようにみてくると、この「力の探求」の習慣が、現代のフランス社会で、公衆とその「お気に入りの」探検家の関係という素朴な形をとっていかに尊重されているかは、誰の目にも明らかであろう。フランスの若者たちも、思春期に達するや否や、幼少の頃から社会のすべてが彼らに与え続けて来た刺激に従って、彼らの文明のかりそめの束縛を、何らかの遣り方で乗り越えてもよいという免許を手にする。それは、山登りをするというように上へ向かうこともあり、海底へ潜るというように深みへ下ることもある。水平方向ならば、若者は遠く離れた国の奥地へと進んで行く。さらに、求められている桁外《けたはず》れなことが、精神的なものであることもある。現在の知識では生き続ける可能性をまったく考えられないような、著しく困難な状況に故意に身を置く者たちがそうである。

これらの冒険の、合理的と呼ぶこともできるかもしれない結果に対しては、社会はまったくの無関心を標榜《ひょうぼう》する。そこで問題になるのは、科学上の発見というものでもなく、詩や文学の豊かさを増すものでもない。冒険の証拠として示されるのは、多くは驚くほど空疎なものである。この場合、評価されるのは冒険が試みられたという事実であって、冒険の目的ではない。先に挙げた先住民の例と同じように、並外れた状況に身を曝すために、何週間あるいは何ヵ月間、集団から独り離れていた若者（或る者は信念と誠実さをもって、或る者はこれとは反対に、周到にそして計算ずくで。だが先住民社会にも、このような微妙な差異は存在している）は、一つの力を身に着けて帰って来る。この力はわれわれの社会では、新聞記事やベスト・セラーの本や、満員客止めの講演会となって現われるのであるが、その魔法のような性格は集団の自己欺瞞《ぎまん》の過程によって明らかにされる。この過程は、すべての場合に現象を説明してくれる。すなわち、探検家が自らを聖列に加えて戻って来るためには、ただ訪ねて行きさえすればよいあの未開人や、氷に覆われた峰や、深い洞窟《どうくつ》や森は、尊く慈愛深い啓示を垂れる神殿であり、これらのものは、名目はさまざまに異なっても、いずれも文明社会の敵なのである。ところが、文明社会は、それらのものが真の敵対者であった時には、恐怖と嫌悪しか抱かなかったにもかかわらず、それらのものを文明社会が制圧し終えた瞬間から、今度は尊ぶべきものとして祭りあげるという喜劇を、独り芝居で演じているのだ。アマゾンの森の野蛮人たちよ、機械文明の罠《わな》にかかった哀れな獲物よ、柔和で、しかし無力な犠牲者たちよ、私は君たちを滅ぼしつつある運命を理解することには耐えて行こう。しかし、貪欲《どんよく》な公衆を前にして、うち砕かれた君たちの表情の代りにコダクロームの写真帳を振り回すというこの妖術《ようじゅつ》、君たちの妖術よりもっと見窄《みすぼ》らしいこの妖術に欺かれる者には決してなるまい。公衆は、こうした写真帳を媒介として、君たちのもつ魅力を自分のものにすることができるとでも思っているのだろうか。それでもまだ足りず、君たちを破壊していることを意識さえしないで、公衆は熱に浮かされたように、すでに君たちが屈従させられた歴史の中に人肉嗜食《カニバリズム》を追い求め、その嗜好を君たちの幻影で満足させせなければ気が済まないのだ。

未開地を走り回った人々の、もう髪の白くなった先輩である私は、灰のほかには、手の中に何も持たずに帰って来た唯ひとりの人間として留まった方がよいのか。ただ私の声だけが、脱出の失敗を認める証言を行なうのだろうか。神話の中のインディアンのように、私も大地の許容する限り遠くまで行ってみた。地の果に到達すると、私は生命や物体に問いかけ、神話のインディアンの少年と同じ幻滅を知った。「少年は涙をぼろぼろこぼしながら、そこに立ち尽くした。祈り、そして呻《うめ》きながら。だが、何の神秘的な音も少年には聞こえて来なかった。まして、呪力を具《そな》えた動物たちのいる神殿に、眠っているあいだに連れ去られるべく眠り込みもしなかった。彼にはまったく疑問の残る余地はなかった――どこからの、いかなる力も、少年には与えられなかったのだ……」

昔の宣教師たちが「野蛮人の神」と呼んでいた夢は、捕えどころのない水銀のように、いつも私の指のあいだから滑り落ちた。夢は、どこで、その輝かしい幾つかの微小な断片を私に与えてくれたのであろうか。かつて、泥の中から金を産出していた、クイアバ〔ブラジル、マト・グロッソ州の首府〕であろうか。今は寂れた港であるが、二百年前には人々がそこからガリオン船〔十七、八世紀、植民地からの金銀財宝を運搬したスペインの船〕に荷を積み込んでいた、ウバトゥバ〔ブラジル、バイア州の大西洋岸寄りにある地名〕であろうか。真珠母《しんじゅも》のように、薔薇《ばら》色と緑に輝くアラビアの砂漠の上空を飛んでいるさなかにであろうか。アメリカ、あるいは、アジアにいた時にであろうか。ニュー・ファウンドランドの砂洲、ボリビアの高原、あるいはビルマの国境地方の丘の上でだったであろうか。私は、まったく気紛れに一つの地名を選んでみる。

それは、まだ伝説のお蔭で不思議な魅力をもっている地名、ラホール〔十六世紀以降、この地方に栄えたムガール帝国の遺跡で知られるパキスタンの都市〕である。

茫漠《ぼうばく》とした、と或る郊外の町の飛行場。果しなく続く、木の植わった両側に邸宅の並んでいる広い道路。ノルマンディーの種馬の飼育場を想い出させる囲いの中のホテル。それと並んで、どれも似た幾つかの建物。地面と同じ高さに、やはり小さな、厩舎《きゅうしゃ》のように並び合った戸口が、同じような住居——前が広間、後が便所、中央が寝室になっている——へと通じている。広い通りを一キロも行くと、郡役所前の広場に出る。そこから他の幾つかの通りが発しており、これらの通りに沿って薬種商、写真屋、本屋、時計屋などの店が点在している。私はこの無意味な広大さの虜になって、私の目的が、もはや手の届かないところに行ってしまったように感じた。あの、年経《ふ》りた本物のラホールはどこにあるのか？　この、不細工《ぶさいく》に造られ、すでに古ぼけて見える郊外の端にあるラホールに行き着くためには、そこからまた一キロばかり市場の中を通って行かなければならない。市場には、髪油や薬や輸入のプラスティック製品を売る店に混って、たいしたお金がなくても買物のできる貴金属商が一軒あり、機械鋸《のこ》でブリキくらいの厚さの金《きん》を挽《ひ》いているのが見られた。この暗い小路《こうじ》で、青や薔薇色に毛を染めた羊の群れや、一頭が牝牛《めうし》三頭分くらいもある、なれなれしく体をぶつけてくる水牛や、それよりもっと頻繁にトラックに道をあけるために、壁に寄り添うように体をかわさなければならないこの小路で、私はなお、ラホールへの夢をもち続けようというのであろうか。長い歳月に蝕まれ、壊れかかった木造の建物を前にして。建物に近寄れさえしたら、私はその繊細な模様や彫刻を識別できたかもしれない。しかし、乱暴に架設された電線が、壁から壁へ、そしてこの古い町じゅうに投げかけている金属性の蜘蛛《くも》の巣のために、私は近寄ることもできなかった。また時おり、確かに数秒のあいだ、何メートルかのあいだでは、一つの姿、一つの声が、堆積《たいせき》した歳月の底から浮び上がって来る。金銀細工師の小路では、金《かね》を打つ穏やかで明るい階律奏の音《ね》が、あたかも千手《せんじゅ》の精が放心してシロフォンを叩いているかのように聞こえてきた。そこを離れると、私はすぐに、五百年も経った家の残骸(最近起こった暴動によるものだ)の山を乱暴に断ち切っている、ひろびろと続く大通りに出る。これらの家屋は、あまり頻繁に破壊され、また修復されてきたので、言葉に尽くしがたいほどのその老朽ぶりは、もはや時代を超越してしまっていた。このようにして私は、空間の考古学者ともいうべき旅人としての自分を、微小な断片や残骸をつなぎ合わせて異国情緒を復原しようと、虚《むな》しく骨を折っている旅人である自分を認めた。

その時、幻想は悪賢く罠《わな》を織り始める。私は、「本当の」旅の時代に生れ合わせていればよかったと思う。旅人の前に展開する光景が、まだ台無しにされていず、汚されても呪《のろ》われてもいず、その有丈《ありたけ》の輝かしさのうちに自己を示していたような時代に。そして、今の私のようにではなく、ベルニエ〔一六二五頃〜八八。フランスの旅行家。ムガール皇帝の侍医となって、二十年近く現地に滞在した〕や、タヴェルニエ〔一六〇五〜八九頃。フランスの旅行家でインド貿易の開拓者〕やマヌッチ〔ヴェネチアの旅行家。一七一〇頃没。インド、ペルシアへ旅し、旅行記を著わす〕のようにそこに踏み入っていればよかったのだ。一旦始めると、想像の遊びにはもはや終りがない。インドはいつ見るべきだったのか。ブラジルの野蛮人の研究は、どの時代に行なっていたら、最も純粋だという満足をもたらすことができ、また最も変質していない姿で彼らを紹介することができたのであろうか。十八世紀にブーガンヴィル〔一七二九〜一八一一。フランスで最初に世界周航を行なった航海者。『ブーガンヴィル旅行記』を著わし、これに拠ってディドロが『ブーガンヴィル航海記補遺』を書いた〕と一緒にリオ・デ・ジャネイロに到着していた方がよかったのか、それとも十六世紀にレリー〔一五三四〜一六一三頃。フランスのプロテスタントの牧師で、ブラジルについての詳細な記述を遺した。本書「9グアナバラ」参照〕やトゥヴェ〔一五〇三、四〜九二。フランスの修道士で、レリーとブラジルに同行〕と共にか。五年ずつでも早ければ早いだけ、私は習俗一つを余分に掬《すく》い上げ、祭りを一つ多く記録し、俗信一つを余分に先住民と分かち合うことができたであろう。しかし、私から一世紀を取り去れば、同時に、私の考察を豊かにしてくれる資料や興味ある事実をも断念する結果になることを、私は文献資料の知識からよく知っている。このようにして、私の前に現われるのは脱け出すことのできない循環だ。人類の様々な文化が、相互に交渉をもつ度合いが少なければ、つまり接触によって互いに腐蝕し合うことが少なければ、それだけ、異なった文化がそれぞれ送り込む使者が、文化の多様性のもつ豊かさと意義を認め得る可能性も少なかったわけである。このように考えて来ると、私は二者択一の隘路《あいろ》に追い込まれる。昔の旅人として、目を見張るような光景——しかし、彼はそのすべてもしくは大部分を把握できないだけでなく、なお悪いことに、嘲《あざけ》りと嫌悪を感じるのだ——に向かい合うか、または現代の旅人として、すでに消滅してしまった現実の痕跡を追って走り回るか。いずれの場合にも、私は敗者だ。見掛けよりももっと惨めに。なぜなら、幻影を前にして呻吟《しんぎん》しているる私の心は、現在形成されつつある真に瞠目《どうもく》すべき出来事に向かって開かれていないのではないだろうか。そうした出来事を観察するためには、人類の歩みの中での私の位置は、まだ必要な知覚機能を具えていないのではなかろうか。数百年後に、この同じ場所で、他の一人の旅人が、私が見ることができたはずの、だが私には見えなかったものが消滅してしまったことを、私と同じように絶望して嘆き悲しむことであろう。私は二重の不具に冒されているのだ――私の見るもののすべては私を傷つけ、私は自分が十分に見ていないといって絶えず自分を責める……。

長いあいだ、私はこのジレンマのために不随に陥っていた。しかし、液体にも似たこの乱れも、鎮まり始めたようだ。消え失せつつあった形は輪郭を定め、混乱は徐々に溶け去って行く。だが一体、歳月が流れたという以外、何が起こったというのか。満ちて来る忘却の潮の中で私が思い出を転がしているあいだ、忘却は思い出をすり減らし、埋め隠す以上の働きをしたようだ。思い出の断片から忘却が築き上げた深い構築は、より堅固な平衡を私の歩みに与え、より明晰《めいせき》な下絵を私の視覚に示してくれる。一つの秩序が他の秩序に置き換えられた。私の視覚とその対象とを隔てていた二つの谷間の崖を、歳月は崩し、そこに残骸《ざんがい》を詰め込み始めた。稜《りよう》の尖《とが》りは弱められ、斜面は一斉に崩れて行く。時と場所がぶつかり合い、並置され、あるいは転換される。あたかも古い地殻の震動によって、沈積物に断層が生じるように。最下層に埋もれていた古いあれこれの細部が、尖峰《せんぽう》のように迸《ほとばし》り出る。その一方で、私の過去の幾つもの地層全体が、何の痕《こん》跡《せき》も残さずに沈下して行く。種々様々な時代と地域から取って来た、一見何の連関もない出来事が、一方が他の上に重なり合い、私の物語よりももっと賢い、どこかの建築家が設計を考え抜いた、城に似たものの姿で、突然位置を定めてしまう。「人はそれぞれ——とシャトーブリアン〔一七六八〜一八四八。フランスのロマン主義文学者、政治家〕は書いている*——自分自身のうちに、彼が見、そして愛したもののすべてから構成された一つの世界をもっている。彼は絶えずその世界に帰って行く。彼が異質の世界にさ迷い、そこに住みついているように見える時でさえも」もうこれからは、進んで行くことが可能になった。思いも掛けなかった遣り方で、人生と私のあいだに、時はその地峡を伸ばしてきた。古びた体験と私が差向いになれるのに、二十年の忘却が必要であった。地の果までこの体験を追い求めて行きながら、かつての私にはその意味が摑《つか》めず、それに親しみを覚えることもなかったのだ。

＊『イタリア紀行』*Voyage en Italie*, 1826. 十二月十一日付。

第二部　旅の断章

5　過去への一瞥

私がその後辿《たど》ることになった人生行路は、一九三四年秋の或る日曜日、朝九時に鳴った電話で決定された。電話は、当時高等師範学校[1]の校長をしていたセレスタン・ブーグレ〔一八七〇〜一九四〇。フランスの社会学者〕からであった。彼は数年来私に、幾分距離を置いた控えめな好意を寄せてくれていた。それは何よりもまず、私が高等師範の出身ではなかったからであり、次いで、そして特に、もし出身者であったにしても、私が彼の一門に属していないからであった。一門の学生に対して、彼は明らさまに他の者とは区別した感情を示していた。ほかに適当な人間を思い付かなかったからであろう、彼は出し抜けに私にこう尋ねた。「君は、今でも民族学をやりたいという気持をもっていますか」「勿論です！」「それなら、サン・パウロ大学の社会学の教授の願書を出しなさい。サン・パウロの近郊には、インディオが沢山住んでいる。君は週末にインディオのところへ出かけられますよ。ただし、昼までにジョルジュ・デュマに君の最終的な返事をして下さい」

ブラジルも南アメリカも、私にとってたいした意味をもってはいなかった。しかしながら、この思い掛けない申し出が直ちに呼び起こしたイメージを、私は今でも、この上なく明瞭《めいりよう》に思い浮かべることができる。これら未知の異国は、われわれの国の正反対の物であるように思われた。対蹠地《アンティポード》〔地球の反対側の地点〕という言葉は、私の思考の中で、この言葉が本来もっている内容以上に、豊かでしかも素朴な響きを帯びていた。動物または植物の一つの種《しゆ》が地球の両側で同じ姿を取り得るということを聞かされたならば、私はひどくびっくりしたに違いない。一つ一つの動物、木、草の芽などが、われわれの国のものとは根本的に異なっているべきであり、ひと目で熱帯産と分かるような標識をつけているべきであった。ブラジルは、私の想像力の中で、奇妙な構築物を隠している、曲がりくねった椰子《やし》のひと叢《むら》のようなものとして描かれていた。そしてその全体は、香炉の匂いに浸されているのであるが、この嗅覚《きゆうかく》の要素は、「ブラジル」と「グレジエ」〔ぱちぱち燃える〕という二つの言葉から無意識に引き出された音の類似によって、密《ひそ》かに滑り込んだもののように思われる。この音の類似は、その後ブラジルについて多くの経験をしたにもかかわらず、今日でもなお、ブラジルを考える時には、まず焦《こ》げた匂いを私が思い浮かべる理由を説明してくれる。

今振り返って考えてみると、これらのイメージは私にとって、もはやそれほど気紛れなものとも思えなくなっている。或る状況の含む真実は、日常の観察によってではなく、長い時間をかけて少しずつ行なわれる蒸留によって得られるということを私は学んだ。匂いに関する言葉の連想が、偶然の駄洒落という形で、すなわち、当時の私にははっきり表現することができなかった象徴的教訓を媒介として、恐らくこの時すでに、この蒸留を行なうよう私を促していたのであろう。探検するということは、広く歩き回ってものを見ることであるよりは、むしろ一つの地点を発掘することである。迂闊に見逃してしまいがちな一つの光景、ほんの小さな景色、飛行中に考えたこと——こうしたものだけが、さもなければ不毛なままの地平を、理解し、解釈することを可能にしてくれる。

だが、この時のブーグレのインディオに関する途轍《とてつ》もない約束は、他の問題を私に投げかけた。彼は一体どんな根拠から、サン・パウロが、少なくともその郊外が、インディオの町であると思い込んだのか。恐らく、メキシコ・シティまたはテグシガルパ〔ホンデュラスの首府〕と混同したのであろう。かつてインドの『カースト制度』という本を著したこの哲学者は、まず現地へ行って観察した方がいいかも知れないなどとは、ただの一瞬も自問してみず（「もろもろの出来事の潮が満ちてくる中で、生き永らえるのは制度だけだ」と、彼は昂然《こうぜん》と一九二七年版の序文に書いた）、先住民の置かれた状態は、民族学の調査にゆゆしい影響を及ぼすはずである、ということなど考えても見なかったのだ。しかし、官製社会学者のうちで、こうした無関心を示しているのは彼だけではなく、そのような学者の見本は確かに今でも存在しているのである。

いずれにせよ、私自身もまったく無知のままに、私の計画にとって都合の好い、このような幻想のとりこになっていた。同様に、ジョルジュ・デュマも、サン・パウロのインディオの問題については、私と同じくらい不確かな知識しかもっていなかった。彼はブラジル南部を知っていたが、それは、先住民の殺戮《さつりく》がまだその究極にまで達していなかった時代のことであった。しかも、彼が知っていたのは、特に独裁者、大地主、学芸保護者たちの社会、その中でこうした連中が快適に暮らしていた社会であり、この社会はデュマに、インディオの問題については、ほとんど知識を供給しなかったのである。

それゆえ、ヴィクトール・マルグリット〔一八六六～一九四二。フランスの小説家、女性解放論者〕が私を連れていった昼食の席上、パリ駐在のブラジル大使の口から次のような公式見解が述べられるのを聞いた時には、私はたいへん驚いたものである。「インディオですって？　悲しいことに、先生、連中が皆いなくなってからもう随分になります。私の国の歴史の、これは大層悲惨な、そして恥ずべき一ページです。けれども、十六世紀のポルトガル人植民者たちは、貪婪《どんらん》な荒くれ男たちだったのです。その頃、ほかでもやっていた粗野な振舞いの仲間入りをしたからといって、どうして彼らを責められましょう？　連中は、インディオをつかまえ、大砲の口に縛りつけて、生きたまま砲弾で粉々にしたのです。こういう調子で最後の一人までやったわけです。あなたは社会学者として、いろいろ素晴らしいものをブラジルで発見なさいますでしょう。しかしインディオのことは期待なさらないように。もう一人も見つかりますまいから……」

今になってこの時の会話を思い出してみると、これらの言葉は、一九三四年当時の「上流《グラン・》ぶった連中《フィーノ》」の口から出たにしても、私には信じ難いものに思われる。その頃のブラジルのエリート（幸いなことに、彼らはその後交代した）が、先住民、更に一般的には奥地の未開な状態に話題が及ぶことをどれほど怖れていたかを、思い合わせてみてもそうだ。この怖れは、微《かす》かにだが顔立ちが異国人風なのは、ひいおばあさんがインディオだったからで、何滴あるいは何リットルかの黒人の血のせいではない――（帝政時代の先祖とは逆に）それを忘れさせようとするのが礼儀に適《かな》ったことになりつつあった――ということを認め、むしろすすんで仄《ほの》めかしさえするために生じていた、と言えなくもないのだ。しかしながら、フランス駐在のブラジル大使、ルイス・デ・スーザ＝ダンタスの場合、インディオの血を引いていることに疑いの余地はなかった。だから彼は、逆に、そのことを自慢して聞かせることも容易にできたであろう。しかし、青年時代からフランスに暮らして来た、いわば輸出されたブラジル人である彼は、故国の現実の姿についての認識さえ失っており、それに代わって、彼の記憶の中で、公式的で上品めかした、型に嵌《は》まった絵のようなものが出来上がっていたのである。それでもまだ若干の記憶は残っていたという意味で、彼もまた――と私は想像するのだが――彼の両親の世代の人々によって、そして彼自身の青年時代にもなお愛好されていたあの「おなぐさみ」から人々の注意をそらすために、十六世紀のブラジル人たちを好んで非難したのである。この「おなぐさみ」というのは、天然痘で死んだ患者の病菌で汚れた着物を病院でもらい受け、それを他の贈物と一緒に、インディオの諸部族がよく通りかかる道端に吊るしておくのである。このお蔭で、次のような目覚ましい結果が得られた。フランスと同じくらいの広さをもつサン・パウロ州は、一九一八年の地図によると、その三分の二が、「インディオのみによって居住されている未開発の土地」であったが、一九三五年に私がそこへ着いた時には、海岸に押し込められた数家族から成る一団を除けば、もはや唯ひとりのインディオもいなかったのである。これらの数家族は日曜になると、サントスの海浜に、骨董品と称するものを売りに来ていた。しかし、サン・パウロの近郊ではなかったが、三千キロ内陸に入ったところには、幸いインディオがまだいたのである。

この時代のことを思い出す時、私は、もう一つの別の世界を、親しみをこめて眺めてみずにはいられない。この世界を、私はヴィクトール・マルグリット（ブラジル大使館に私を連れて行ってくれたのは彼だ）のお蔭で垣間見ることができたのである。学生時代の最後の数年間、私は彼の秘書として働いていたが、その短い時期の後も、彼は私に対して友情を持ち続けてくれた。私の役目は、彼の著作の一つ、『人間の祖国』が世に弘《ひろ》まるのを助けるため、百名ほどのパリの名士たちを訪ね歩いて、この巨匠《メートル》――彼はこの名称に執着していた――が彼らに献じたこの本を贈呈するのが仕事であった。また、ちょっとした紹介の文章とか、反響めいたものを書いて、適当な釈明を批評に対して示しておくのも、私の仕事であった。ヴィクトール・マルグリットが私の思い出のうちに留まっているのは、私に対する彼のあらゆる心遣いの細やかさのためだけでなく、彼の人柄とその著作のあいだの矛盾のためでもあった（私の心に長いあいだ印象を残しているすべての場合がそうだ）。その著作が、彼の穏和な人柄に反して単純で厳《いか》つく思われれば思われるほど、人間としての彼は記憶されるに値するであろう。彼の顔は、ゴティック様式の天使のような、幾分女性的な優雅さと繊細さを具えていた。彼の物腰のすべては、極めて自然な高貴なものを感じさせ発散させたので、彼の欠陥――たとえば非常に虚栄心が強いというような――も、人に衝撃を与えたり、苛立たせたりすることにはならず、かえって、彼の血筋や精神の卓越を示す補助的な指標であるように思われた。

彼は、十七区〔パリ北西部の高級住宅地〕の方の、豪奢《ごうしゃ》で時代遅れの大きなアパルトマンに住んでいたが、当時もうほとんど失明し、夫人のいささか強引な心遣いに包まれて暮らしていた。夫人の年齢は（それは、肉体的な特徴を精神的な特徴と取り違えるという、若い女性についてのみ可能な混同を、もはやあり得ないものにしてしまう）、かつては「きびきびしている」として賞賛されたに違いないものを、醜さと小煩《うるさ》さに分解してしまっていた。

彼はほとんど人に会わなかったが、それは、彼が若い世代に疎《うと》んじられていると自分で思い込んでいたり、官界から排斥されていたためばかりではなかった。それはとりわけ、彼が自らをあまりに高い座に据えてしまったので、自分に値する話し相手を見つけることが困難になったからなのだ。何かの成り行きでそうなったのか、あるいは熟慮の結果そうなったのかは、私にはどうしても知ることができなかったが、彼は何人かの人と語らって、超人の国際結社を設立することに力を貸していたのである。この超人の組織には、五、六人だけが加わっていた。すなわち、彼自身、カイザーリンク〔一八八〇～一九四六。ドイツの思想家〕、ヴラディスラフ・レーモント〔一八六八～一九二五。ポーランドの作家、『農民』で一九二四年ノーベル文学賞受賞〕、ロマン・ロラン、そして私の思い違いでなければ、或る時にはアインシュタインも会員であった。この組織の基礎的な活動は、会員の一人が著書を公にするごとに、世界じゅうに散らばっている他の会員が、人類の天才の最も高い表れの一つとして、急いでそれを賞賛することであった。

しかし、ヴィクトール・マルグリットにおいて特に感動的なのは、彼という人間のうちに、彼がいとも簡単にフランス文学史全体を背負い込もうとしている、そのさりげなさであった。彼が文学的な境遇に生れていたために、そのことは、彼にとってなおさら容易なのであった。彼の母親は、マラルメの実のいとこで、マラルメに関する逸話や思い出がマルグリットの気取りを支えていた。それゆえ、彼のところでは、人々はゾラやゴンクール兄弟やバルザックやユーゴーについて、おじさんやおじいさんについて語るように親しげに語った。彼はあたかも、これら近親者の遺産管理の世話を委されているかのようであった。彼が我慢できないといった調子で、「儂《わし》が文体なしで書くと世間では言っておる！　だが、バルザックはどうだ。彼奴《きゃつ》は文体をもっていたとでもいうのか」と叫ぶのを聞くと、私たちはまるで、祖先の逆上《のぼ》せやすい気質——一般大衆が、個人的な特徴としてではなく、現代史の或る大きな動乱の、公《おおやけ》に認められている説明として想い起こす、有名な気質——を持ち出して自分の無分別の言い訳をしている、王族の末裔《まつえい》の前にでもいるような気がする。[2] そして、そうした気質が生きた人間に具現されているのを見ると、人は喜びで震えるものなのだ。マルグリットより才能の豊かな著述家はほかにも多くあった。しかし恐らく、これほどの優雅さをもって、著述家という職業の、これほど貴族的な姿を自分のうちに作ることのできた人は稀《まれ》であろう。

〔1〕少数の厳選された秀才を教育するので有名なフランスの名門校。卒業生の中からは高名な学者、政治家、作家を輩出している。

〔2〕著者によれば、ここで著者は、ベルギー国王レオポルド二世（在位一八六五〜一九〇九）のことを念頭に置いていたという。レオポルド二世は、十九世紀後半のヨーロッパ列強のナショナリズム興隆期に、ベルギーの地位を固め、また彼の夢見ていたアフリカ大陸の中央部に、探検家ヘンリー・スタンレー（一八四一〜一九〇四）を使って広大な私有地（現在のザイール、ルワンダ、ブルンディ）を獲得し、死の直前、これをベルギー国に寄贈した。

6　どのようにして人は民族学者になるか

私は哲学の教授資格試験《アグレガシオン》の準備をしていたが、私が哲学に向かっていたのは、私が本当に哲学を専攻することを希望していたから、というより、むしろそれまで首を突っ込んでみた他の学科を私が好きになれなかったためであった。〔高等中学校《リセ》の最高学年で〕哲学級に入ってみると、私は自分が好んで正当化し、補強しようとしていた一種の理知主義的一元論が、漠然《ばくぜん》とではあるが私の中に染《し》み込んで来るのを感じた。そこで私は、最も「進歩的だ」という評判の教授のいる課程に入るために全力を尽くした。ギュスターヴ・ロドリグがＳＦＩＯ〔国際労働組合フランス支部〕の闘士だったことは事実であるが、しかし哲学の面では、彼の提起していた理論はベルクソン主義[1]と新カント主義[2]の混ぜ合せであり、それが私の期待をひどく裏切った。独断に貫かれた無味乾燥を救うために彼は熱っぽさを加味したが、それはすなわち、講義のあいだじゅう、情熱を籠《こ》めた身振りをすることだった。私は、これほど素朴な確信が、その素朴さにも増して貧弱な思考に結び合わされているのを見たことがない。彼は一九四〇年、ドイツ軍のパリ入城のとき自殺した。

こうして私は、すべての問題は、重大なものでも些細《ささい》なものでも、いつも同じ一つの方法を適用することによってけりをつけられるということを学んだ。その方法というのは、問題の伝統的な二つの見方を対置させることにある。まず、常識を正当化することによって第一の見方を導入し、次にその正当化を第二の見方を使って崩し、最後に第一と第二のものが、いずれも同じように部分的なものであることを示す第三の見方の助けを借りて、どちらにも優位を与えることなく、退けてしまうのである。第一のものと第二のものは、言葉の技巧によって同一の実在の相補う二つの側面に還元することができる。たとえば、フォルム〔形〕とフォン〔内容〕、コントナン〔含むもの〕とコントニュ〔含まれたもの〕、エートル〔存在〕とパレートル〔外見〕、コンティニュ〔連続〕とディスコンティニュ〔不連続〕、エッサンス〔本質〕とエグジスタンス〔実存〕など。こうした修練は、思考する代りに一種の駄洒落《だじゃれ》を弄《ろう》することであり、つまりは言葉の上だけの問題になってしまう。すなわち、それは用語のあいだの類音、同音、多義などといったことであり、それらは次第に純粋に思弁的な見せ場を作り出すのに役立つことになり、立派な哲学の研究とは、それを上手に行なったものということになるのである。

ソルボンヌでの五年間は結局、この「体操」の修得に充てられたということができる。しかし、この体操の危険性は明白である。まず、これらの観念再構成の方法は極めて簡単なので、この遣り方で取り組めない問題はないからである。教授資格試験《アグレガシオン》、特に最高の試練であるあの講述《ルソン》（籤《くじ》を引いて決めた一つの問題を、数時間準備したあとで論ずるのであるが）の準備のために、学友と私とは最も馬鹿げた課題を出し合った。私は十分間の準備で、堅固な弁証法の構築に基づいて、バスと電車それぞれの優越についての一時間の講演を行なうことができると自負していた。この方法は、どこにでも通じる合鍵《あいかぎ》を提供してくれるだけでなく、豊富な思考の題材の中に唯ひとつの、いつも似たような形式――場合により、ごく初次的な修正は行なわれるが――しか認めないように仕向けてしまうのである。それは、幾らか楽譜に似たところがある。その楽譜がト調とかへ調で読まれるということが解りさえすれば、楽譜は唯ひとつのメロディーに還元されてしまうのである。この観点からすると、私の受けた哲学の教育は、知能を練磨すると同時に、精神を枯渇させてしまうものであった。

私は、認識の進歩を精神が構築したものの複雑さの増大と混同することに、さらに重大な危険を認める。私たちは、最も不十分な理論を出発点にとり、そこから最も精緻《せいち》なものにまで自分たちを高めるような、動的な綜合を行なうように言われた。しかし同時に（そして私たちの先生すべてに取り付いていた歴史性への顧慮のために）、後者がどのようにして前者から漸次生まれて来たかを説明しなければならなかった。結局、問題は、真実と虚偽を見出すことにあるよりも、むしろ、人間がいかにして少しずつ矛盾を克服して来たかを理解することにあったのである。哲学は、科学の婢《アンキルラ・スキエンティアルム》、つまり科学的探索にとっての下女でも補助者だったのでもなく、意識を、意識自体によって一種審美的に観照することだったのである。哲学は、何世紀にもわたって精神の構造に丹念に磨きをかけ、それをより軽快にしかも大胆にし、自分に釣り合った、手に合う問題を解き、論理が洗練されたものになるように工夫を凝らしてきたのをわれわれは知っている。そして、これらすべては、技巧の完全さ、ないしは論理の内部での整合性が大きければ大きいだけ、価値があると看做《みな》されていたのである。私の受けた哲学の教育は、ゴティック様式[3]がロマネスク様式[4]より必然的に優れており、ゴティック様式のうちでは、プリミティフ[5]よりフランボワイヤン[6]の方がより完成されていると言って憚《はばか》らないような、美術史の教育に比せられるものであった。しかし、このような美術史の教育においては、誰も、何が美しく、何が美しくないかを問題にしようとはしないであろう。意味を表すもの《シニフィアン》は、意味されるもの《シニフィエ》と何の関係ももっておらず、指示されたもの《レフェラン》は、もはや存在しなかった。知的な技巧が、真理への愛好にとって代わっていたのである。こうした訓練に充てられた数年間の後に、私は十五歳のとき得たものと大して変わっていない、幾つかの素朴な確信と向かい合っている自分を見出した。多分私は、これらの道具の不十分なことを、よりよく知るようになったのであろう。少なくとも、これらの道具は、私がそれらに対して求めていた使い道にふさわしい働きをするだけの道具としての価値はもっていた。だが私は、それらの道具の内部の複雑さに騙《だま》されたり、それらの機構の見事さに我を忘れて眺め入っているうちに、実用品としての道具の使命を忘れてしまうような危険からは身を守ることができた。

しかしながら、哲学から私を遠ざけ、救命板に摑《つか》まる思いで私を民族学に縋《すが》り付かせた、あの急速に募った嫌気《いやき》の中には、もっと個人的な原因も認められそうである。モン・ド・マルサン〔フランス南西部の都市〕の高等中学校《リセ》で、教えながら講義を練るという恵まれた一年を過ごしたあと、私の新任地のラン〔フランス東北部の都市〕で次の学年を迎えるや否や、私は自分の残りの人生のすべてが、同じ授業の繰り返しのうちに終わるかもしれない、ということを感じ取って慄然《りつぜん》とした。ところで、私の精神は、一種の不具ともいえる特殊な性格を示していて、同一の対象の上に二度集中することがむずかしいのである。通常、教授資格試験《アグレガシオン》の競争は非人間的な試練とされており、それが済めば、望むと望まないとにかかわらず、人はもうあと一生休息していられる。私にとっては、それは逆であった。一回で、同期の最年少者として試験に合格した私は、いわば、様々な主義や理論や仮説のあいだを乗り回る競走《ラリー》に楽々勝ったようなものであった。私の苦痛が始まろうとしていたのは、むしろそれからであった。毎年新しい講義一つを作り出す努力をしないとしたら、自分の授業を言葉にして教えることが私には不可能であるように思われた。この不適格の自覚は、試験官という立場に私が身を置いた時、更にひどく私を悩ませた。なぜなら、用意された試験項目の中から、まったくの偶然によって問題を抽出するものの、受験者が私にどのような解答をするべきなのかすら、私にはもう解らなくなっていた。最も出来の悪い受験者でさえ、すべてを言い尽くしているように思われた。まるで、私が考察を適用したという、ただそれだけの事実によって、主題が私の前で分解してしまったかのようであった。

今になって私は、民族学が研究の対象とする様々な文化の構造と、私自身の思考の構造とのあいだの親近性のために、それとは気づかないうちに私は民族学に心を惹かれたのではなかったか、と考えてみることがある。一定の土地を上手に耕しておき、年毎にそこから収穫を得るような資質が私には欠けていた。私の知能は新石器時代の人間の知能なのである。未開人が耕地にするために草原を焼く火のように、私の知能は、時に未墾の土地を焼くのである。それは、土壌を肥沃《ひよく》にし、そこから大急ぎで何がしかの取入れをするのには恐らく役立つであろう。そしてその後に、荒廃した土地を残すのである。しかしその頃は、私はこうした理由づけをはっきり意識できた訳ではなかった。私は民族学のことは何も知らず、民族学の授業には一度も出たことがなかった。ジェームズ・フレーザー卿〔一八五四〜一九四一。イギリスの人類学者。『金枝篇』その他宗教や呪術に関する厖大な比較研究を行なった〕がソルボンヌに最後の訪問をし、記念すべき講演を行なった時――確か一九二八年であった――にも、私はそのことを知っていたにもかかわらず、それに出席してみようということすら考えなかった。

確かに私は、小さい時から異国趣味の珍しいものを集めることに熱中していた。しかしそれは、私の小遣いでも買えないことはない範囲に限られた、古道具屋のような仕事であった。青年時代になっても、私の志望は依然はっきりしないままだった。何か診断を下してくれようとした最初の人である、アンドレ・クレッソンという第一学級〔高等中学校第六年〕後期の私の哲学の先生は、法律の勉強が私の気質に最もよく合っているだろうと言ってくれた。この思い違いが含んでいる一面の真実のために、私は今でも彼のことを感謝を籠《こ》めて思い出すのである。

そんな訳で、私は高等師範に入ることを止め、哲学で学士号をとる準備をするかたわら、法学部に籍を置いた。理由は、それが大変易《やさ》しかったからである。法律の教育というものには奇妙な宿命がのしかかっている。法学が神学――当時は法学の精神は神学に近かった――とジャーナリズム――最近の改革は法学をジャーナリズムに傾かせつつあるが――とのあいだに挟まれた状態では、確乎《かっこ》とした、しかも客観性をもった基礎の上に自己を位置づけることは不可能と言ってよいかもしれない。法学がその一つを征服あるいは保持しようとすれば、他のものは失われるのである。それ自体、学者の研究対象になる法学者というものは、動物学者に向かって幻灯を見せてやろうと言っている動物[7]を、私に連想させた。幸いなことに、当時は提要のようなものを何冊か暗記してしまえば、法学の試験勉強は二週間で済んだ。法学自体の不毛さにもまして、法学の「お顧客《とくい》」は、なお私を失望させた。今でもこのような区分は当て嵌《は》まるだろうか？　怪しいものだ。だが、一九二八年頃には、様々な学科の一年目の学生は、二つの種類というより、ほとんど別個の二つの人種と言ってよいようなものに分けられた。一つは法科と医科の学生で、もう一つは文学と自然科学の学生である。

外向的と内向的という言葉は、およそ陳腐ではあるが、恐らく、この対照を表現するには最も適当であろう。一方には、「若者」（民俗学が伝統的に、この言葉を年齢階級の一つを指すのに用いているような意味での）、騒々しく無遠慮で、およそ最低と思われる俗悪さと手を握ってでも世の中を安全に渡ろうと心を砕き、政治的には極右（その時代の）を志向している「若者」。そしてもう一方には、今からもう老《ふ》け込んでしまった青年たち、慎重で、引っ込み思案で、一般に「左傾」しており、彼らが成ろうと努めているあの大人たちの仲間に今から数えられるべく、苦行している青年たちがあった。

この差異を説明するのは、それほどむずかしいことではない。第一の、一定の職務を遂行する準備をしている青年たちは、学校というものもこれで終りであり、すでに社会の機能の体系の中で占めるべき地位を確保されていることに、彼らの言動によって凱歌《がいか》をあげているのである。高等中学校《リセ》の生徒という未分化の状態と、彼らがそれに就くことを予定されている専門化した活動との中間の状況に置かれて、彼らは自分たちを欄外余白のようなものとして感じており、一方の条件にも他方の条件にも適合する、矛盾した特権を要求するのである。

文学や自然科学の学生にとってお極りの捌《は》け口、教職、研究、または何かはっきりしない職業などは、また別の性質のものである。これらの学科を選ぶ学生は、まだ子供っぽい世界に別れを告げていない。彼らはむしろ、そこに留まりたいと願っているのだ。教職は、大人になっても学校にいるための唯一の手段ではないか。文学や自然科学の学生は、彼らが集団の要求に対して向ける一種の拒絶によって特徴づけられる。ほとんど修道僧のような素振りで、彼らはしばらくのあいだ、あるいはもっと持続的に、学問という、移り過ぎて行く時からは独立した財産の保存と伝達に没頭するのである。未来の学者にとっては、目標は、宇宙の長さと同じ尺度によってのみ量られるべきものである。それゆえ、彼らに向かって、君たちもまた社会に参加しているのだと言ってきかせるくらい偽りなことはない。彼らが参加していると思い込んでいる時でさえ、彼らの参加は、あらかじめ定められたものを受け容れることにあるのではなく、その定められたものの機能に自分を同化させることにあるのでもなく、それに伴う一身上の幸運や危険を背負い込むことにあるのでもない。彼らが参加していると言う時、それは外から、あたかも彼ら自身はその一部を成していないかのように、与えられたものを判断することなのである。彼らの参加とは、結局は、自分が責任を免除されたままで居続けるための特別な在り方の一つに過ぎない。この意味で、教育や研究は、何かの職業のための見習修業と混同されてはならない。隠遁《いんとん》であるか使命であるということは、教育や研究の栄光であり悲惨である。

一方では職業、他方では使命と隠遁のあいだを揺れ動くどっちつかずの企て——それは常にどちらか一つでありながら、どちらの性質も帯びている——というこの二律背反の中で、民族学は確かに特別席を占めている。民族学は、この第二のもののうち、最も極端な形を示している。彼自身人間的であろうと欲しながら、民族学者は、人間というものを、或る社会、或る文明に固有の偶発的なものから抽象するのに十分なだけ、高くそして隔たった視点から認識し、判断しようと努めるのである。民族学者の生活と仕事のもつ諸条件は、長い期間、民族学者を彼の属する集団から物理的に抜き取ってしまう。彼が身を曝《さら》す変化の激しさによって、彼は一種の慢性の故郷喪失症にかかる。もはやどこへ行っても、彼は自分のところにいるという感じがしなくなる。彼は心理的に不具者になってしまっているのだ。数学や音楽と同様、民族学は稀にみる純粋な天職の一つである。人はたとえ教えられなかったとしても、自分で自分のうちにそれを発見することができる。

個人的な事情や社会の情勢に加えて、純粋に知的な性質の動機も挙げなければならない。一九二〇年から三〇年という時期は、精神分析の諸理論がフランスに弘まった時期であった。これらの理論を通じて、静的な二律背反——合理的と非合理的、知的と情緒的、論理的と前論理的といった、私たちがそれらをめぐって、哲学や論文や後には講述《ルソン》を組み立てることを教えられた二律背反——は、結局は無意味な遊戯にすぎないということを私は学んだ。まず私は、「合理的なもの」の彼方《かなた》に、より一層重要でより肥沃な、もう一つの範疇《はんちゆう》が存在するのを知った。それは、「意味を表すもの《シニフィアン》」という範疇で、「合理的なもの」の最も高度な存在様式である。それにもかかわらず、私たちの習った諸先生は、その言葉を口に出すことさえしなかった（恐らく、フェルディナン・ド・ソシュール〔一八五七〜一九一三。スイスの言語学者。その講義が二十世紀の、特に構造言語学に与えた影響は大きい〕の『一般言語学講義』よりも、ベルクソン〔七一ページ注〔1〕参照〕の『意識に直接与えられたものについての試論』について考えをめぐらすのに忙しかったためであろう）。ついで、フロイト〔一八五六〜一九三九。オーストリアの精神病理学者。精神分析の創始者〕の著作は、私に、これらの対立は実際に対立しているのではないということを啓示してくれた。なぜなら、外見は最も感情的な振舞い、合理的なものからは最も遠い行動、前論理的とされている表現こそが、同時に、最も豊かに「意味を表わすもの」だからである。ベルクソン主義――それは、様々な存在や事物を、一旦、粥《かゆ》のような状態に還元してしまった上で、それらのものの言うに言われぬ本性をよりよく取り出そうとするのであるが――の信条や不当前提〔結論において証明されるべきことをすでに仮定した前提のこと〕の代りに、私は、存在や事物は、その輪郭――存在や事物相互の境界を明らかにし、それらのものに、理解しうる一つの構造を与えるような輪郭――の明確さを失わないままで固有の価値を持ち続けうる、ということを知った。認識は、断念や物々交換の上に成り立っているのではなく、「真の」様相、すなわち、私の思考が所有しているものと符合するような様相を選び取ることのうちに存しているのである。それは、新カント派の学者が主張するように、私の思考が事物の上に、或る不可避の制約を及ぼすからではまったくなく、むしろ、私の思考がそれ自体として一つの対象だからである。「この世界に属するもの」として、私の思考は、「この世界」と同じ性質を享《う》けているのである。

とはいうものの、私が同世代の他の人たちと共に辿《たど》ったこの知的進化は、子供の頃から、強い好奇心が私を地質学の方へ押しやっていたという、私自身の特殊な事情にも彩られている。私は今でも、私にとって最も懐かしい思い出のうち、ブラジル中部の前人未踏の地帯での、あの無謀な行動の思い出よりも、ラングドック〔フランス南部の一地方〕の石灰質高原の断面で、二つの地層が接している線を追いかけた思い出の方を大切にしている。それは、散策とか、単純な空間の探検とは全く違ったことであった。準備された目をもたない観察者にとっては、何の一貫した意味ももたないであろうこうした探索行も、私の目には認識というものの視覚化された姿や、認識の差し向ける困難や、それから期待できる歓びなどを示してくれるのである。景観の全体は、最初見た目には、人がそこにどのような意味を与えることも自由な、一つの広大な無秩序として現われる。しかし、農業にとっての損得の配慮、地理上の出来事、歴史時代、先史時代を通じてのもろもろの変転などの彼方に、すべてを繋《つな》ぐものとしての峻厳《しゅんげん》な「意味」があり、それが、他のものに先行し、命令し、そして、かなりの程度まで、他のものについての説明を与えるのではないだろうか。この蒼《あお》ざめ、混沌とした線、岩の残片の形や密度の中にある、しばしば知覚しがたいような差異が、現在私が見ているこの不毛な土地に、かつては二つの大洋が相次いで存在したことを証明しているのである。過去の痕跡《こんせき》を手掛りとして、数千年の停滞の跡を辿り、急斜面や地滑りの跡や、藪《やぶ》や耕地などのあらゆる障害を越えて、小径《こみち》にも柵にもお構いなしに進んで行く時、私は、意味を取り違えて働きかけているように見える。ところで、この反抗は、支配的な一つの意味——恐らく見極めにくいであろうが、しかし、他のそれぞれの意味は、その部分的なあるいは変形された置き換えであるような、支配的な一つの意味——を取り戻すことを、唯一の目的としているのである。

時として、奇蹟が生ずることがある。隠れた亀裂の両側に、異なる種《しゅ》の植物が、それぞれに適した土壌を選んで、隣り合って緑も鮮やかに生えていることがある。渦巻の複雑さを共にした二つのアンモン貝〔頭足綱四鰓目の化石軟体動物で、古生代シルリヤ紀から中生代白亜紀にかけて多く棲息〕が、数万年の隔たりを、こうした彼ら独自の遣り方で証拠立てながら、二つ同時に岩の中に見分けられることがある。その時、空間と時間は境を失って、俄《にわ》かに融合してしまう。現在の瞬間に生きている多様さが、歳月を並置し、それを朽ち果てないものとして定着させるのだ。思考と感受性は新しい次元に到達する。そこでは、汗の一滴一滴、筋肉の屈伸の一つ一つ、喘《あえ》ぐ息の一息一息が、或る歴史の象徴となる。私の肉体が、その歴史に固有の運動を再生すれば、私の思考はその歴史の意味を捉えるのである。私は、より密度の高い理解に浸されているのを感じる。その理解の内奥で、歴史の様々な時代と、世界の様々な場所が互いに呼び交わし、ようやく解り合えるようになった言葉を語るのである。

私がフロイトの一連の理論に接した時、それらの理論が、地質学が規範を示している方法の、個々の人間への適用であるように思われたのは、まったく自然なことであった。どちらの場合も、研究者は、見たところ到底人の理解を許しそうもない現象の前にいきなり立たされるのである。どちらの場合にも、彼は込み入った状況の含む諸要素の一覧表を作り、それを評価するために、感受性、勘《かん》、鑑識力といった彼の資質の繊細な部分を精一杯働かせることを求められる。それでいて、或る現象の総体に導き入れられる、一見不適当とも見える秩序は、偶然のものでも恣《し》意《い》の産物でもないのである。歴史家の取り扱う歴史とは異なり、地質学者の対象とする歴史も精神分析学者のそれも、物的世界、心的世界の基礎を成している幾つかの属性を活人画《タブロー・ヴィヴァン》（扮装した人物が背景の前で静止したまま、歴史上の有名な光景などを再現するもの）に幾らか似た遣り方で、時間の中に投影しようとするのである。私は今、活人画を引合いに出した。確かに、「仕草《しぐさ》で表わされた諺《ことわざ》」の遊びは、一つ一つの身振りを、時の持続の中での、時間を超えた幾つかの真実の展開として解釈しよう、という企てを素朴な形で表わしている。諺は、こうした幾つかの真実を、道徳的な面で具体的な姿に引き戻して示そうとする訳だが、他の領域では、これらの真実は、まさに「法則」と呼ばれるのにふさわしいのである。これらすべての場合に審美的な好奇心を呼び起こすことが、私たちが認識に造作なく到達するのを可能にするのである。

十七歳になろうとする頃、私は、休暇中に知り合った或る若いベルギー人の社会主義者（今はベルギー大使として外国に駐在している）にマルクス主義の手ほどきを受けた。この偉大な思想を通して、私はカントからヘーゲルに至る哲学の流れとも初めて接したが、それだけに一層、私はマルクスの本を読むことに夢中になった。一つの新しい世界が、私の前に開けたのであった。その時以来、この熱中は一度も変質したことはなく、私は何か社会学か民族学の問題に取り組む時には、ほとんどいつも、あらかじめ、『ルイ・ボナパルトの霧月《ブリュメール》十八日』や『経済学批判』の何ページかを読んで私の思考に活気を与えてから、その問題の解明にとりかかるのである。しかし、私にとっては、マルクスが、歴史のかくかくの発展を正しく予見したかどうかを知ることが問題なのではない。マルクスは、物理学が感覚に与えられたものから出発してその体系を築いていないのと同様、社会科学は事象という次元の上に成り立つのではないことを、ルソーに続いて、私には決定的と思われる形で教えてくれたのである。社会科学が目的としているのは、一つのモデルを作り、そのモデルの特性や、そのモデルの実験室での様々な反応の仕方を研究し、次いで、これらの観察の結果を、経験できる次元で起こる、予見されたものからひどく隔たっている場合もありうる事柄の解釈に適用することなのである。

マルクス主義は、創始者がそれに与えた意味において理解する限り、地質学や精神分析学とは、実在の中での異なった次元で、しかし同じ遣り方で働くように私には思われた。三つの遣り方がいずれも明らかに示しているのは、理解するということは、実在の一つの型を別の一つの型に還元することだ、ということであり、真の実在は決して最も明瞭《めいりよう》なものではない、ということであり、さらに、真実というものの本性は、真実が身を隠そうとするその配慮の中に、すでにありありと窺《うかが》われる、ということである。三つのもののいずれにおいても、感性の領域と理性の領域の関係という同一の問題が提起され、そして、探求によって三者が目指すところも同一である。すなわち、感性の領域を理性の領域に、前者の特性を少しも損なうことなしに統合することを企てる、一種の「超理性論」である。

それゆえ、私は、当時次第に輪郭を明らかにしつつあったような形而上学《けいじじよう》的な思考の新しい傾向に対しては、反抗する態度をとっていた。現象学は、体験と実在とのあいだに連続性を求めようとする限りにおいては、私に反発を感じさせた。実在が体験を包含し、説明することを認める点では賛成できたが、私が三人の師から学んでいたことは、二つの領域のあいだの通路は不連続であるということであり、実在に到達するためには、まず体験されたものを一旦拒否すべきであり、体験されたものを、一切の感傷を抜き去った客観的な総合の中に再び組み入れるのは、その後であるということだった。実存主義⑧の中に開花しようとしていた思想の動向について言えば、それが主観性の幻影に対して示している好意的な態度のために、この動向は有効な思考のまさに反対のものであるように私には思われた。個人の心意にかかわる事柄を、哲学の問題と呼ぶに値するものにまでこのように昇格させることは、結局それが、街の娘っ子のおしゃべりにふさわしいような種類の形而上学に終わってしまう危険を、あまりに多く孕《はら》んでいる。教育上必要な手段ということで釈明できたとしても、科学が哲学にとって代わるのに十分強力になるまで、哲学に課せられている使命をうやむやにしてしまうのを、もし容認することになるのだとしたら、この昇格は極めて危険なことであろう。その使命とはつまり、存在を、私との関係においてでなく存在自身との関係において理解するということである。形而上学を廃止する代りに、現象学と実存主義とは、形而上学にアリバイを見つけてやるための二つの方法を導き入れようとしていたのである。

マルクス主義と精神分析学という、一方は社会を、他方は個人を視野にもつ、人文科学に属する学問と、地質学という自然学——しかしそれはまた、方法においても対象においても、歴史学の生母であり乳母《うば》でもある——とのあいだに、民族学は独自の世界を築いて自立している。なぜなら、私たちが、空間の制約以外には無制約に当面しているこの人類は、地質学的な歴史が遺してくれた地球の様々な変遷に、新しい意味を付け加えているからである。それは、大地の力と同様に個人の名の刻まれていない社会が作り出したものと、個人——それは心理学者の関心には人数だけの特殊例を提供するのだが——の思考とのうちに数千年のあいだ続けられて来た、溶解し去ることのない作業がもたらしたものである。民族学は私に、或る知的満足をもたらしてくれる。歴史が、世界の歴史と私の歴史とを、その両極で結び合せるように、民族学は、世界と私とに共通の理法の覆いを一挙に剝《は》ぎ取ってみせる。民族学は、人間の研究を私に勧めることによって、私にあの懐疑を乗り越えさせてくれる。なぜなら、ただ一つの文明にのみ適合し、もしその文明の外に留まることになるとしたら自己崩壊を起こしてしまうような人々を除けば、すべての人間にとって意味をもっているあの差異や変化を、民族学は人間のうちにおいて検討するからである。さらに民族学は、私の思考に、風俗や慣習や制度の多様さがもたらす実質的には無限の材料を確保してくれることによって、私が先に述べたような、不安に満ちた破壊的な渇望を鎮めてくれる。民族学は、私の性情と私の生活とを融和させてくれるのである。

　こうしたことを語った後では、フランス社会学派の巨匠たちの著作が、哲学級〔中等学級の最高学年〕に進んでからのことではあったが、私に伝えてくれていた呼びかけの言葉に、私がこのように長いあいだ耳をかさずにいたことは奇異に思われるかもしれない。事実、一九三三年か三四年頃、偶然手にした、そして今ではもう古い著作になってしまった一冊の本を読むまでは、私に啓示は訪れなかった。その一冊の本というのは、ロバート・H・ローウィの『未開社会』であった。しかし、私がそこで出会ったのは、本から借りて来て直ぐに哲学の概念に変形させられる知識ではなく、先住民社会で生きた体験であり、しかも観察者が先住民社会に深く参与しているために、意味が損なわれずに保たれているような体験であった。私の思考は、哲学的思弁の訓練のために密閉された甕《かめ》に押し込められ、汗を流していた状態を逃れた。外気の中に連れ出されて、私の思考は、新しい風に当たって生気を取り戻すのを感じた。山の中に解き放たれた都会人のように、私は広々とした空間に陶酔し、そしてそのあいだにも、私の目は眩《まぶ》しさをこらえながら、私を取り巻く対象の豊かさと多様さ[9]を測っていた。

このようにして、英米民族学との、私の長い親交が始まった。この交りは、読書を通して距離を隔てて結ばれ、後には個人的な接触――それが、後になって大きな誤解を生むきっかけをつくることになったのだ――によって保たれた。まず、ブラジルでは、サン・パウロ大学の先生たちは、私がデュルケーム社会学[10]を教えるのに貢献することを期待していた。南アメリカに大層根強い実証主義の伝統に加えて、個人の権力に対する寡頭《かとう》政治の常套《じょうとう》的な思想上の武器である穏健な自由主義に、哲学的な基盤を与えたいという配慮が、大学の先生たちをデュルケーム社会学の方へ押しやっていたのであった。私は、デュルケームに対しても、形而上学的な目的のために社会学を利用しようとする一切の試みに対しても、公然と反旗を翻した状態で着任した。私が全力を挙げて私の地平を拡げようと努めていたこの時に、私が古ぼけた囲い壁を修復する手伝いをしに出掛けて行ったのは、確かに時宜を得たことではなかった。その時以来、私は、アングロ・サクソン思想の下僕になったという、私には納得の行かない非難をしばしば蒙っている。なんと愚かしい話であろうか！　現在、外国では誰も疑っていないように、私は恐らく他の誰にもましてデュルケームの残した伝統に忠実なのである。しかも、私が学恩を受けていることを明記しておきたいローウィ、クローバー〔一八七六〜一九六〇〕、ボアズ〔一八五八〜一九四二〕などのアメリカの人類学者は、もうずっと前から時代遅れになっているジェームズ〔一八四二～一九一〇。哲学者、心理学者〕やデューイ〔一八五九～一九五二。哲学者〕流の（そして今日の自称論理的実証主義流の）、あのアメリカ哲学からは、これ以上考えられないくらい遠い存在であるように私には思われるのである。生れから言えばヨーロッパ人で、彼ら自身もヨーロッパで、あるいはヨーロッパ人の先生の下で研究者として育ったこれらのアメリカの学者たちは、まったく独自の何かを表わしているのである。それは、四世紀前にコロンブスが空間の出来事として形に表わす機会を与えた一つの総合を、知識の上に反映しているような――今度は、厳密な学問研究の方法と新世界が提供した他に類のない実験の場との――総合なのである。それは、当時すでに最高の設備を備えていた図書館を利用しながら、研究者が、まるで私たちフランス人が、〔北部スペインの〕バスク地方や〔南フランスの〕紺碧海岸《コート・ダジュール》に行くような容易さで、大学を出て先住民のあいだに入って行くことができた時代に成就《じょうじゅ》されたのであった。私が頌歌《しょうか》を捧げているのは、或る知的伝統に対してではなく、一つの歴史的な状況に対してなのである。まだ一度も学問的な意図をもって調査されたことがなく、しかもこれらの民族を破壊しようという企てからまだ日が浅かったために、かなりよく自分自身を保っていた民族に接することができたという特権のことを考えてみるといい。次の逸話は、当時の状況をよく理解させてくれるであろう。それは、まだ野性的な状態にあったカリフォルニアのインディアン諸部族が殲滅《せんめつ》された中で、唯ひとり、奇蹟的に生き残った一人のインディアンの男の逸話である。彼は何年ものあいだ、大都会の近くで誰にも知られずに、石を打ちかいて矢尻を作り、それで狩りをしながら生きていた。しかしながら、少しずつ獲物は少なくなった。或る日人々は、このインディアンが、町の入口で、裸で飢え死にしそうになっているのを見つけた。彼は、カリフォルニア大学の守衛として平穏にその生涯《しょうがい》を終えた。

〔1〕機械論的世界観を排し、具体的生そのものは生の躍進（エラン・ヴィタル）によって、自由かつ創造的に展開するとするフランスの哲学者ベルクソン（一八五九～一九四一）の主張を指している。
〔2〕形而上学、思弁哲学および単純な実証主義的唯物論に反対し、カントの批判主義精神を再評価しようとする哲学上の立場を指す。コーエン、カッシーラ、ヴィンデルバント、リッケルトなどが、その代表。
〔3〕十二世紀半ば頃、フランスを中心に起こった建築を主とする美術様式をいう。先行したロマネスク様式に比べて、尖頂迫持《せんちょうせりもち》（オジーヴ）の使用により天井、窓などを高くし、建物内部への採光を多くした。
〔4〕ゴティックに先行して十世紀頃から行なわれた建築様式をいう。窓や入口が小さく、重苦しい感じの石積みが特徴である。
〔5〕ゴティック初期の建築装飾に見られる、稚拙な感じの現われている様式をいう。
〔6〕ゴティック後期の建築装飾に見られる、炎のような形を好んで用いた華麗な様式をいう。
〔7〕フランスの作家フロリアン（一七五五～一七九四）の『寓話』（一七九二）の「幻灯を見せる猿」

を指す。ここでは、民族学者の研究対象になるべき法学者を、動物学者とその研究対象との関係になぞらえている。

〔8〕抽象的概念による対象の認識ではなく、問う者自身のあり方を問うことを思索の主な目的とする哲学上の立場をいう。キルケゴール、ヤスパース、ハイデッガー、サルトルなどが、その代表的思想家。

〔9〕原著の"la vérité"を、著者の了解を得て、"la variété"に訂正して訳出した。

〔10〕コントの影響を受けて、デュルケーム（一八五八〜一九一七）が確立した実証的方法による社会学をいう。

7 日没

以上が、ブラジルのサントス行きの船に乗る準備を整えて、私がマルセーユに着いた一九三五年(1)二月のあの朝にまで筆を進めるための、いささか冗長な前置きである。その後、私は何度も同じような船出をすることになったので、私の記憶の中ですべての出発が混り合い、ただ幾つかの思い出が今まで保たれているに過ぎない。まず、南フランスの冬の、あの独特の朗らかさ。ひどく明るい青色をして、いつもよりなお一層質感を欠いて感じられる空の下で、刺すような空気が、喉《のど》の渇いた人が冷えた炭酸水をあまり急いで飲んだ時に感じるのに似た、耐え難いような快さを与えていた。これと対照的に、重い異臭が、じっと止まったままの船の中の、煖房の効き過ぎた通路に漂っていた。それは、海の匂いと、料理場や塗りたての油性塗料が発散する匂いの入り混ったものであった。それからまた私は、夜のさなかに、機関の震動と船体が蹴立てる水の音とが聴覚に鈍く伝わって来て、ほとんど静穏な幸福感とでも呼びたいような、満足と安らぎを与えていたことを思い出す。あたかも動いているということが、静止よりもさらに完全な本性を具《そな》えた、或る種の安定にまで達していたかのように。夜中に寄港する時には、反対に、静止しているということが、眠っている船客の目を乱暴に覚まし、不安で居心地の悪い感覚を惹《ひ》き起こすのだった。それは様々な物事の、もう当り前になってしまった流れが、突然危機に瀕《ひん》したことによる苛立たしさであった。

私たちの船は、いつも多くの寄港をした。実際、旅の初めの一週間は、船荷が積み込まれたり下ろされたりしているあいだ、ほとんど陸の上で過ごした。そして、夜、航行した。目を覚ますたびに、私たちは別の港の埠頭《ふとう》にいた――バルセロナ、タラゴナ、バレンシア、アリカンテ、マラガ、或る時にはカディス。あるいは更にアルジェ、オラン、ジブラルタル、そして最も長い行程を経た後にカサブランカ、そしてやっとダカールに到着する。それからようやく大航海が始まるのだ。或る時は真直ぐリオやサントスへ、もっと稀にだが、或る時は航海の終りに進行が緩《ゆる》められ、ブラジルの海岸に沿って、レシーフェ、バイア、ヴィクトリアなどに寄港しながら、再び沿岸航海が始まる。空気は、少しずつなま暖かくなり、スペインの山地《シエラ》が水平線にやさしい姿を並べる。直接視野に入るにはあまりに低い湿地帯であるアフリカの海岸地方の沖では、小さな丘や崖の形をした蜃気楼《しんきろう》が、幾日間ものあいだ見るものを拵えておいてくれる。それは旅とは反対のものであった。船は移動のための道具というより、私たちにとって、むしろ住居であり家庭であるように思われた。その戸口に、世界という回り舞台が毎日新しい書割りを止めて見せるかのようであった。

しかし、民族学的精神は、まだ私には縁遠いものだったので、私はこれらの機会を利用しようということは考えつかずにいた。いつの頃からか私は、一つの町や地方や、あるいは一つの文化の、このような極めて短時間の観察が注意力を有益に訓練し、時にはむしろ、他の状況では長いあいだ隠されたままになっていたかも知れない対象の幾つかの特質を捉《とら》えることが、観察者の利用しうる時間の短さのために必要とされる密度の高い集中によって、可能になるということを学んだ。当時は、他のスペクタクルの方が私の心をより強く惹きつけた。初心者の素朴さで、私は人気《ひとけ》のない甲板で、これら超自然的とも思われる天地の変動を観察することに熱中した。毎日ほんの僅かのあいだに、日の出と日没は、天地の変動の始まりと発展と終末を、それまで私が眺めたこともなかったような広大な水平線の四方で、形に現わしてみせるのであった。もし私が、移ろいやすく、しかもそれを記述しようとする一切の努力に逆らう、これらの現象を定着するための言葉を見出していたら、また、もし私に、結局はただ一回限りで、同じ状態では決して再び生ずることのない一つの事象の、様々な段階とその移りゆきを他の人々に伝える能力が与えられていたら、そのとき私は唯のひと跳びで、恐らく私の仕事の奥義《おうぎ》に達していたことであろう。民族学の調査が、決まって私をそこに曝《さら》す、そして私がどうしてもその意味と重要性を他の人々に理解させられない、あの風変りな、あるいは独特の経験はなくなっていたことであろう。

あれから多くの年月が過ぎたが、あの時のように恩寵《おんちょう》に浸された状態に、再び自分を置くことが私にはできるであろうか。みるみる消え去り、しかも絶えず新しくなって行くあれらの形を定着させることをあるいは可能にするかも知れない表現を、ノートを手に一刻一刻書き付けていた、あの熱病に罹《かか》ったような瞬間を再び生きることが、私には果たしてあるだろうか。この遊びは今も私を魅惑しており、私はしばしば、それに耽《ふけ》りかけている自分に気付くことがある。

船で書きつけたこと——

学者にとっては、暁と黄昏《たそがれ》とは同一の現象である。ギリシア人たちも同じように考えていた。このことは、彼らが暁と黄昏を指すのに同じ言葉を用い、夕方か朝かによって、それを二様に使い分けていたのをみてもわかる。この混同は、理論的な考察への配慮の優越と、物事の具体的な側面の奇妙な軽視とをよく表わしている。地球のどこか一点が、分割できない運動によって、太陽の光に照らされた部分と、光が届かなかったり、また戻って来たりする部分とのあいだを移動するということ、それはそうかもしれない。だが実際には、夕方と朝ほど違ったものはない。夜明けは一つの序奏であり、日没は昔のオペラでそうだったように、初めにではなく終りに演奏される序曲なのである。太陽の表情は、あとに続く時間を予告する。もし午前の初めの数時間が雨もよいのようなら、太陽の表情は暗く、蒼《あお》ざめている。明るい光が輝き出るはずの時には、太陽の表情は薔薇《ばら》色で、軽やかで、沸き立っている。しかし一日のその後のことについては、曙光は何の予言もしない。それは天気予報の働きをするのであり、雨が降るだろうとか、晴れるだろうとかいうのである。日没の場合、事情は異なっている。それは初めと中と終りのある、完全な一つの上演である。このスペクタクルは、十二時間のうちに相次いで起こった戦いや、勝利や、敗北を、縮小された一種の映像として、だが速度を緩めて示すのである。暁は一日の始まりでしかないが、黄昏は一日を繰り返して見せるのだ。

人間が昇る太陽より沈む太陽に注意を払うのも、そのためなのである。曙光は人間に、寒暖計や気圧計や、文明化されていない人々にとっては月の満ち欠けや鳥の飛翔、あるいは潮の干満などの補いになる指示を与えるに過ぎない。ところが日没は、人間を高め、彼らの肉体が今日一日その中を彷徨《さまよ》った、風や寒暖や雨の思いがけない移り変りを、神秘な形象のうちに集めてみせるのである。意識の文《あや》もまた、空に拡がった綿のような、これらの形の中に読み取ることができる。沈んでゆく太陽の光で空が明るみ初める時（丁度、或る種の芝居で開幕を告げるのが、お定まりの床を三回叩く音ではなく、脚光を突然照らすことであるように）、小径《こみち》を辿《たど》っていた農夫はその歩みを止め、漁師は舟をもやい、未開人は消えかけた火のそばに蹲《うずくま》って瞬《まばた》きするのである。回想するということは人間にとって大きな悦楽であるが、しかし記憶が克明に甦るだけその楽しみが増すというわけではない。苦しみをもう一度体験したいと思う人はほとんどいないであろうが、しかし彼らも、それを回想してみたいとは思うからである。追憶は生《せい》そのものでさえあるが、しかし本質を異にしたものである。だから、太陽が吝嗇《りんしょく》な天人の投げた小銭のように、穏やかな水の磨かれた面《おもて》に向かって落ちて行く時、あるいは太陽の円盤が山の頂きを歯のように縁《ふち》を刻まれた堅い葉の形に切り取って行く時、とりわけその時に、人間は、怪奇な映像の束《つか》の間の変転のうちに不透明な力や蒸気や稲妻が示しているもの、その暗黙の葛藤《かっとう》を、人間が自らの内奥《ないおう》に、一日のあいだ漠然と感じ取っていたものを見出すのである。

その時、人々の魂の中では、ひどく陰惨な闘いが繰り拡げられたに違いない。というのも、形に表われた出来事が取るに足りないものだったとしても、それは大気の放蕩を少しも正当化しなかったろうから。今日一日、格別のこともなく過ぎた。十六時頃——行程半ばの太陽はすでにその明確さを失い、しかしまだ輝きは保っており、何かの準備を覆い隠す下心で積み上げられたかのような厚い金色の光の中で、すべてが輪郭を崩し始める、ちょうどその瞬間——メンドーサ号は進路を変えた。海の軽いうねりが揺れを惹き起こすたびに、人は暑さが更に執拗になるのを感じ始めていた。しかし船の描く曲線は、ほとんど感知できないほどのものだったので、人は進路が変わったことを、横揺れの微《かす》かな増大としてしか感じ取ることができなかった。それに、誰もそのことに注意を払っていなかった。それは、大洋の直中《ただなか》での航行というより、幾何学的な位置の変換に似たものだったのだから。緯線に沿った緩やかな移動や、等温線や等降雨量線を越えたことを確かめられるような景観は、そこには存在していない。五十キロの地上の移動は、違う惑星に来たような印象を与えることもあるが、大洋の五千キロは、少なくとも訓練されていない目にとっては、何の変化もない姿しか示さないのである。船路《ふなじ》や進行方向についての配慮も、まだ見えないが、膨れ上がった水平線の背後に存在するはずの陸地についての知識も、船客の心を少しも煩《わずら》わしてはいなかった。船客たちにとっては、前もって定められた日数、限られた仕切りのあいだに閉じ込められているのも、或る距離を征服するためというより、むしろ、地球の一端から他の一端へと、手足を動かさずに運ばれるという特権の償いをするためであった。船客たちは、朝寝と贅沢な食事ですっかり遊惰になってしまっていたが、食事は、すでにずっと前から感覚の楽しみをもたらすことを止めてしまっており、日々の空隙を埋めるために工夫された気晴し（そのためには、食事を桁はずれに長びかせなければならなかったのだが）になりつつあった。

そのほかには、努力と言えるようなものは何もなかった。人は、この大きな箱の底のどこかに幾らかの機械があるということや、機械を働かせている男たちがその周囲にいるということをよく承知していた。来客のある気遣いもなかった。船客同士訪ね合うこともなかったし、船の士官が自分たちを船客に見せびらかすことも、その逆もなかった。船客にできることと言えば、せいぜい船体の骨組のあいだを縫って、あちこち歩き回ることくらいであった。僅かに、通風筒にペンキを塗り散らしている水夫の孤独な作業や、紺の作業服の給仕たちが一等船室の通路を、なるべく労力を使うまいとしながら濡れ雑巾を押して行く動作などだけが、錆《さ》びた船体の下の方からぼんやり聞えて来る波を切る音と共に、船が長い距離を一定の速さで滑っているということの証《あかし》となっていた。

十七時四十分、空は西の方で、一つの込み入った構築物に乱雑に塞がれているように見えた。その構築物の下側は完全に水平だった。まるで水平線の上方に、或る理解しがたい浮力が働いたために、いやむしろ、目に見えない厚い水晶板が挿入されたために、海の一部が引き剝がされでもしたかのようだった。頂きには、不安定な堆積、膨れ面をしたピラミッド、凍りついた沸騰が、何か転倒された重力とでもいったものの作用で天頂に向かって懸かり、垂れ、雲の姿を装った剞形《くりかた》といった趣きを呈していた。しかし、雲が光沢を帯び、木を刻んで金泥《きんでい》を塗った浮彫りを想起させていた限りでは、剞形に似ていたのはむしろ雲の方かも知れなかった。この太陽を隠蔽《いんぺい》した乱雑な堆積物は、時折閃光《せんこう》を発しながら暗い色調を帯びて次第に背景から浮き上がって行き、そのあいだ、堆積物の上部で火花が飛び交っていた。

さらに上の空では、柔らかな金色の錯雑が、質量のない、純粋に光だけの織物に似た糸の縺《もつ》れへと、解きほぐれつつあった。

水平線を北へ辿って行くと、それまでの主題が微かになり、上昇して雲の弾《はじ》け散ったものになっているのが認められたが、その遥か後方には、頂きを沸騰させた、もっと背の高い一本の柱が姿を現わしていた。太陽――まだ見えなかったが――に最も近い側では、光が、この沸き立つ頂きの凹凸を力強い縁《へり》で縁取っている。更に北の方では、この凹凸も消え失せ、光沢を失った平たい柱だけが海の中に基部を浸していた。

南でも同じ柱が出現していたが、巨大な雲の板が、あたかも宇宙の巨石遺物のように、支柱の煙る頂きの上に据えられているのだった。

太陽にきっぱりと背を向けて東の方を眺めると、ここでは、縦に引き伸ばされた雲の積み重なりの群れ二つが、光の気紛れで逆光を受けてでもいるかのように浮かび上がって見えたが、その背景をなしていたのは、薔薇《ばら》色や紫色や銀色に、真珠母《しんじゅも》のように輝いている、乳房と腹の膨れ上がった、だがすべて気体で出来ている砦であった。

このあいだに、西の空を塞いでいた天の岩礁の背後で、太陽は徐々に姿を変えつつあった。太陽の落下が進むたびに、その光線のどれか一本が不透明な塊りを破るか、さもなければ自らのために通路を切り開いて進むかしたが、光線の通る道が描く軌跡は、光線が迸《ほとばし》り出る瞬間、その障害物を、大きさと光の強さの異なる同心円を重ね合わせたものの形に切り取るのであった。時折、光は握りこぶしのように縮こまり、それを覆い包んだ雲のマフ〔筒形の手覆い〕からは、もう、せいぜい一本か二本の、きらきら光る強《こわ》ばった指が突き出てくるのが精一杯だった。あるいはまた、火照《ほて》った一匹の蛸《たこ》が、蒸気の洞穴《ほらあな》から進み出てはまた引っ込むのであった。

日没には、はっきり区別できる二つの段階がある。初めのうち、太陽は建築家だ。これに続く少しのあいだ（太陽の光線が屈折しており、直接射しても来ないあいだ）だけ、太陽は画家になる。太陽が水平線のかなたに姿を消すが早いか、光は弱まり、刻々複雑さを増す見取図を出現させる。白昼の光は遠近感のある眺望の敵であるが、昼と夜とのあいだには、幻想的な、そして、束の間の生命しかもたない構築物のための場が存在するのである。夜の闇と共に、すべては再び、見事に彩られた日本の玩具のように平たいものになってしまう。

十七時四十五分、第一段階の下絵が描かれた。太陽はすでに傾き、しかしまだ水平線に触れてはいなかった。雲の構築物の下側に現われた瞬間、太陽は卵黄のように崩れ、まだ懸かったまま離れきっていない形象を光で汚すかに見えた。この輝きの横溢《おういつ》は、すぐ隠遁に席を譲る。日輪の周辺は輝きを失い、大洋の上限と雲の下限とを隔てているこの虚空《こくう》の中に、ついに今しがたまでは眩《まぶ》しくてそれと見分けられなかった蒸気の山脈が、今では尖った暗い姿を横たえているのが認められた。それと共に、初めは平たかったこの山脈が体積を増していった。堅く黒い微粒の数々がさ迷っていたが、それは、水平線から空へ向かって緩やかに上昇して行く赤っぽい巨大な板――それは色彩の段階の始まりを告げていた――を過《よぎ》っての、意味のない移動であった。

少しずつ、夕暮の深い構築が折り畳まれて行った。一日じゅう西の空を占めていた塊りは、金属質の一枚の薄板に圧《お》し延ばされてしまったように見えたが、この薄板を背後から照らしていたのは、初め金色で、次いで朱色になり、さらに桜桃色になった一つの火であった。すでにこの火は、徐々に消え去りつつあった捩《よじ》れた雲を、溶かし、磨き、そして小片の渦巻きの中に取り上げようとしていた。

無数の蒸気の網が空中に生まれた。これらの網は、あらゆる方向に向かって——水平にも斜めにも垂直にも、そして渦巻形にさえも——張られているように見えた。太陽の光線は、傾くにつれて(丁度、絃楽器の弓が倒れたり立ったりしながら、様々な絃に触れるように)、蒸気の網の一つ一つを、その各々が気紛れに専有しているかのように思われる色調で光らせた。光る番が来ると各々の網は、糸状のガラスの明晰さと、的確さと、脆《もろ》い堅さとを示した。一方で、少しずつ網は溶解して行ったが、それはまるで、隈《くま》なく炎に満たされた空中に曝されていたために網の材質が過熱し、色は暗くなり、個々の区別が失われて薄い布に似た拡がりになって行くかのようであった。この拡がりはだんだん薄くなって視界から消えたが、代わって、それまで隠されていた、編まれたばかりの新しい網が見えるようになった。最後にはもう、曖昧な、互いに入り混った幾つかの色調しか存在していないように見えた。こうして、グラスの中で初め重なり合っていた、色も密度も異なる幾つかの液体は、見たところ動かないままでいながら、徐々に混り合い始めるのである。

この後では、空の遠く隔たったあちこちで、数分、時には数秒毎に変転を繰り返すように見える景観を、逐一辿って行くことが極めてむずかしくなった。東の方では、日輪が反対側の水平線を侵蝕し始めるや否や、それまでは見えなかった雲が、極めて高いところで、酸味を含んだ赤紫の色調のうちに一挙に姿を整えた。それは現われたあと急速に発達して、細部や色調における豊かさを増して行った。それから、確かで緩やかに動く雑巾の働きでそうなるかのように、水平方向に右から左へと、すべてが消え始めた。何秒か後には、残っているのはもう、煙る砦の上方で空の屋根を葺《ふ》いている、端整な石瓦だけであった。砦は白と灰色に変って行き、一方、空は薔薇《ばら》色に輝いていた。

太陽の側では、単調で曖昧なセメントになった先の柱の背後に、一本の新しい柱が立ち昇っていた。いまでは、炎を噴いているのは新しい柱の方であった。その赤い放射が弱まった時、それまでまだ自分の役を演じていなかった天頂のさまざまな色の集合が、ゆっくりと体積を獲得した。その下側の面は金泥《きんでい》を塗り、きらめき、少し前まで火花を散らしていた頂きは栗色に、すみれ色になった。同時に、その集合の組織が、顕微鏡下にでもあるかのように眺められた。その集合の肉付きのいい形を、無数の繊維が骨格のように支えているのが分かるのだった。

もう、太陽の直射光はすっかり消えてしまっていた。空には、薔薇色と黄色のものしかなかった——小海老、鮭、亜麻《あま》、麦藁。しかも、この慎ましい豊かささえもまた、消えて行くのが感じられた。空の風景は、白と青と緑の色調のうちに再生しつつあった。しかし、水平線の片隅のそちこちは、まだ束の間の、しかし独立の生命を享受していた。左手の方で、微かな一枚のヴェールが、神秘的で、混り合ったさまざまな緑色の、ふとした気紛れでもあるかのように、突然姿を定めた。これらの緑色はまず濃厚な赤、次いで暗い赤、次いですみれ、次いで木炭色へと順々に変わって行き、とうとう、ざらざらの紙の上をかすった木炭筆の不規則な痕跡に過ぎなくなってしまった。その背後では、空はアルプスの風景のような黄緑色をしており、柱は厳格な輪郭を保ったまま、相変わらず不透明であった。西の空では、水平方向に並んだ黄金の細かい縞《しま》が、まだ一瞬きらめいたが、北の方は、もうほとんど夜になっていた。乳房の盛り上がった砦は、石灰の空の下の白っぽい突出物であるに過ぎなかった。

夜が昼にとって代わる、決まりきっていながら予見できない、その過程の全体ほど神秘的なものはあるまい。そのしるしは、突然空の中に覚束なさと苦悩を伴って現われる。夜の湧出《ゆうしゅつ》が、様々な形の中からこの掛替えのない機会のために選び取る形を、誰も予測できないであろう。理解できない錬金術によって、各々の色は、その補色への変身を遂げて行くのだが、これがもしパレットの上だったら、同じことをするのに、どうしてももう一つ、絵具チューブを開けなければならないだろう。しかし、夜にとっては、色の混合には境界がない。というのも、夜は偽りの見世物の幕を上げようとしているのだから。夜は、薔薇色から緑色へと移って行く。だがそれは、幾つかの雲が強烈な赤色に染まり、そのことによって確かに薔薇色だった空を緑色に見せかけているのに、私が注意しなかったからなのである。もっとも、初めの薔薇色は、私が気付かなかった新しい色の、度を越した鋭い力に抗しきれなかったくらい蒼《あお》ざめた色合をしていたし、金色から赤への移行は、薔薇色から緑色への移行に比べたら意外さの度合が少なかった。だから夜は、まるで人を欺くように忍び込んで来るのである。

こうして夜は、黄金色と紫色の景観を、その陰画——そこでは、熱い色調が白と灰色で置き替えられた——で取り換え始めたのである。夜の板は、海に似た景色を海の上方に徐々に拡げて見せた。大洋の姿をした空の前に張られた、この巨大な雲の幕は、平行に並んだ半島の形に自分を解《ほぐ》して行った。まるで、平坦な砂浜が海の中に何本もの矢のように伸びている様を、機体を横に傾けて低く飛ぶ機上から眺めているようだった。残光は雲の尖端をひどく斜めから打ち、堅固な岩——それらもまた、他の時には影と光で彫琢《ちょうたく》されていたのだが——を思わせる凹凸の外観を雲に与えており、それが幻想を肥大させていた。あたかも、太陽が、その煌《きら》めく鑿《のみ》を斑岩や花崗《かこう》岩の上にはもう振るう力がなく、ただ柔らかい水蒸気の部分にだけ、衰えながらも前と同じ様式を保って働かせているかのようだった。

空が自分を拭い清めて行くに従い、海岸の風景に似たこれらの雲を背景に、砂浜や潟や無数の小島や砂洲が現われるのが見えた。無気力な空の大洋は砂洲を侵し、解体しつつあるその平坦な拡がりを狭江《フィヨルド》や沼で蝕《むしば》むのだった。これらの雲の矢を縁取っていた空は、それ自身が一つの大洋であるように見せかけていたし、海は空の色を反映するのが常だったから、この天の絵は、そこにもう一度太陽が沈むはずの、遠い一風景を再現していたことになる。だが一方、この空中楼閣から逃れるためには、遥か下の方にある本物の海を眺めるだけで十分だった。海はもう真昼の燃えさかる板でもなく、夕食の後の優雅な縮《ちぢ》れた水《み》の面《も》でもなかった。ほとんど水平に射《さ》してくる陽の光は、漣《さざなみ》の、光に向かった面だけしか照らし出さなかった。波の反対の面は、もう真っ暗だった。こうして水は、金属を彫《ほ》ったように、明確で崩れない影のついた浮彫の姿をしていた。一切の透明さが失われていた。

その時、もう習わしになりきっている、だがいつもながら知覚できない突然の移行によって、夕暮は夜に席を譲る。すべてのものは、自分の姿が変わってしまっているのに気づく。不透明な空では、残光に照らされた最後の雲が、水平線とその上方では生気のない黄色に、天頂に近づくにつれて青色へと移りながら散らばっていた。だがたちまち、それらは痩《や》せ細り、病み惚《ほう》けた影のようなものに過ぎなくなる。まるで芝居が済んだあと、照明の消えた舞台で、まだ装置を支えている柱のようだった。そのとき人は、装置の貧弱さや脆《もろ》さや、それが仮初《かりそめ》のものだったことなどを突然目《ま》のあたりに見て、それらが本物の幻想を与えていられたのも、それらの本性によるのではなく、照明や遠近法のちょっとした企《たくら》みに過ぎなかったのだ、ということを悟るのである。つい先刻まで活《い》き活《い》きとしており、刻々形を変えていただけになおのこと、今それらのものは、大空の直中《ただなか》で、もう変わることのない痛ましい姿に凝固してしまっているように思えるのだった。だが、次第に深まって行く空の暗さは、まもなく、それらのものも空に溶け込ませてしまうはずであった。

〔1〕原著の「一九三四年」を、著者の了解を得て、「一九三五年」に訂正した。

第三部　新世界

8 無 風 帯

ダカールで、私たちは旧世界に別れを告げ、カボ・ヴェルデ諸島を知らぬまに通り過ぎて、運命を予告するような、あの北緯七度線に達していた。ここでコロンブスは、一四九八年の彼の三度目の航海の時、そのまま進めばブラジルを発見したはずの方角に出発していながら、北西に進路を変え、二週間後、奇蹟のようにトリニダーおよびベネズエラ海岸に達したのである。

かつて航海者たちに恐れられていた赤道付近の無風帯に、私たちは近づきつつあった。両半球に固有の風が双方から来てこの地帯で止まり、何週間ものあいだ、船の帆は、それに生気を与える一吹きの風もないままに、垂れ下がっているのであった。空気があまりに不動なので、まるで海の直中《ただなか》にではなく、閉ざされた空間の中にいるようであった。暗い雲の均衡を危うくするような微風さえもなく、雲はただ重力にだけ感応して海面に向かって徐々に低下し、消えて行く。もし雲にもう少し活力があれば、雲は、曳きずっている下の端で、磨かれたような海面を掃いたことであろう。隠れている太陽の光線で間接的に照らされている海洋は、油のような単調な反映を示している。この反映は、インクの空が受け付けようとしない反映よりさらに明るく、空と水の輝きの強さの普通の関係を逆にしている。頭を逆さにしてみると、空と海が互いに入れ替わり、より本当らしい海の風景が現われる。様々な要素が慎ましく、灯りが仄《ほの》かであるだけに、一層親近感を覚えさせられるこの水平線を横切って、幾つかのスコールが、海と雲の天井を隔てている見かけの高さをさらに減じている、短い混迷した柱になって、ものぐささそうにさ迷っている。これらの接近した二つの面のあいだを、私たちの船は、不安を帯びた或る種の性急さで滑って行ったが、それはまるで、刻まれている時に急《せ》き立てられながら、窒息を逃れようとしているかのようだった。時として、スコールの一つが近づき、その輪郭を崩して私たちの空間に侵入し、その湿った革紐《かわひも》で甲板を鞭《むち》打つのである。やがて船の反対側で、スコールは目に見えるその姿を再び取り戻すが、同時に、もはや鳴り響く音は聞えなくなる。一切の生命が海から姿を消していた。船首を襲う泡よりもさらに律動的な海豚《いるか》の群れ――それは波の白い逃亡の、優雅な魁《さきがけ》だった――の黒い堅い波も、もはや見られなかった。水平線が、鯨などの吹き上げる潮で乱されることもなかった。それから先は、濃密な青色の海が、赤紫色と薔薇《ばら》色の鸚鵡《おうむ》貝のような、華奢《きやしや》な膜質の帆をあげた小船隊で賑わうことも、まったくなかった。

過去の世紀の航海者たちが見たあの驚嘆すべきことのすべては、私たちを迎えるべく、まだ彼《か》の地に、この深い海洋の向う側に存在しているのであろうか。前人のまだ達したことのない空間を経巡《へめぐ》りながら、かつての航海者たちは、新世界を発見することより、むしろ旧世界の過去を確かめることに心を奪われていた。アダムやユリシーズ〔ホメロス作と伝えられる『オデュッセイア』の主人公オデュッセウスのこと〕が、彼らによって確かめられた。コロンブスが初めてアンティール諸島の海岸に着いた時、彼は恐らく日本に到達したのであろうと考え、そして更に、地上の楽園を再発見したのではないかとさえ考えた。その時代以来経過した四百年は、この大きなずれ――そのお蔭で、新世界は一万年または二万年のあいだ、歴史の動乱から離れていたのだ――を消滅させることができたとは思えない。このずれの幾らかは、別の面でまだ残存しているに違いない。私はまもなく、南アメリカがもはや堕落以前のエデンの園ではなくなっていたにせよ、この神秘的な話のお蔭で、少なくとも金持にとっては、依然として黄金時代なのだ、ということを知ることになった。南アメリカの幸運は、日に曝《さら》された雪のように溶けつつあった。そのうちの何が今日残っているであろうか。以後、特権をもった者のみがそこに行くことができるようになるにつれて、南アメリカは珍重すべき水溜りでしかなくなり、自らの姿を変えて行き、その本性も、永遠なものから歴史的なものへ、形而上学的なものから社会的なものへと移って行った。コロンブスが垣間見たような人間の天国は、金持だけに許された甘美な生活の中で、生き延びはしたが、しかし損なわれてもいたのであった。

無風帯の煤《すす》色の空、その重苦しい空気――それらは単に、赤道の明らかな標《しるし》というだけではなかった。それらは、二つの世界がそこで相逢《あいあ》った風土を要約してもいるのである。二つの世界を隔てているこの陰鬱《いんうつ》な自然、悪意を秘めた力だけがそこで己を回復するようにみえるこの大凪《おおなぎ》、それは、つい昨日《きのう》まで、相対する二つの惑星を形作っていたもののあいだに介在する、最後の、神秘に満ちた柵だったのである。二つの惑星はあまりに異なった条件で対置されていたので、初めて新世界に達した人たちは、二つの惑星が同じ人間のものであるということが信じられなかった。人間によって微かに手を触れられていたに過ぎなかったこの大陸は、自分たちの住む大陸ではもはや満たされなくなった貪婪《どんらん》な人々に門戸を開放していた。すべてが――神も道徳も法も――、人類が犯したこの第二の罪との関わり合いの中で、新世界に持ち込まれようとしていた。すべてが、同時に、しかも矛盾した遣り方で事実としては確認され、建て前としては失効しようとしていた。聖書のエデンの園は確認された。古代人の伝える黄金の時代も、青春の泉も、アトランティス〔大西洋に没したと言われる伝説上の大陸〕も、黄金の林檎《りんご》の番をするアトラスの三人の娘も、牧歌も、幸運の島も、確かめられた。しかし同時に、自分たちより純粋で幸福な人間の生活を目《ま》の当りに見て(それは実際には、純粋でも幸福でもなかったのであるが、旧世界から渡って来た人々の、或る密《ひそ》かな悔恨が、すでにそうであるかのように思い込ませたのだ)、啓示や救済や習俗や法は、疑惑の中に投げ込まれた。人類はそれまで、これほどの、引き裂かれるような試練を経験したことがなかった。そしてそれ以後も、思考をもった存在が棲《す》むもう一つの地球が、私たちの地球から数百万キロ離れたところに、或る日姿を現わすことでもない限り、人類は同じような経験を決してしないであろう。それだけでなく、数百万キロの距離が理論的には越えられることを私たちは知っているが、初期の航海者たちにとっては、空漠に立ち向かうのは、恐怖なしにはできないことであった。

　十六世紀初期に、人類がその中に閉じ込められていると自ら感じていたあのジレンマの、絶対的で、すべてを覆ってしまうような頑迷な性格を測るためには、いくつかの出来事を思い出してみる必要がある。あのエスパニョーラ（現在のハイティとサント・ドミンゴであるが）では、一四九二年〔コロンブスのアメリカ到達の年〕におよそ十万人はいたと思われる原住民が、一世紀後にはもはや二百人しかいなくなっていたが、彼らは、天然痘や白人の攻撃によるよりは、むしろヨーロッパ文明に対する恐怖と嫌悪から死んでいったのである。そしてこのあいだじゅう、植民者たちは、原住民の正体を突き止めようとして繰り返し査察団を送った。もし原住民がほんとうに人間であるなら、彼らの中に、イスラエルの失われた十の部族の後裔《こうえい》[1]を見るべきなのであろうか。彼らは、象に乗ってやって来た蒙古《もうこ》人なのであろうか。それとも、数世紀前に、モドック公に率いられて来たスコットランド人なのであろうか。彼らは、元来の異教徒なのか、あるいは聖トマス〔十二使徒の一人。キリストの復活を信じようとしなかった〕や、再び罪に陥った者たちによって洗礼を施された、かつてのカトリック教徒なのか。彼らが人間であって、悪魔のような生きものでも、獣《けだもの》でもないということにすら、人々は確信がもてなかった。フェルナンド王〔五世。一四五二～一五一六。スペインの政治的統一を成し遂げた〕の抱いた感情もこのようなもので、それだからこそ彼は、スペイン人が「理性を具えた被造物からはほど遠い存在」である先住民の女を娶《めと》るのを防ぐために、一五一二年、西インドに白人の女奴隷を輸入したのである。強制労働を禁止しようという王室の努力に対して、植民者たちは憤慨するよりは、むしろ信じられないといった態度を示した。「それでは」と彼らは叫んだ。「もうあの荷役獣どもを使うことさえできないというのか」

これらの様々な査察団のうち、当然のことながら最もよく知られているのはサン・ヘロニモ修道僧団(2)のそれで、この査察団は、一五一七年以来植民地経営においてまったく忘れられてしまうことになる細心な態度と、そしてまた、当時の精神的な態度の上にそれが投げかけた光明のゆえに、人を感動させる。最も近代的な規準に基づいて工夫された本物の心理学的、社会学的調査によって、彼らは植民者たちに、インディオが「カスティーリャの農民のように、彼ら自身で生きて行く能力」をもっているのかどうかということについての意見を求める質問を発している。すべての回答は否定的なものであった——「強いて言えば、彼らの孫たちはできるかもしれない。今のところ、先住民は極めて深く悪徳に毒されているので、自立する能力があるとは思えない。その証拠に、彼らはスペイン人を避け、報酬なしで働くことを拒み、そのくせ自分の持ち物をただで人にくれてしまったりするほど腐敗している。スペイン人に耳を切り落とされた彼らの朋輩《ほうばい》を仲間に入れるなと言っても、言うことを聞かない」。そして、一致した結論はこうだ——「インディオは、野放しの獣のままでいるより、人間の奴隷になる方が望ましい……」
数年後の一つの証言が、この論告の仕上げをしている――「彼らは人間の肉を食う。彼らには正義というものがない。彼らは素っ裸で歩き、蚤《のみ》や蜘蛛《くも》や生《なま》の蛆虫《うじむし》を食べる……。彼らは髭《ひげ》をたくわえることをせず、もし偶然、髭が生えてきても、急いでそれを引き抜いてしまう」（一五二五年、インディアス評議会[3]でのオルティスの証言）

同じ頃、隣の島（オビエド〔一四七八～一五五七。スペインの歴史家。アメリカ植民地金鋳造所監督官、カルタヘナ、サント・ドミンゴの総督などを歴任〕の証言によれば、プエルト・リコ）では、インディオは、しきりに白人を捕えていた。インディオは白人を水に投げ込んで殺し、それから白人の体が腐るかどうか見るために、溺死体《できしたい》の周りに何週間も見張りに立った。これらの調査を比べてみて、二つの結論を導くことができる。白人は社会科学に頼っているが、インディオはむしろ自然科学を当てにしている。第二に、白人がインディオは獣だと宣言しているのに対し、インディオは、白人が神かどうか疑ってみることで満足している。どちらも同じように無知に基づいているが、後者の遣り方のほうが、明らかに、より人間に値するものであった。

知的な試練が、道徳的な混乱に、更に悲壮さを付け加えている。この時代の航海者にとって、一切が神秘であった。ピエール・ダイイ〔一三五〇～一四二〇。フランスの神学者。天文地理書を著わし、コロンブスに影響を与える〕の『世界図《イマゴ・ムンディ》』は、新しく発見された、この上なく幸福な人間、「至福族《ゲンズ・ベアティシマ》」について語っている。それは、矮人《ピグミー》や長寿人《マクローブ》や更には無頭人《アセファル》から成っていた。ピエトロ・マルティレ〔一四三七～一五二六。イタリアの歴史家。スペイン宮廷に仕え、新大陸発見の年代記を作成〕は怪物じみた動物についての記述を集めている――鰐《わに》に似た蛇、象のように長い鼻で武装した牡牛《おうし》の胴体をもつ動物、頭は牡牛で手足があり、背中には千もの疣《いぼ》と海亀のような甲羅のある魚、人喰い鮫など。それらは、結局は、錦蛇《にしきへび》や貘《ばく》や海牛あるいは河馬《かば》、そして鮫（ポルトガル語ではトゥバラウン）などに過ぎなかったのである。しかし逆に、明らかに不思議に思われることは、当り前のこととして通っていた。コロンブスは、ブラジルに到達できないことになった進路の突然の変更を正当化するために、その公式報告の中で、以後決して――特に、常に多湿なあの地帯では――報告されたことのない、途方もない状況について物語っていたのではなかったか。燃えるような暑さのために、船艙《せんそう》に降りて行くことは不可能になり、水や葡萄酒の樽は破裂し、穀物は燃え、ラードや干し肉は一週間ものあいだ焦げ続けた。太陽があまりに強烈だったので、乗組員は生きたまま焼かれるのではないかと思った、云々。それはまだ、あらゆることがありえた幸福な時代だ。今ならさし詰め、空飛ぶ円盤のお蔭で、と言うところだが！

　コロンブスが人魚に出逢ったのは、私たちが今航海しているこの波のあいだ、あるいはその近辺ではなかったか。実際には、コロンブスはそれらを第一回の航海の終りにカリブ海で見たのであって、人魚はアマゾン河口デルタの沖に移動してはいなかったはずだ。「三匹の人魚が――とコロンブスは語っている――大洋の水面の上に、その体を持ちあげていた。それらは絵に表わされているものほど美しくはなかったが、その丸い顔は明らかに人間の形をしていた」。海牛は丸い頭をして、胸には乳房をつけている。雌の海牛は、子を前肢《まえあし》で胴に押し当てるようにして哺乳するので、それを人間の女と見誤ったとしても、それほど驚くにはあたらない。なにしろ当時、人は木棉《もめん》を、「羊の木」という名で表わし（その絵を描きさえし）ていたのであるから。それは、実の代りに、背中で吊るされたまるのままの羊を生《な》らせている木で、羊毛を刈り取りさえすればよいのであった。

同様に、『パンタグリュエル第四之書』でラブレーは、恐らくアメリカから戻った船乗りの話をもとにしているのであろう、民族学者が今日、親族組織と呼んでいるものの最初の戯画《カリカチュール》を提供している。彼は思うさま飾り立てて描いているが、それは破れやすいカンバスの上にであった。なぜなら、年取った男が小娘を「私の父」と呼び得るような親族体系は、考え得る範囲では、まず存在しないからである。これらの例すべてについて言えることは、十六世紀の人間の意識には、知識以上に本質的な或る要素が、科学的な考察に不可欠の資質が欠けていたということである。この時代の人々は、世界の形《スタイル》ということに敏感ではなかった。今日でも、たとえば美術において、イタリア絵画の、あるいは黒人彫刻の、なにがしかの外面的な特徴は分かっても、意味をもったその全体の調和の見えない粗野な人は、ほんもののボッティチェリ〔一四四五～一五一〇。イタリアの画家〕の絵と贋作《がんさく》とを、またファン族〔中部アフリカ、ガボンに住む種族。その彫像は、二十世紀初めのヨーロッパの美術家に注目された〕の小像と市場で売っている擬《まが》い物とを、見分けることができないであろう。人魚と羊の木には、対象についての認識の誤りとは別の、それ以上のものがある。知的な面で、それはむしろ鑑識眼の欠如と言うべきものである。当時の人々の豊かな天分と、他の分野では立証されている繊細さにもかかわらず、観察に関しては不具な、精神上の欠陥なのである。こう言ったからといって、私は彼らを非難すべきだというのではない。むしろ、こうした欠点をもちながらも得られた成果を前にして、尊敬の感情さえ抱くのである。

現代の人間にとって、アメリカへ向けて航行中の船の甲板は、アテナイのアクロポリスにもまして、彼の祈りにふさわしい聖跡となる。血の気の薄い女神《めがみ》よ、閉じ込められた文明の教師よ、私たちはこれからはお前を拒絶するだろう！（月への旅行が実現するまでは）人類に提供された唯一の全き冒険であったものに身を挺《てい》したあの英雄たち——新世界の航海者や探検家や征服者——の頭上を越えて、私の心は、インディオよ、君たち後衛部隊の生き残りの方へ向かって行く。君たちは、戸を開かれたままに保つという光栄のために、かくも残酷な代価を払ったのだ。モンテーニュ、ルソー、ヴォルテール、ディドロを通して伝えられた君たちインディオの手本は、学校が私に与えてくれた養分をさらに豊かなものにした。ヒューロン族よ、イロクォイ族〔北米東部沿岸に居住していたインディアン〕よ、カリブ族よ、トゥピ族よ、私はとうとうやって来たのだ！

コロンブスが認めた最初の微《かす》かな光、そして彼が海岸だと思った最初の明りは、日没と月の出のあいだに産卵に専念する、海棲《かいせい》の夜光虫の一種によって生じていたものであった。なぜなら、陸地はまだ視界に入るはずがなかったからである。今、アメリカを見つけようとして、甲板でまんじりともせずに過ごしたこの夜のあいだに私が見たと思った明りは、まさしく陸地の灯火であった。

昨日から、すでに新世界はそこに存在している。しかし、それが見えるわけではなかった。船の進路の変化にもかかわらず、海岸はまだあまりに遠いからである。船は次第に南へ向かって斜行し、サン・アゴスティノ岬からリオまで、海岸線に平行に続く軸に沿って進んで行く。少なくとも二日、恐らくは三日のあいだ、私たちはアメリカと連れだって航行することになろう。そして私たちに旅の終りを告げるのは、大きな海鳥ではない。それは、飛んでいる鰹鳥《かつおどり》に襲いかかってその獲物を吐き出させる騒々しい熱帯の鳥、専制者ぶった海燕だ。これらの鳥は、危険を冒して陸地から遠く離れて飛ぶのだが、そのことをコロンブスは自分自身の経験によって学んだ。コロンブスは海燕が飛ぶのを見て勝利の標《しるし》と思ったが、実はまだ大洋の真ん中にいたのである。飛魚――水を打つ尾の一撃で飛び上り、鰭《ひれ》を開いて或る距離を越え、海の青い坩堝《るつぼ》の上をあらゆる方向に迸る銀色の煌めき――は、数日来、むしろ少なくなって来ていた。新世界は、そこに接近する航海者にとっては、まず一つの香りとして受け取られる。それは、言葉の音の類似によって、パリを発つ前から暗示されていたもの〔六三ページ参照〕とはひどく違うもので、その香りを吸い込んだことのない人に向かってそれを叙述するのは困難である。

初めは、それまでの数週間の海の匂いが、もはや自由には巡回しなくなるように感じられて来る。匂いが、目に見えない一つの壁に突き当たるのである。このようにして動かなくなった海の匂いは、もはや注意を呼び起こすことを止《や》め、私たちの注意は、違った性質の、しかしそれ以前のいかなる経験もその性質を規定することができないような匂いの方に向けられる。それは、植物界の第五元素とも言うべき温室の匂いと交互に混った森の微風である。その独特の清新さは非常に濃縮されたもので、嗅覚上の酩酊《めいてい》とでも言えばよいだろうか。あるいはそれは、様々な果実の芳香に浸されたひと続きの時間を、互いに区別しながら同時に融合させようとするかのようにアルペジオで弾いた、強力な和音の最後の音である。フモ・デ・ローロ、つまり、何メートルもの長さの紐にして捩《よじ》ってある、発酵させたタバコの葉の蜜のように甘く黒い総《ふさ》の匂いを、ブラジル奥地のどこかの酒場《ボテキン》で吸い込んだ後で、腹を裂いたばかりのチリ唐辛子の中に思いきり鼻を埋めたことのある人だけが、この匂いを解ってくれるだろう。そしてまた、これらの同じ親から生まれた匂いの結び付きの中にあのアメリカを、数千年のあいだその秘密を独占していたアメリカを、再発見する人だけが解ってくれるのであろう。

しかし、明くる日、朝四時に、とうとう目に見える新世界の姿が、その香りにふさわしく水平線に立ち現われる。二日二晩のあいだ、ひと続きの山　脈《コルディエラ》が私たちの前に展開して行った。それは巨大であったが、明らかにその高さのために巨大なのではなく、山脈《コルディエラ》が常に同じ姿で自分自身を繰り拡げているからであった。その頂きの秩序のない連なりの中には、始まりも断絶も見分けることができなかった。波の数百メートル上方に、これらの山は、磨かれた石の壁面を、挑《いど》み掛かるような、正気を失った形の突上断層を、聳《そび》えさせていた。その形は、波に嚙まれた砂の城のうちに時折見かけるようなもので、しかし少なくともこの地球の上では、これほど大きな尺度で存在し得るとは、どうしても思えないようなものであった。

この巨大さの印象は、アメリカに特有のものである。都会でも田舎《いなか》でも、人はこの巨大さに遭遇する。私はそれを、中部ブラジルの海岸を前にして、また高地地帯でも、感じ取った。ボリビアのアンデス山地で、コロラドの岩地で、さらにリオの町はずれで、シカゴの郊外で、ニューヨークの街中《まちなか》で。いたるところで、人は同じ衝撃に捉えられる。これらの光景は他の光景を思い出させるし、これらの街路は街路であり、山は山であり、河は河でしかない。では、別天地に来たというあの感情は何に由来しているのだろうか。それはただ、人間の大きさと物の大きさのあいだの関係が、もはや共通の尺度がなくなるほどに引き伸ばされているということに由来している。時が経ってアメリカに慣れてしまうと、人は、ほとんど無意識のうちに、事物のあいだの正常な関係を回復させる、あの適応の操作を行なうのである。この作業はほとんど感知できないほどのものになり、ただ、人は、飛行機を降りた瞬間に起こる知的な歯止め外しのうちに、それを自覚するに過ぎない。しかし、二つの世界が元来もっている尺度の共通性のなさは、私たちの判断力の中に染み付いていて、判断力を変形している。ニューヨークを醜いと言って憚《はばか》らない人たちは、幻覚の犠牲になっているに過ぎない。まだ登録台帳を取り替えることを知らないままに、彼らは、ニューヨークを一つの都市として判断することから脱け出すことができず、大通りや公園や記念碑などを批判するのである。確かに客観的にみて、ニューヨークは一つの都市である。しかし、ニューヨークがヨーロッパ流の感性に向かって示す光景は、大きさの等級を異にした、ヨーロッパ流に言えば自然の景観に当たるものである。一方、アメリカの自然の景観は私たちを、より一層広大な、それと等価のものを私たちが持ち合わせていないような体系の中に引き込むことになるのである。ニューヨークの美しさは、それゆえ、その都市としての性格に基づいているのではなく、強情さを捨てさえすれば私たちの目に否応なしに映ずる、都市から人工の風景の次元への転換に由来している。この人工の風景においては、もはや都市美の諸原理は通用しない。そこで意味をもつ価値と言えば、ただ、照明の滑らかな感触や、遠景の繊細さや、摩天楼の足元の壮大な深みや、色とりどりの自動車が花のように散りばめられた、影の多い谷間などだけだ。

こう書いてきた後ではなおさら、私は、あれほど有名なその美観にもかかわらず、私を寄せつけなかったリオ・デ・ジャネイロについて語るのに困惑を感じる。何と言ったらよいだろうか。リオの景観は、私には、自分の寸法に合っていないように見える。パウン・デ・アスカル、コルコヴァド〔リオ・デ・ジャネイロに入る湾の入口に向かい合って立つ二つの岩の名〕——あれほどに賞めそやされた場所のすべては、入江に入って行った旅人である私の目には、まるで抜歯した口の四隅に取り残された歯の根のように見えた。ほとんど絶え間なく、泥のような熱帯の霧に浸されて、これら地理的偶然の産物は、それで満たされるには広大すぎる地平線を、飾り付けられずにいる。もしその景観を一望のもとに収めようとするならば、入江の反対側から、つまり高みから入江を見下ろすようにしなければならない。海に向かって見るならば、ここではニューヨークとは逆の錯覚が生まれる。造船所のような光景を呈しているのは、自然の方なのである。

それゆえ、リオの入江の広大さは、目に見える標識の助けによっては認知することはできない。船の緩やかな前進、島々を避けるための操縦、丘の上に散らばった森林から突然舞い降りて来る、冷やかさと馨《かぐわ》しさ——それらは、実体としてはまだ存在していないが、すでに一つの大陸の顔かたちとして旅人に予感される花だの岩だのを、前もって感覚に与えているのである。そのような時、記憶に戻って来るのは、またしてもコロンブスである。「樹木は極めて背が高かったので、空に触れているかと思われた。そして、もし私が思い違いをしているのでなければ、これらの樹木は決して葉を失わないのである。なぜなら、私はこれらの木が、十一月に、エスパーニャの五月と同じくらい緑でみずみずしいのを見たからである。幾つかの木は花を咲かせてさえいた。そして、他の木には実がなっていた……。どちらを向いても、鶯《うぐいす》が、様々な種類の幾千という鳥に混って歌っていた」。ここにアメリカがある。大陸が厳然とその姿を現わす。アメリカ大陸は、いま夕暮れの中で入江の霞んだ水平線に生気を与えている、現前するすべてのものから成り立っている。しかし、この大陸に着いたばかりの者にとっては、これらの動き、これらの形、これらの光は、地方や集落や町を示してはいない。私たちの目の前にあるものは、森林も牧野も渓谷も意味してはいない。それらは、一人一人が互いに面識がなく、各自がその家族と職業という狭い世界の中に閉じ込められている個々人の、生き方や仕事を表わしているのではない。これらのすべては、単一でありながら、すべてを包み込んでいる一つの存在を生きているのである。四方八方から私を取り囲み、圧し潰すのは、事物や人間の汲み尽くすことのできない多様さではない。それは唯ひとつの、しかし恐るべき全体――新世界なのだ。

〔1〕エズラの経典外聖書に、イスラエルの十の部族が、アッシリア王シャルマナサルに捕虜として未知の国へ連れて行かれたという説があり、新大陸発見当時、インディオがその子孫だと唱えられたこともあった。

〔2〕一五一七年、サン・ヘロニモ修道僧団の僧三名が、スペインのアメリカ植民地の行政を司っていたヒメネス・デ・シスネーロスの命により、エスパニョーラ島でインディオの人間的能力について調査を行なった。

〔3〕スペインのアメリカ植民地――インディアスと呼ばれた――行政のために十六世紀初めに設けられ

た機関。

9　グアナバラ

リオは、入江に、心臓のあたりまで喰い込まれている。まるで、街の他の半分が新版のイス〔ブルターニュ地方の伝説にある、海に呑みこまれた土地〕といった趣きで波に呑まれてしまったかのように、私たちは街の真ん中で船を降りる。或る意味でこの比喩は当たっている、というのは、単なる砦だった初めの町は、いま船が、掠《かす》めたばかりの、岩だらけの小島の上にあったのであり、今も創設者の名でヴィルゲニョン〔一五一〇?～七一。フランスの航海者。一五五五年、グアナバラに到着、砦を築いた〕と呼ばれているのだから。私は、かつてトゥピナンバ族の集落のあったリオ・ブランコ大通りに足を踏み入れる。民族学者である私が片時も手離さない、ジャン・ド・レリーの本を、ポケットにしのばせて。

三七八年前、ちょうど今日に当たるくらいの日に、レリーは他のジェノヴァ人十人と、ここに到着した。これらのジェノヴァ人は、グアナバラ湾に定着して一年経つか経たぬかに改宗した、カルヴァン〔一五〇九～六四。フランスの宗教改革者〕のかつての相弟子ヴィルゲニョンの要請でカルヴァンが派遣したのだった。この奇妙な人物〔ヴィルゲニョンを指す〕は、次から次へ様々な職に就き、ありとあらゆる問題に首を突っ込み、トルコ人、アラブ人、イタリア人、スコットランド人（彼は、マリー・スチュワート〔スコットランドのジェームズ五世の王女でスコットランド女王（一五四二〜六七）〕を誘拐してフランソワ二世〔フランス国王、在位一五五九〜六〇〕と結婚できるようにした）、イングランド人などと戦った。彼の姿は、マルタにもアルジェにも、〔イタリア北部の〕チェレソーレ・アルバの戦場にも見られた。そして、彼がブラジル行きを決意したのは彼の波瀾に充ちた人生の終り近く、軍事土木の仕事に関係していたらしい時期に、それまでの生き方に幻滅してのことだった。しかし、ここで彼の企てたこともまた、彼の不安定で野望に充ちた精神にふさわしいものだった。彼はブラジルで何をしようとしたのだろう？　植民地を、さらに恐らくは彼の好みに合わせた新天地を造ろうと目論《もくろ》んだに違いない。差し当たっての目標は、迫害され、本国を離れたいと望んでいる新教徒の避難所をつくることだった。彼自身カトリック教徒ではあったが、恐らく自由思想の持主だったのであろう、コリニー〔一五一九〜七二。フランスの提督で、新教徒〕とロレーヌの枢機卿の後援を得た。移民募集の運動を、新旧両教徒に向かっても、また、広場に屯《たむろ》している成らず者や逃亡奴隷のあいだでも行なった結果、一五五五年七月十二日に、彼は結局六百人――あらゆる層を代表する開拓者と、監獄から引っぱり出された罪人の混ぜ合せ――を二隻の船に乗せるのに成功した。彼に手ぬかりがあったとすれば、女と糧食に関してだけであった。

出発はたいそう難航した。二度も船はディエップ〔ノルマンディーの港〕に引き返し、ようやく八月十四日、最終的に錨を揚げたが、それからが大変だった。カナリア諸島での暴力沙汰、積み込んだ水の腐敗、壊血病。十一月十日、ヴィルゲニョンはグアナバラ湾に投錨したが、そこでは、数年来、フランス人とポルトガル人が原住民を味方につけようと争っていたのである。

この時代の、ブラジル海岸部に対するフランスの特権的地位は、奇妙な問題を提起する。この特権的地位は確かに十六世紀初頭まで遡《さかのぼ》るもので、当時、フランス人の航海が数多く行なわれたことが知られている。なかでも、一五〇三年のゴンヌヴィルの航海が挙げられるが、彼はブラジルからインディオを娘婿として連れ帰ったのだった。これは、一五〇〇年の〔ポルトガル人〕カブラルによるテラ・デ・サンタ・クルスの発見〔カブラルは、ガマに続いてインドへ行こうとして、現在のブラジルに漂着。テラ・デ・サンタ・クルスと名付けた〕とほぼ同じ頃のことである。もっと古くまで遡るべきだろうか？　この新しい土地に、ブラジルという名を、まずフランス人がつけたということ（ブラジルという呼称は、染料の木を産出する神秘的な大陸の名として――用心深く秘密にされたまま――少なくとも十二世紀から存在した証拠がある）や、イベリア諸語を仲介とせずに現地の言葉からフランス語が直接とり入れた言葉――アナナ〔パイナップル〕、マニオク〔マンジョーカ〕、タマンデュア〔蟻食《ありくい》〕、タピール〔獏《ばく》〕、ジャグアール〔ジャガー〕、サグアン〔尾長猿〕、アグーティ〔天竺鼠《てんじくねずみ》〕、アラ〔鸚鵡《おうむ》〕、カイマン〔鰐《わに》〕、トゥカン〔巨嘴鳥《おおばし》〕、コアティ〔長鼻洗熊〕、アカジュー〔マホガニー〕等々――が多数にのぼるということから、本当を言えばブラジルは、コロンブスの第一次航海〔一四九二～九三年〕より四年はやく、ジャン・クーザンによって発見されたのだという、ディエップ人のあの語り伝えが正しいと結論すべきであろうか？　クーザンは、パンゾンという男を同船させていたが、コロンブスがパロス〔南スペインの港。コロンブスの船隊はここから出発した〕で企てを断念する寸前にあると思われた時、コロンブスを励ましたのもパンゾン〔スペイン語読みでは、ピンソン〕という姓の者たちであった。また、第一次航海のときピンタ号〔第一次航海の二隻中、コロンブスの乗船していなかった方の船〕の指揮をしていたのもパンゾンという男で、コロンブスは、進路変更が問題になる度ごとに、この男と協議したがっている。さらには、丁度一年後に、もう一人のパンゾンがサン・アゴスティノ岬に到達し、公けには彼が最初にブラジルを発見したことになったその航路をコロンブスがとらなかったばかりに、コロンブスはもう一つの栄冠を、すんでのことに取り逃がしたのである。

　奇蹟でも起こらない限り、この問題は決して解けないだろう。というのは、クーザンの報告書も含めてディエップの古記録は、十七世紀に、イギリスの砲撃が惹《ひ》き起こした火事で消滅してしまったからである。ともあれ私は、初めてブラジルの土を踏んで、四百年前のフランス人とインディオの親密な交渉を証拠立てる、滑稽で悲惨な出来事の数々を想い起こさずにはいられない。たとえば、ノルマンディー人の通訳が、自然のままの生活にいかれた挙句、先住民の妻を娶り、人肉を食うようになったという話。また、食われるのを待つ日々を送りながら、いつも運よく助けられ、恐怖の数年を過ごした哀れなハンス・シュターデンは、イベリア人らしくない赤毛の髭《ひげ》を示してフランス人に見られようとしたが、コニアム・ベベ王から返ってきた言葉はこうだった。

「余はこれまでにポルトガル人五人をひっ捕え、食したぞ。この者どもはみな、フランス人だと申し立てておった。じゃが、此奴《こやつ》らは嘘をついておったのじゃわい！」そして、一五三一年に、快速帆船ラ・ペルリーヌ号がフランスへ、豹の毛皮三千枚や、猿、尾長猿三百匹といっしょに、「すでにフランス語の言葉をいくつか知っている」六百羽の鸚鵡《おうむ》を持ち帰ったというようなことが起こり得るためには、接触はよほど持続的なものでなければならなかったのではなかろうか……。[1]

ヴィルゲニョンは、入江の直中《ただなか》にある島にコリニー砦を造った。インディオが砦を築き、このちっぽけな植民地に食料を補給した。しかし、何も貰わずに与えてばかりいるのにたちまち嫌気がさしたインディオは、自分たちの村を棄てて行方をくらましてしまった。飢えと病気が砦に蔓延した。ヴィルゲニョンは、持前の専横な気質を剝《む》き出しにし始めた。苦役人たちは反乱を起こし、大量に虐殺された。疫病は陸地にも伝わった。布教団をまだ見捨てずにいた奇特なインディオは、病気に感染した。こうして八百人が死んだ。

ヴィルゲニョンは世事を蔑《さげす》んでいた。一つの精神的危機が彼を襲った。新教徒に接して彼は改宗し、新しい信仰の導き手となってくれるような宣教師を送ってほしい、とカルヴァンに要請した。こうして一五五六年に、レリーも加わった一行が旅立つことになったのである。

話は、それから極めて奇妙な経緯を辿ることになる。まだ小説家や劇作家が一人もこれを材料に使っていないのが、私には不思議に思われるくらいだ。この物語りが繰り拡げる情景といったら！　よその惑星に行ったのと同じくらい勝手の知れない大陸に隔離され、そこの自然についても住民についても何の知識もなく、自分たちの生存を保つために土地を耕す術《すべ》も知らず、自分たちを憎んでさえいる得体《えたい》の知れぬ現地人に一切を頼り、様々な病気に脅やかされて、このひと摑《つか》みのフランス人は、本国での闘争から逃れ、寛容と自由の体制のもとに異なる信仰が共存できる別天地をつくろうと、あらゆる危険に身を曝して来たのだったが、今では、自分たちの仕掛けた罠《わな》に塡《は》まってしまった恰好だった。新教徒は旧教徒を、旧教徒は新教徒を改宗させようとした。生き延びるために働く代りに、彼らは馬鹿げた議論をして何週間も過ごした。最後の晩餐はどう解釈すべきか？　祝聖のために、水と葡萄酒を混ぜるべきであろうか？　聖餐、洗礼の施行等々が、このもっともらしい神学競技のテーマになった。この神学競技の結果次第で、ヴィルゲニョンは改宗したり、元に戻ったりするのだった。

論争点に結着をつけてもらうべく、とうとうカルヴァンの意見を求めにヨーロッパに使者を送るまでになった。そのあいだ、軋轢《あつれき》はさらに激化した。ヴィルゲニョンの能力は変質した。彼の不機嫌や冷酷さを、彼の着ているものの色で言い当てることができた、とレリーは書いている。結局のところ、彼は反新教の側に回り、新教徒に食物を与えないようにしようとした。新教徒は共同生活に加わることを止め、陸地へ移ってインディオと結託した。彼らのあいだに育《はぐく》まれた牧歌的な関係が、この民族誌文学の傑作——ジャン・ド・レリー述『ブラジル国へ赴きしこと』を生んだのである。この無謀な企ての結末は、痛ましいものだった。ジュネーヴ人たちは、曲折を経て、とうとうフランス船で帰国することになった。だが、ブラジルに来た時のように、元気一杯で、途中出逢った船の「脂抜き」——つまり掠奪——を面白半分にするどころではなかった。船上には飢えが蔓《はびこ》った。猿や鸚鵡も食べたが、鸚鵡は、レリーの女友だちのインディオが、大砲一門と引き換えでなければ譲るのはいやだと言ったくらい、貴重なものだった。最後の食料である船艙の大鼠小鼠は、一匹が金貨四枚という相場になった。水はもうなかった。一五五八年、一行は、飢えで半死半生になってブルターニュに上陸した。

島では、処刑と恐怖政治に怯《おび》えて移民団は解体しかけていた。ヴィルゲニョンは、或る人たちからは陰謀家、他の人たちからは背教者とみられ、インディオにとっては血も涙もない男であり、ポルトガル人からは怖れられ、とうとう彼の夢を諦めてしまった。コリニー砦は、彼の甥のボワ＝ル＝コントが指揮していたが、一五六〇年にはポルトガル人の手に落ちた。

平穏無事に今私が歩いているこのリオで、私がまず嗅ぎ分けようとしたものも、こうした過去の匂いだった。確かに或る日、私はそれを感じ取ることになったが、それは、国立博物館が、或る日本人学者をもてなすために行なった、入江の奥への考古学散歩の時のことだった。一隻のモーター・ボートが私たちを湿った浜に降ろしたが、そこには、坐礁《ざしょう》した古い船体が一つ、錆びるままになっていた。恐らく、十六世紀のものではなかったであろう。だがともかくそれは、他に時の推移を感じさせるものが何もないこの空間に、歴史の次元を導き入れていた。低く垂れた雲の下で、遠い市街地は、夜明けから小止みなく降り続いていた細かい雨の背後に姿を隠してしまっていた。黒い泥の中に群れている蟹《かに》や、成長してそうなるのか腐蝕の結果そうなったのか分からないマングローヴの拡がった形の彼方に、森が、いつからそこにあるとも知れない何軒かの藁小屋を、流動するシルエットにして浮き上がらせていた。さらに遠くでは、山裾が、断崖を色褪《あ》せた霧の中に浸していた。木立に近づいたところに、私たちの見学の目的物があった。それは一つの砂取場で、最近、農夫がそこで土器のかけらを見つけたのだった。私はこの厚い焼き物に手を触れてみる。白い化粧土をかけ赤い縁を付けてあること、かつてこの種の壺の中に入れた人骨を求めて来る悪霊を惑わすため、迷路としてつけたのだと言われている黒い線の繊細な網目模様のあることなどからして、間違いなくトゥピ族の作ったものだった。説明によると、市街の中心部からせいぜい五十キロのこの遺跡には車でも来られるのだが、雨で道が通れなくなり、一週間もここに閉じ込められる怖れがあるとのことだった。もしそうなっていたら、その方が、この陰鬱な場所の形を変える力すらない過去の時に、より近づくことになっていたかも知れなかった。その過去のいっとき、レリーは、褐色の手が素早く動いて、黒い塗料に浸した篦《へら》で、あの「数知れぬ小さなかわゆらしいものを、波縞やら、恋の結び目やら、諢《おど》けたもののあれこれを」拵えてゆく様を眺めながら無聊《ぶりょう》をまぎらしたのに違いない。その網目模様の謎を、いま私は、濡れた土器のかけらの背に問いかけているのだ。

リオとの最初の接触は、これとは違ったものだった。いま私は生まれて初めて、赤道の反対側に、熱帯に、新世界に来ている——この三重の変化を、私はどんな徴《しるし》を主な頼りにして知ったらいいのだろう？　どんな声が私にその変化を証してくれるのだろうか、まだ聞いたことのないどんな調べが私の耳にまず響いて来るのだろうか？　私が第一に感じたのは、極くつまらないことだった——私は自分が広間《サロン》にいるように思ったのだ。

普段よりは薄着で、黒と白のモザイクで拵えた波模様の舗装を踏みしめながら、私は、大通りと交差しているこれらの狭い、陰の多い通りに独特の雰囲気を感じた。住居から通りへの移り変りが、ヨーロッパほどはっきりしていないのだ。商店は、店頭に豪奢な陳列をしている場合でも、道の上まで品物を並べている。家の内にいるか外にいるかということに、人はほとんど無頓着だ。事実、道路は、単に人が通行する場所というだけではなかった。そこは、人が屯《たむろ》する場所でもあるのだ。活気がありながらとげとげしくはなく、ヨーロッパの道路よりも混雑していて、しかもより安全なここの道路が私に感じさせたもののうちに、私は比較の手がかりを見出した。つまり、異なる半球に移り、大陸や気候が変わったということは、この場合、ヨーロッパで同じような条件を人工的に作り出している、薄いガラスの掩蓋《えんがい》を取り除《の》けたものに過ぎないと言えるかもしれないのだ。リオの街は、ミラノやアムステルダムのガラス屋根のある商店街や、パノラマの通路や、あるいは〔パリの〕サン＝ラザール駅のホールを、屋根を取り払って再現したもののように、まず私の目に映った。

一般に、旅というものは空間的な移動として考えられる。しかし、それは大したことではない。旅は、空間にも時間にも社会秩序にも関わるものである。旅の印象の一つ一つは、この三つの軸に十分引き当てて見ないかぎり明確にはならない。しかも空間だけで三つの次元があるのだから、旅の十全な表象を得るためには、少なくとも五つの軸が必要だということになる。私はこのことを、ブラジルに上陸してすぐに感じた。確かに私は大西洋の向う側から、赤道の北から来て、南回帰線の間近にいるのに違いない。沢山のものがそれを証拠立てていた。この静かな湿った暑さが、私の体を、それまで慣れっこになっていた毛織物の重みから解放し、家と道の対立（これは私の文明の定数の一つであることに後で気づいた）を失《な》くしていた。それに、すぐ分かったことだが、この対立が解消して、人間と原野という、私の馴染んで来た、すっかり人間化された風景には含まれていない対立が導き入れられたに過ぎないのだ。そのほかにも、椰子の木や、初めて見る花の数々があり、カフェの店先には青いココ椰子の実が積まれていた。この実の上端を切り取って、酒倉の匂いのする甘い爽《さわ》やかな水をすするのである。

だが、私は他の変化も認めた。前には私は貧しかったのに、今は金持なのだ。それは第一に、私の物質生活の条件が変化したからであり、しかも土地の産物の値段が信じられないくらい安かったからであった。このパイナップルは二十スー〔「スー」は旧五サンチームの硬貨の俗称。二十スーは一旧フランに相当する〕であり、このバナナの房は二フラン、イタリア人の店で串刺しにして焙《あぶ》っている鶏は四フランだった。まるで〔フランスの童唄《わらべうた》にある〕バター・パン姫の御殿にいるようだった。それにまた、船の寄港というものがもたらす安逸な状態のせいもあったろう。これはどのみち船客に与えられる機会なのだが、それでいて利用しなければ損だという気を起こさせ、極く当り前の自制心を麻痺させたり、浪費心を儀礼的とも言える遣り方で解放したりすることになり勝ちな、訳の分からない気分を作り出すのである。無論、旅というものは、これとは正反対の遣り方でも行なわれうるものなのであろう。その経験を私は、仏独休戦の後、文無しでニューヨークに着いた時にしたのだった。だが、物質生活の条件を向上させる方向であるにせよ、それを破壊する方向であるにせよ、程度の多少はあれ、旅がこの点で何の変化ももたらさないというのは奇蹟に近いと言わなければなるまい。旅は数千キロの移動でもあるが、同時に、身分の階段の何段かを、人に攀《よ》じ登らせたり降《くだ》らせたりもする。旅は場所も移すが、身分も——良くにせよ、悪くにせよ——変えるのである。そして、旅先の地の彩《いろど》り、趣きといったものは、それらを味わうべくあなたが旅によって割り振られる、決まって予見不可能な地位と分かちがたく結び合わされたものなのである。

かつては旅が、旅人を彼の文明とはまるで違った文明に直面させ、まずその文明の異様さが旅人にのしかかってくるような時代があった。数世紀来、このような機会は次第に少なくなって来ている。インドでもアメリカでも、現代の旅人は、彼が自覚しているよりもっと少ししか驚異を感じなくなっている。行先とコースを決める時、まず到着の日をいつにするか、機械文明のどんなリズムのもので侵入するかなどを、他のものと引き比べて選ぶ自由を人は享受するのである。異国情緒の探求は、分かりきった一つの展開の、前の段階や後の段階の、あれこれの取り集めに過ぎないことになってしまう。旅人は、作品が手に入らないので黒人芸術のギャラリーを止《や》めた骨董屋のようなものだ。自分の国のがらくた市を廻っては値切って買い入れた、陳腐な土産物を商《あきな》うことに鞍替えしたのである。

　これらの違いは、一つの町の中にいてさえ感じ取れる。植物が各々決まった季節に開花するように、街の区画の一つ一つは、その発達や繁栄や衰退の起こった世紀の標《しるし》を帯びている。都会という花壇の中にも、時代の併存や継起が存在する。パリでは、マレー区は、十二世紀に花盛りだったが黴《かび》にやられてしまった。これより遅咲きの九区は第二帝政時代〔ナポレオン三世の時代。一八五二〜七〇〕に咲き誇ったが、今日では色褪《あ》せたここの家々は、この界隈を慎ましい生業《なりわい》に向いた場所として、昆虫のように住みついた小市民の一群が占めている。十七区は、大輪の菊が咲き終えた後までもその干涸《ひから》びた頭を貴《あて》やかにもたげているように、過去のものとなった奢侈《しゃし》のうちに凝固したままだ。十六区は昨日が満開だった。今では、その豪華な花は雑木林のような建物の中に埋もれて、だんだん郊外に似た景色になって来ている。

地理上あるいは歴史上著しく隔たった町を互いに比べてみると、こうした周期の差異は、ちぐはぐなリズムで一層複雑になる。その頃としては時代の最尖端を行っていたリオの中心街を離れるとすぐ、ひっそりとした街路や、椰子、マンゴー、刈り込まれた紫檀《したん》などの植わった長い大通りに出るが、そこには、庭に囲まれた時代遅れの館が並んでいる。私は（後でカルカッタの住宅街を訪れた時もそうだったように）、ナポレオン三世時代のニースやビアリッツを想像する。熱帯は、異国情緒に充ちたものというより、むしろ時代遅れなものとして映る。熱帯であることを証拠立てているのは植物ではなく、建物のあれこれの細部や、或る生活様式の与えるちょっとした感じであり、それは旅人が広大な空間を越えて来たというより、むしろ気づかずに時間を逆戻りしたことを、改めて思い知らせるのである。

リオ・デ・ジャネイロは、普通の町のようには造られていない。最初、入江を縁取っている平坦な沼沢地に造られ、次いで嶮《けわ》しい小山のあいだに入り込んで行ったのだが、これらの小山は、小さ過ぎる手袋が指を締めつけるように町を締めつけている。時には二、三十キロにも達する都会の触手が、傾斜が嶮し過ぎてどんな植物も縋《すが》り付いていられない花崗岩層の麓まで、滑り込んでいる。それでも時として、孤立した台状の岩の上や深い縦の裂け目の中に、森の離れ小島が出来ていることもある。そうした森は町に近くても人の行けない場所にあるだけに、処女林であることが確からしく思われた。飛行機から見ると、このみずみずしく、しかもどっしりとした隘路《あいろ》で、飛行機が木の枝に触れるのではないかと思われる。そして、この豪奢な綴れ織のあいだを縫って飛んだ後、その足元に着陸するのである。この町は、こんなにも丘陵に恵まれていながら丘を蔑《ないがし》ろに扱っており、そのことは、たとえば丘の上に水がないことにも表われている。この点でリオは、ベンガル湾のチッタゴンの反対だ。チッタゴンでは、沼の多い平野に円錐形の小山が橙色の粘土の地肌を緑の草の下で光らせ、その一つ一つが孤立したバンガローを載せている。これらのバンガローは、重苦しい暑さと沼地の不潔さから身を守る金持ちの砦なのである。リオでは、それが逆になっている。花崗岩が鋳物のような塊りになって付着している、いぼいぼのこれらのお椀帽子は、あまり激しく熱気を照り返すので、谷間を循環している微風は昇って来ることができずにいる。恐らく今では、都市計画がこの問題を解決したことであろう。しかし一九三五年には、リオでは、各人が社会の序列の中で占めていた地位は、高度計で測ることができた。地位が低いほど、住居は高いところにあった。貧しい人々は、丘の上に鳥が止まったようにして暮らしていた。そこはファヴェーラスと呼ばれ、洗い晒しのぼろを纏《まと》った黒人の住民がギターであのきびきびした旋律を生み、それらの旋律は、カーニバルになると黒人と一緒に丘を降りて町に侵入して行くのだ。

丘のあいだにその曲折をのめり込ませている街路のどれか一つを辿って行くと、眺めはたちまち場末じみてくる。リオ・ブランコ大通りのはずれにあるボタフォゴ、それはまだ高級街のうちだ。だが、フラメンゴを過ぎてからは、ヌーイ〔パリの西側の郊外〕に来たような錯覚に捉われるし、コッパカバーナのトンネルに近いあたりは、二十年前のサン・ドニやル・ブルージェ〔いずれもパリの北のはずれの町〕のようなもので、そのうえ第一次大戦前のパリ郊外がそうであり得たように、田舎風の一面ももっていた。今では高層ビルで針鼠のようになったコッパカバーナに、当時私は、それなりの商業活動や店舗のある、地方の小さな町を見出したに過ぎなかった。

私がブラジルを引き払う時の、リオの最後の思い出は次のようなものだった。コルコヴァードの山腹にあるホテルに、私はアメリカ人の同僚を訪ねた。そこに行くには、倒壊物のあいだに、半ば車庫、半ば山頂の避難所といった恰好でざっと拵《こしら》えてある、そして恭《うやうや》しく下僕が操縦しているケーブルカーを利用した。それは一種のリュナ・パークとでも言うべきものだった。こうしたすべてが、丘の上に到達するためにしつらえられており、不潔で石だらけの、しばしば垂直に近い斜面になっている空地に沿って引き上げられると、帝政時代の小さな邸がある。テーレアつまり平屋《ひらや》で、化粧漆喰《スタッコ》で飾り黄土《オーカー》を塗ってある。夕食をした見晴台は、セメントの建造物と荒屋《あばらや》と、ごみごみした市街との、不調和な混合を見下ろすテラスという恰好だった。それに加えて突き当りには、このちぐはぐな眺望の行き止りとして期待してもよさそうな工場の煙突の代りに熱帯の海が、明るく輝き、繻子《しゅす》のように艶《つや》やかで、怪異な月光を浮かべた海が、あるのだった。

私は船に戻る。船は出港の準備を整え、ありったけの灯《あか》りで燃えあがる。船は、うねる海を前にして進み、暗い一筋の道が移行しながらついて行くのを見やっているようだった。日暮れ近くに嵐があり、そのため、海は沖の方で獣の腹のように光っていた。しかし月は、風が稲妻形に、あるいは十字形や三角形に変形した雲の断片に隠されている。これらの奇妙な形象は、内側から照らされてでもいるかのようで、黒い空を背景にして、熱帯に移された北極光《オーロラ》のように見えた。時折、これら煙る幻影の合い間を縫って、赤味を帯びた月の一片《ひとかけ》が、あたかも苦悶しつつ彷徨《さまよ》う灯火のように、過《よぎ》り、また過り、姿を消すのが認められた。

〔1〕ドイツの探検旅行家ハンス・シュターデンは、十六世紀中葉、スペイン探検隊に従ってラプラタ河流域およびブラジル海岸に赴いた。彼は、その際の体験や見聞を基に『新大陸アメリカに住む獰猛《どうもう》で未開な食人裸族に関する実話』（大意）を書いた（一五五七年）が、これは一九二五年に至って初めて公刊され、次いで二八年には英語版が出版された。本文のこの件《くだり》は、右の著作に拠っている。

10　南回帰線を越えて

リオとサントスのあいだの海岸は、まだ幾らか夢の熱帯をわれわれに見せてくれる。或る地点では、二千メートルを超える沿岸の山脈が海の中に降《くだ》り、海を小島や岩礁で断ち切っている。ラン科の植物の繁茂する湿潤な森やココ椰子で縁取られた繊細な砂粒の浜は、いきなり砂岩や玄武《げんぶ》岩《がん》の岩壁に突き当たっており、海からでなければ砂浜に達することはできない。互いに百キロくらいは隔たっている小さな港では、かつて船主や船長や副王〔ポルトガルとスペイン植民地の最高の行政官〕が優雅に刻んだ石で建てた、今ではほとんど廃墟《はいきょ》になっている十八世紀の館《やかた》に漁師たちが住んでいる。アングラ・ドス・レイス、ウバトゥバ、パラティ、サン・セバスティアウン、ヴィラ・ベラなどからは、ミナス・ジェライス、すなわち王国の「総鉱山」〔様々な種類の鉱物や宝石が採取されたので、こう名付けられた〕で採取され、騾馬《らば》の背で山を越えて何週間もかかって運ばれて来た金《きん》や、ダイヤモンドや、黄玉《トパーズ》や、貴橄欖石《きかんらんせき》が積み出された。現在、エスピゴンイス——つまり山の稜線《りょうせん》——に沿ってこうした運搬路の跡を探ってみても、騾馬が途中で落とした蹄鉄《ていてつ》を拾い集めることで生計を立てる職業が当時あったほど、この運送が盛んだったということは、とても想像することができない。

ブーガンヴィルは、採取と輸送に当たっての注意を次のように述べている。金は、採取したら直《す》ぐ、リオ・ダス・モルテスやサバラやセロ・フリオなど、それぞれの地方に配置されている鉱山会社の出張所に渡さなければならない。そこで王室の取り分が徴収され、採取者に戻される分は、重量と名義と番号と王室の紋章の印された、延べ棒にして渡される。鉱山と海岸との中間にある中央管理局が、もう一度、検査を行なう。一人の将校と五十人の兵隊が五分の一税を取り立てるが、これは人間と騾馬の数に基づく通行税なのである。この税は国王と現地派遣隊のあいだで分配される。それゆえ、鉱山から来て必ずこの検問所をくぐらされる輸送隊が、ここで「停止させられ、隈《くま》無く積み荷を調べられ」たとしても、少しも驚くには当たらないのである。

それから、各自が、延べ棒にした金をリオ・デ・ジャネイロの造幣所に持って行き、それ相当の半ドブロン貨幣と引き換える。半ドブロン貨幣はスペインの八ピアストラの値打があるが、それ一枚について、国王が鋳金料と通貨発行税として一ピアストラを取る。さらに、ブーガンヴィルは次のように付け加えている。「ここの造幣局の建物は、……現存する造幣局のうち最も立派なものの一つである。それは、最大の敏速さで活動するのに必要な、あらゆる設備を備えている。ポルトガルから船隊が着くのと同時に鉱山から金が運び降ろされて来るので、造幣の作業は大急ぎで進められなければならない。そこでは、貨幣は驚くべき速さで鋳造されるのである」

ダイヤモンドについては、制度はなお一層厳格であった。ブーガンヴィルは次のように述べている。「請負人は発見したダイヤの正確な報告書を提出し、また、それらのダイヤは、国王がそのために任命した監督官の手に引き渡さなければならない。監督官は直ちに、鉄帯を回し三個の錠《じょう》で締められた小箱にダイヤを納める。彼は鍵《かぎ》の一つを持ち、副王が他の一つを、そして第三の鍵を王室荘園《しょうえん》の検査官《プロヴアドール》が持つ。この小箱は第二の小箱の中に入れられ、右の三人の封印が押され、第一の小箱の三つの鍵もこの中に封入される。副王はこの小箱の中を開けてみる権限は持っていない。副王はただ、これらを第三の金庫に封じ込めて錠の上に彼の封印をしてから、それをリスボンに送るのである。箱は国王臨席のもとに開かれ、王は欲しいと思うダイヤを選んで取り、契約で決められた価格に基づいて請負人に代金を支払う」

こうした集中的な活動の結果、一七六二年一年間だけで、一一九アローバすなわち一トン半以上の金が運ばれ、検査され、貨幣に鋳造された。かつては「エデンの園」とされていたこの海岸に沿って、いま残存するものと言えば、ただ、入江の奥のいかめしい、しかしひっそりとした幾つかの館《やかた》の玄関や、ガリオン船が昔その下に横着けになった、いまは波に打たれている城壁だけである。これらの雄大な森林、人が入り込んだことなどないと思われるような入江、切り立った岩——そこに唯幾人《いくたり》かの裸足《はだし》の先住民が、高原から音もなく降りて来る光景を人は想像したくはなっても、二百年前にはまだ近代世界の運命を鋳造していた工場の跡が、そこにあるなどとは思いもよらないであろう。

黄金で満腹したあと、世界は今度は砂糖に飢えた。しかし、砂糖は奴隷を消耗した。鉱山の掘り尽し――それに先立って、鉱炉に燃料を供給するために森林が荒された――、奴隷制の廃止、そして次第に増大して行った世界の需要が、サン・パウロとその港であるサントスとをコーヒーに向かわせた。黄から白へ、次いで黒へと黄金《こがね》は姿を変えたのである。サントスを国際的な商業活動の一中心地にしたこの変遷にもかかわらず、サントスの風景には、まだ密《ひそ》やかな美しさがあった。船が島々のあいだにゆっくりと入って行った時、私はそこに、熱帯で初めての衝撃を経験した。緑の溢れる一筋の水路が、われわれの周りに閉じる。リオがまだ、高く懸かった温室の中にわれわれから隔てていた植物は、ここでは手を伸ばせばもう摑《つか》むことができそうに思われた。より慎ましい状況のうちに、風景との交わりが生まれた。

湿潤な平原であるサントスの後背地――無数の湾や沼で穴を穿《うが》たれ、河や海峡や運河が走り、真珠母色の靄《もや》が、その輪郭をぼかしている――は、創造の初めから姿を現わしていた大地そのままのように見える。この平原を覆っているバナナ園は、世にも若々しく、柔らかい緑の色をしている。しかし、私が好んでこのバナナ園と結びつけて思い出す、インドのブラマプトラ河のデルタにある黄麻《ジュート》畑の、緑を帯びた黄金《こがね》色ほどに柔らかい色ではなかった。しかし、ほかならぬこの色調の変化の乏しさ、インドの黄麻《ジュート》畑の穏やかな壮麗さと比べた時の華奢《きゃしゃ》な線の細さが、バナナ園の原初的な雰囲気《ふんいき》を醸《かも》すのに役立っているのである。半時間ほどのあいだ、道は、矮小《わいしょう》な樹であるよりは、むしろマストドン〔長鼻目科の動物で第三紀に棲息していた〕を植物化したようなバナナ樹のあいだを縫って続く。多汁なその幹は、栗色と薔薇《ばら》色の巨大な睡蓮《すいれん》から突き出た百本の指を持つ手の上方で、柔らかな葉のふくらみとなって終わっている。それから、道は山地の頂きまで、海抜八百メートルまで登って行く。この海岸地方のどこでもそうなのだが、急な傾斜が、極めて豊かな処女林を人間の侵入から守って来た。これと同じくらい豊かな森林を見出すためには、数千キロ北方へ、アマゾン河流域の低地の近くまで行かなければならない。自動車が、「針の頭」と形容することさえできないくらい急な螺旋《らせん》形のカーブを切って唸《うな》りながら進んで行くあいだ、私は、まるで違った土地の山の中にいるような錯覚を抱かせる霧を通して、博物館の標本のように私の目の前に何段にも重なっている樹木や植物をゆっくりと眺めた。

この森林は、葉の茂みと幹とが作る対照において、フランスの森林とは異なっている。葉の茂みは、より暗く、その緑の色調は植物よりはむしろ鉱物を、それもエメラルドや橄欖石《かんらんせき》よりは硬玉や電気石《トルマリン》を想い起こさせる。これに対して、白色の、または灰色がかった幹は、模糊《もこ》とした葉の集合を背景に骸骨《がいこつ》のように姿を浮かび上がらせている。全体を展望するにはあまりに岩壁の近くにいたので、私はとりわけ細部を観察した。フランスのものよりも豊富な植物は、金属の中から切り取られたような茎や葉――それほど、それらの姿勢はしっかりと保たれており、意味に充ちたそれらの形は、時間の試練を逃れているように見える――を立てている。外から見るかぎり、この自然はフランスの自然とは異なる序列に属している。この自然は、目に見えている存在の仕方においても、その持続力においても、より高次の段階を示している。アンリ・ルソー〔一八四四〜一九一〇。フランスの画家。熱帯の密林などを好んで描いた〕の描いたエキゾチックな風景におけるように、ここでは自然を構成する様々な部分は、確乎とした物体がもつ、あの尊厳に達しているのである。

今までに一度、私はこれに似た印象を抱いたことがある。それは、〔フランス北部の〕ノルマンディーやブルターニュで数年間奉職した後、〔南フランスの〕プロヴァンスで初めての休暇を過ごした時のことであった。私にとって、入り混った何の興味ももてない一つの植物相に代わって、各々の種《しゅ》がその特別な意味を示している別の植物相が現出したのであった。ありきたりの村落から、一つ一つの石が家の単なる構成要素ではなく、一個の証人であるような考古学上の遺跡へ連れて来られたかのようでもあった。私は、興奮して岩のあいだを歩き回った。そして、一本一本の小枝が、ここでは麝香草《じゃこうそう》とか、花薄荷《オリガン》、迷迭香《まんねんろう》、目箒《めぼうき》、エニシダ、月桂樹《げっけいじゅ》、ラヴェンダー、楊梅《やまもも》、風鳥草《ふうちょうそう》、乳香樹などの名で呼ばれており、各々が爵位記〔爵位を証明する書類〕を持ち、特権的な任務を帯びているのだということを、私自身に繰り返し言い聞かせた。そして樹脂の重い匂いは、私にとってはより価値の高い植物世界の証《あかし》であり、意味であると思われた。南フランスの植物相が、かつて香りによって私にもたらしたものを、いま熱帯の植物相は、その形によって私に暗示していた。それはもう、匂いの世界でも日常的な世界でもなく、薬用の知識や迷信のつきまとった、干涸《ひから》びた植物標本集でもなかった。それは、もはや生命については何の恐れるものもないままに、より明確となった一つの意図を最も強く訴える姿態のまま、一人一人が体の動きを止めた巨大な舞姫たちの一団にも比せられる植物の群れであった。それは、いわば静止したバレエであった。ただ、泉の鉱物質の動揺だけがそれを乱していた。

頂上に達すると、もう一度すべてが変わってしまう。熱帯の湿った暑さと、蔓草《つるくさ》と岩の雄偉な絡《から》み合いは終わる。眺望の開けた山地から海に至る広大な目映《まばゆ》いばかりのパノラマが見下ろせなくなると、反対側に、不整一な裸の台地が、斑気《むらき》な空の下で稜《りよう》や窪地を繰り拡げているのが見える。台地の上には、ブルターニュのような霧雨が降っている。というのも、まだ海が近いとはいえ、われわれはほとんど海抜一千メートルのところにいるのだから。この岩壁の頂きから、高地が始まっている。それは連続する階段で、海岸寄りのひと連なりは、最初の、そして最も嶮《けわ》しい一段を成している。高地は北に向かって、感じ取れないくらいに少しずつ低くなっている。この傾斜は、ここから三千キロのところにある巨大な断層によってアマゾン河谷に向かって崩れ落ちるまで、ただ二回だけ、線状に延びた断崖《だんがい》——海岸から約五百キロのボトゥカトゥの山脈《セラ》と、千五百キロのマト・グロッソ〔ブラジル西部の広大な高地地帯。海抜四百〜八百メートルでパラナ低地を取り巻いて拡がる〕の台地《シャパダ》——で遮《さえぎ》られる。海岸の嶮しい岩山に懸かっていた森林と同じような森林に、アマゾンの数々の大支流の周辺地方で再び出逢うまで、私はやがてこの二つの断崖を越えて行くことになるのだ。大西洋とアマゾン河とパラグアイ河に囲まれた、ブラジルの最大部分は、海の側で持ち上げられて傾斜した一枚の板を成している。それは、灌木の茂みで表面が縮れ、密林や沼という湿潤な輪で囲まれた跳躍板のようだ。

私の立っている周囲では、浸蝕が土地を荒らし、未完のままの凹凸を生じさせている。しかし、この景観の混沌に責任があるのは、とりわけ人間なのだ。人間はまず、耕すために茂みを切り払った。しかし数年後には、養分を吸い尽くされた上に雨で洗い流された土地は、もうコーヒーの木を受け付けなくなってしまった。その結果、農園はさらに遠くに、土地がまだ人間によって汚《けが》されていない肥沃《ひよく》な地方に移された。人間と土地のあいだに、旧世界では一千年の親密な結び付きをつくり上げ、その中で人間と土地とが互いに陶冶《とうや》されたあの注意深い互恵関係は、ここでは決して築かれることがなかった。ここでは、土地は凌辱《りょうじょく》され、それから破壊された。強奪に似た農業が、横たわっていた富を摑み、幾らかの利益を毟《むし》り取ったのちに、他の場所へ移って行くのであった。開拓者たちの活動領域を総飾《ふさ》りの付いた「縁《へり》」のようなものとして人が描いているのも、当を得たことである。開拓者たちは、開墾するのとほとんど同時に土地を荒廃させるので、彼らは一方で処女地を蝕《むしば》み、他方で疲弊した休耕地を捨て去るので、移動する帯状の土地しか占拠できない宿命を負わされているように見えるからである。すべてを焼き尽くして先へ先へと進む野火さながら、農業の炎は、百年のあいだにサン・パウロ州を突っ切ったのである。十九世紀のなかごろ、枯渇した鉱脈を見捨てた山師《ミネイロス》たちが点火したこの炎は、東から西へ移って行った。やがて私は、切り倒された木の幹や根無し草となった入植者たちのごた混ぜの中に自らの通路を開いているパラナ河の向こうで、この炎に追いつくことになろう。

サントスからサン・パウロへの道路が横切る地域は、この国で最も古く開拓された地域である。それゆえ、そこは死滅した農業に捧げられた、考古学上の遺跡のように見える。かつては木の植えられていた丘や斜面は、粗い草の薄い覆いの下から、その骨格を覗かせている。ところどころに、コーヒーの木が植えられていたことを示す土の山が点々としているのが見分けられる。土の山は、草の生えた丘の胴から、萎《しな》びた乳房のように突き出している。谷間では、植物が再び土地を占める。しかしそこにあるのは、もはや原始林の高貴な構築ではない。カポエイラすなわち二次林が、脆弱《ぜいじゃく》な木の藪の連なりのように生え代わっている。時折、日本人移民の小屋が見えるが、彼らは古びた農法によって、土地の一画を再生させてそこに野菜畑を拓いているのである。

ヨーロッパ人の旅行者は、彼の伝統的な範疇《はんちゅう》のどれにも当てはまらないこの風景に狼狽《ろうばい》する。われわれは人の手の加わっていない自然というものを知らない。われわれの風景は、明らかに人間に隷従している。時としてヨーロッパの風景は、われわれの目に野生のままのように見えることがある。しかし、本当にそうなのでは決してなく、ただ、人間と自然のあいだに取り交わされる交換が（森の場合にそうであるように）、より緩慢なリズムで為されているからなのである。

あるいはまた、山の場合のように、提出された問題があまりに複雑なために、人間がそれに系統だった答えを与える代りに、何世紀ものあいだ、細かい数多くの行動によってそれに反応して来たからなのである。それらを要約した総括的な解答は、いまだかつて、はっきりと求められたこともも、こうした形で考えられたこともなく、外見は元のままの自然の姿で人間の前に現われている。このような解答から、人々は、風景を真に野生のものと思い勝ちであるが、実際はそれらは、人間が無意識のうちに働きかけたり決めたりした一連の事柄の結果として生まれたものなのである。

ヨーロッパのどんなに粗野な風景でも、或る秩序を示していることは、プッサン〔一五九四～一六六五。フランスの画家。自然を幾何学的な形で捉えた〕が、比類なく巧みに描き出している通りである。山へ行って、荒涼とした斜面と森との対照に注意してみることだ。牧野の上の森の重なり方に、また方位や傾斜に応じて、どのような植物の要素が支配的になるかによって生ずるニュアンスの多様さに、心を留《と》めてみるがいい。こうした肌理《きめ》細やかな調和は、自然の自発的な表現であるどころか、風景と人間の共同作業の過程で長い時をかけて探し求められた協力に由来しているのだということを理解できるのは、アメリカへ旅行したことがある人だけであろう。人間は、彼が過去に行なった企ての痕跡《こんせき》を、素《そ》朴《ぼく》にも風景として賞賛しているのである。

アメリカの、人間が住みついている部分では、北アメリカでも南アメリカでも（アンデス高地地帯とメキシコと中央アメリカとは除いて。というのはこれらの地域では、人間の占拠がより稠密《ちゅうみつ》で持続的だった点で、ヨーロッパの状況に近いからである)、二つの自然のあいだにしか選択は残されていない。一つは、あれほど情け容赦なく馴化《じゅんか》され、そのため田園であるよりはむしろ野外工場になった自然(私は、アンティール諸島の砂糖黍《きび》畑や「コーン・ベルト」(1)の玉蜀黍《とうもろこし》畑などのことを思い浮かべているのだが)であり、もう一つは、いま私が考察している自然のように、それを略奪するのに十分な期間だけは人間が占拠していたが、しかし過激でない、しかも不断の共住関係が、自然を「風景」の段階にまで高めるには、その期間が不十分であったような自然である。サン・パウロの近郊で、また後にニューヨーク州で、コネティカット州で、さらにはロッキー山脈で、私は、われわれの自然よりは野生的な自然――なぜなら、人口はより少なく、したがってより少なくしか耕されていず、それでいて本当の新鮮さというものに欠けている、つまり少しも野蛮なのではなくて、ただ規格を外れている自然――に自分を慣らすことを学んだのである。

フランスの幾つもの地方を合せたくらいに大きい空地《あきち》。人間はその土地を、かつて、ほんの僅かのあいだだけ自分のものにしていた。それから人間は余所《よそ》へ行ってしまった。あとには、人間の痕跡が一面に散乱する傷ついた土地の起伏が残った。そして、数十年のあいだ、人間が未知の土地に敢然と立ち向かったこの戦場に、次第に無秩序のうちに一つの単調な植物相が再生したが、その無秩序は、偽《いつわ》りの無垢《むく》の表情の下に戦いの記憶と経過を保っているだけに、なおのこと人を欺《あざむ》くのである。

〔1〕アメリカ合衆国中西部、イリノイ、アイオワ、インディアナなどの諸州の玉蜀黍《とうもろこし》主産地をいう。

11　サン・パウロ

或る皮肉屋がアメリカを定義して、野蛮から文明を経ないで退廃に移行した国だ、と言った。この定義は、新世界の都市にむしろ当て嵌《は》まるかも知れない。新世界の都市は、みずみずしさから老朽へ、古めかしさという段階には立ち止まらずに移っている。或るブラジル人女子学生は初めてのフランス旅行から戻って、涙を浮かべて私のところへやって来た。彼女にとってパリは、建物が黒ずんで汚ならしいところに思われたのである。白さと清潔さ——それだけが、都市を評価するのに彼女がもち得る規準だったのだ。歴史建造物の壮大な様式が人を誘《いざな》う、時がその流れを止めてしまったような休暇、もはや単に都市としての機能を果たす道具ではなく、観照と思索の対象となった、世界最美の都市の特徴である年齢を超越した生命——それはアメリカの都市には無縁のものだ。ニューヨークにせよ、シカゴあるいはシカゴとよく比べられるサン・パウロにせよ、新世界の都市が私を驚かすのは、旧跡がないということではない。旧跡がないというのは、新世界の都市の意義の一つである。旧跡漁《あさ》りの戦績表に十三世紀の大聖堂《カテドラル》をもう一つ加えることができないからと言って膨《ふく》れ面をするヨーロッパ人観光客とは反対に、私は、文明の一つの異なった形を解釈するのに、時間という次元を欠いた一体系に自分を順応させてみることに楽しみを覚える。だが、私が落ち込んだのは、それとは逆の誤りなのだ。これらの都市は新しく、しかも新しいということから、その存在と正当性を引き出しているとすれば、私は、これらの都市が新しいままに留まらないということを許し難いのである。ヨーロッパの都市にとっては、何世紀も経ていることは昇進を意味するが、アメリカの都市にとっては、年を経るということは転落なのである。なぜならアメリカの都市は、ただ新しく造られただけでなく、それらが——粗雑に——造られたのと同じ迅速さで更新されるようにできているからである。街の新しい区画がつくられた時は、それはまだ都市の一部とは言えないようなものである。都市の部分を成すにしては、それはギラギラし過ぎ、新し過ぎ、陽気過ぎる。むしろそれは、共進会場とか、数ヵ月間のために拵えられた国際博覧会場を思わせる。この期間の後では、お祭り騒ぎもなくなり、これら巨大ながらくたは駄目になって行く。正面の壁は剝《は》げ、雨や煤《すす》がそこに縞《しま》をつくり、様式は時代遅れになり、周囲で猶予せずに始める工事のためにあちこち壊されて、最初の調和は失われてしまう。それは、古い町との対照における新しい町ではない。極めて短い周期で進化する町を、われわれは緩やかな周期の町と比較しているのである。ヨーロッパの幾つかの都市は、死の中で静かに眠り込んでいる。新世界の幾つかの都市は、慢性の病気に罹《かか》ったまま熱に浮かされて生きている。

永遠に若いとは言っても少しも健康ではない。

それゆえ、ニューヨークとシカゴを一九四一年に訪れた時、サン・パウロに一九三五年に着いた時、まず私を驚かしたのは、都市の新しさではなく、時のもたらす荒廃の訪れの速やかさであった。私は、これらの都市が十世紀の歴史をもたないことに驚きはしなかった。私が感銘を受けたのは、これらの都市のこれほどの部分が、もう五十年もの歳月を経ていると知ってであり、こうした街の部分が、臆面もなくこんな色褪せたものを曝《さら》け出していることであった。移ろいやすい若さだけが、街にとっても住民にとっても自慢のたねになる唯一の飾りでありそうなものだからである。古ぼけた鉄の細工、消防車のような赤い電車、磨いた真鍮《しんちゅう》の手摺りのあるマホガニー造りの酒場。風だけがごみを掃いている人気のない路地の煉瓦造りの倉庫。大聖堂《カテドラル》のような恰好をした官庁や証券取引所の足元にある、田舎じみた聖堂。堀や回転橋や小橋の交差した谷間の上に覆いかぶさっている、青みがかった建物の迷路。新しい建築を支えている自らの残骸の堆積のために、絶えず上へ上へと伸びている町——南北アメリカを身をもって示しているシカゴよ、お前のうちに新世界が一八八〇年代の追憶を温めていることは、驚くに当たらない。なぜなら、絶え間ない更新への渇きの中で、この町が誇示することのできる唯一の古さと言えば、半世紀という慎ましい時の隔たりなのだから。この時の隔たりは、数千年を経たわれわれの社会の尺度としてはあまりに短過ぎるが、時間というものに無頓着なこの町にとっては、移ろいやすい己《おのれ》の青春を懐かしむ、ささやかなきっかけともなるのだ。

一九三五年には、サン・パウロっ子は、自分たちの町では平均一時間に一戸の割合で家が建っている、と自慢していた。当時、それは一戸建ちの住宅のことだった。彼らが私に保証してみせるところでは、そのリズムは変わっていず、しかも今は、ビルについてそうだというのだ。市街がこのような速さで発展するので、町の地図を手に入れることができない。毎週新しい版を作らなければなるまい。何週間か前に約束した待ち合せの場所にタクシーで行くのに、その界隈が消える一日前に間に合うかどうかという心配さえしなければならないようだ。こうした状態では、せいぜい二十年前の思い出を呼び覚ますことが、色褪せた写真に眺め入るのにも似たことになる。少なくとも、記録としての値打ちはありそうだ。私は、自分の記憶の抽出《ひきだし》に入っているあれこれを、サン・パウロ市の記録保管所のためにぶちまけてみることにしよう。

当時サン・パウロは、醜い町と言われていた。確かに中心街の建物は、けばけばしくて時代遅れだった。これらの建物の装飾が、実質がなくてただ虚勢を張っている様は、全体の構築が貧弱なためになおさら惨めだった。像や花模様の飾りは石ではなく石膏《せっこう》で拵えてあり、古く見せかけるために黄色に塗りたくってあった。サン・パウロの街には一般に、こうした力んだ、それでいて思いつきのところがあり、それが質の悪い建造物を特徴づけていた。建築家は、建材を保護するためと同じくらい偽装するために、塗料の助けを借りなければならなかったのであろう。

石の建造物のうちでは、一八九〇年代の様式の馬鹿馬鹿しさは材質の重量感と密度のために幾分かは許容できる。つまり、馬鹿馬鹿しさの感じが副次的なものになるのだ。だがサン・パウロでは、この種の入念な誇張は、ハンセン病が皮膚の上に生み出す気紛れを連想させるだけだ。偽物の色彩の下で、影は一層陰鬱に見える。道路が狭く、空気の層があまりかぼそいので、「雰囲気を作る」ことができない。そこから、一種の非現実の感じが生まれている。まるでこれらすべては、町ではなく映画の一場面の撮影か芝居のために、大急ぎで拵えられた見せかけの建物のようなのだ。

それでいてサン・パウロは、私には一度も醜く思われたことはない。それは、アメリカ大陸のすべての町のように野育ちの都市なのだ。すべてと言っても、ワシントン市だけは例外であろう。この町は野育ちでも飼い馴らされてもいず、むしろ、大通りで星形に造られた檻のなかにランファン〔一七五四〜一八二五。ワシントン市の設計をしたフランス人〕によって押し込められ、憂愁で身を滅ぼしそうにしている囚われの女のようだ。サン・パウロの方は、その頃はまだ飼い馴らされてはいなかった。初め、二つの小さな河――アニャンガバウ河とタマンドアテイ河のことで、もう少し下流でパラナ河の支流ティエテ河に注ぎ込んでいる――の合流点に北に向かって突き出た、拍車形の台地の上に造られたこの町は、単なる「インディオ馴化地《じゅんかち》」に過ぎなかった。それは布教センターでもあり、ポルトガルのイエズス会修道士たちは、すでに十六世紀から、そこに野蛮人を集め、文明の徳の手解《てほど》きをしようと努めていたのである。タマンドアテイ河への傾斜面で、ブラスやペーニャなどの庶民街を見下ろすあたりに、一九三五年にはまだ、田舎町じみた小路《こうじ》や「ラルゴ」が残っていた。ラルゴというのは、草の生えた方形の広場で、小さい窓に鉄格子を嵌《は》め、石灰で壁を塗った瓦屋根の低い家に囲まれている。正面上部のバロック風の破風《はふ》を切る二重の弧形のほか飾りのない、しかつめらしい小教区の教会が一方に建っている。遠く北の方に向かっては、ティエテ河が、銀色に光る屈曲を、郊外地と小さな家の塊りの数珠《じゅず》に取り囲まれたヴァルゼア——次第に市街に姿を変えてゆく沼地——の中に伸ばしている。そのすぐ後ろにあるのは、一八八九年の博覧会のスタイルと願望に忠実なオフィス街——建築現場と廃墟の中間状態といった感じのプラサ・ダ・セーつまり大聖堂広場——であった。それから、シカゴが環状道路を誇るようにサン・パウロが自慢にしている、有名な「三角街」があった。この商店街は、ディレイタ通り、サン・ベント通り、十一月十五日通りの交差点に当たり、これら広告だらけの通りには商人や店員が群れをなして歩いていたが、彼らの黒っぽい身なりは、ヨーロッパや北アメリカの価値の尺度に対する忠誠と、南回帰線（街の真ん中を通っている）のけだるさから彼らを解放している、八百メートルの海抜への彼らの誇りとを、同時に示していた。

サン・パウロでは、一月には、雨が「届かない」。雨は、周りを取り囲む湿気から生まれて来るのだが、すべてを湿潤にする水蒸気が、水性の真珠の形をとって姿を現わし濃密に落ちかかるが、霧の中を通って滑るうちに、その霧全体との親和力のために、まるで押し止《とど》められたようになってしまう。それは、ヨーロッパの雨のような線状の雨ではなく、湿っぽい空気の中を転落する無数の小さな水の玉が作る蒼ざめた煌《きら》めきであり、タピオカ入りの澄し汁の滝なのである。さらにまた、雨が止むのも、雲が過ぎ去った時ではなく、雨という穿刺《せんし》療法によって、或る場所の空気が過剰な湿気から十分に解放された時なのである。すると空が明らみ、ブロンドの雲の合間に、ひどく生気のない青色が見えるようになる。一方、アルプスで見るような奔流が、街路を横切って流れる。

台地の北の端には、巨大な工事現場が展開する。それはアヴェニーダ・サン・ジョアンの工事場で、ティエテ通りに平行して始まり、イトゥ、ソロカバ、そしてカンピナスの豊かな農場へと通じる古い北の道路と同じ道筋を辿って、何十キロにも伸びる幹線道路になるはずのものだった。拍車形の台地の端に引っ懸かるようにして始まるこの大通りは、古い市街地の残骸のあいだを縫って下っていた。大通りはまず、フローレンシオ＝デ＝アブレウ通りを右に分岐させているが、これは、奥地全体に安物を供給していたシリア商人の市場や、馬具師、織物師の長閑《のどか》な仕事場――そこでは、細工を施した革の、背の高い鞍や、木綿の大きな房のついた馬の掛け布、打出し細工の銀で飾った馬具などを、農場で働く人や、すぐ近くにもある荒野で暮らす農夫向けに、いつまで続けるのか、相変わらず造っている――のあいだを通って駅へ通じている。それから大通りは、当時唯一のものでまだ完成していなかった高層ビル、薔薇《ばら》色のプレディオ・マルティネリの下を通って、カンポス＝エリゼオスを突き抜ける。このあたりは、かつて金持が住んだところで、ペンキを塗った木造の邸宅が、ユーカリやマンゴーの木の植わった庭の中で破損するままになっていた。それと並んで、庶民街サンタ・イフィジェニア。そこを縁取る一角には、中二階を高く拵えた荒屋《あばらや》がかたまっていて、窓から女たちが客に呼びかけていた。そして町の末端には、ペルディゼス、アグア＝ブランカなど小市民の住宅街があり、それは西南方で、より貴族的な緑の丘陵地パカエンブーに溶け込んでいる。

南に向かっては、台地は高さを増し続ける。とりたてて言うこともない幾つかの通りが坂を登り、登りきったところで、それも土地の起伏の丁度脊柱《せきちゆう》に当たる部分で、合わさってアヴェニーダ・パウリスタになり、それは、半世紀前には百万長者たちの豪華な住居だった、カジノか温泉場のような邸宅地を縁取っている。東の行き止りでは、大通り《アヴエニーダ》はパカエンブーの新しい一角の上で平原を見下ろしている。ここには、芝生の斜面と黄土質の土手のあいだで、花盛りのジャカランダが青紫をちりばめている曲がりくねった通りに沿って、立方形の家が乱雑に建っている。しかし、百万長者はアヴェニーダ・パウリスタから去ってしまった。町の膨張に伴って彼らは町と共に丘を南へ下り、屈曲した道のある閑静なあたりへ移ったのだ。雲母を混ぜたセメントを塗り、鋳物の鉄柵をめぐらしたカリフォルニア風を採り入れた彼らの邸宅は、金持ち向きに地割りされている、鄙《ひな》びた木立ちのあいだに切り拓かれた敷地の奥まった所に、姿を見え隠れさせているのである。

コンクリートのビルのすぐ下に、牝牛《めうし》のいる牧草地が拡がり、街の一角が蜃気楼のように現われ、豪奢な邸宅が両側に並ぶ大通りが、ところどころ窪地に遮《さえぎ》られている。窪地には、バナナの木のあいだを縫って泥水が急流をつくっているが、それは竹を編み泥を塗って壁にした荒屋《あばらや》の水源にも下水にもなっているのである。リオで、丘のてっぺんで雨露を凌いでいるのと同じ黒人の住民が、ここでは、この荒屋に住んでいる。山羊が傾斜面に沿って走る。町の幾つかの限られた場所では、すべての様相が見事に集約されている。たとえば、海へ通じる二本の道の分岐点を逆に進むとアニャンガバウ河がつくっている峡谷のほとりに出る。町の交通の要所の一つである橋が、峡谷を跨《また》いでいる。峡谷の底には、イギリス趣味の庭園がしつらえられている。芝生は像や東屋《あずまや》で飾られ、両側の斜面のすぐ下には、市立劇場、エスプラナーダ・ホテル、モーター・クラブ、照明と運送を業務にしているカナダの会社の事務所など、めぼしい建物が並んでいるが、これらの建物のちぐはぐな塊りは、凝固した無秩序のうちに互いに啀《いが》み合っているのである。敵対するこれらのビルは、夕暮どき水の周りに集まって、少しのあいだ躊躇《ためら》い、動かずにいる哺乳動物の大群を連想させる。彼らは、怖れ以上に差し迫っている必要のために、敵対する種《しゅ》と一時混り合うことを余儀なくされているのだ。動物の進化は、都市の生命が経る諸段階よりも緩やかに進む諸段階を経て成就される。もし今日この同じ場所を眺めたとしたら、恐らく私は、混成の群れが消滅したのを目の当たり見たことであろう。高層ビルという、より強くより均質な一つの種《しゅ》が他のものを制圧し、自動車専用道路がアスファルトで化石のようにしてしまった岸の上に、建ち並んでいることであろう。

この石造りの動物相の陰に、サン・パウロのエリートが、この町の寵愛する蘭の花にも似た、遊惰で、思いがけずもエキゾチックな植物相を形成していた。植物学者の教えるところでは、熱帯種は温帯種よりも多くの変種を含んでいるが、その代り各々の変種は、時には極めて少数の個体から成り立っているという。この地方の「上流《グラン》ぶった連中《・フィーノ》」は、こうした特殊化を極限まで推し進めていたのである。

限られた一つの社会が、様々な役割を内部で割り振っていた。現代文明の含むあらゆる職業、趣味、奇癖それぞれがそこで顔を合せていたが、しかし唯ひとりの代表者がいるだけであった。この愛すべき人たちは、人格を具えた人間ではなく、むしろ役割そのものなのだった。しかもそれらの役割は、そういう人が居合わせたからというより、役割それ自体のもつ重要性によって選ばれていた。このようにして、旧教徒がおり、自由思想の持ち主がおり、正統王朝主義者がおり、共産主義者がいた。あるいは、他の面から見れば、大食漢、愛書家、純血種の犬（あるいは馬）の愛好家、古い絵の愛好家、現代絵画の愛好家がいた。さらに、物識り、シュールレアリスムの詩人、音楽学者、画家がいた。こうした役柄を割り当てたからといって、もともと一つの領域の知識を本気で深めようという気が、幾らかでもあったわけではない。もし二人の人間が、手違いから、あるいは嫉《そね》みから、同じ領域、あるいは異なってはいても近すぎる領域を占めることにでもなれば、彼らは互いに相手をやっつけることしか考えなくなり、しかも、そのことに大変な執念深さと獰猛《どうもう》さとを発揮するのだった。反対に、隣り合った勢力範囲のあいだでは知的訪問をし合い、慇懃《いんぎん》に振舞った。全員の一人一人が、自分の役目を守るという利害からだけでなく、この社会学的メヌエット――それを踊ることに、サン・パウロ社交界は尽きぬ楽しみを見出しているらしかった――に磨きをかけるのに熱心だった。

さらに言えば、幾つかの役目は異常な熱意で守られていたが、それは受け継がれた財産と、役目自体の魅力と、習練によって得られた老獪《ろうかい》さなどの結合によるものだった。こうした要素は、サロンへの出入りを甘美にし、同時に興醒《きょうざ》めなものにした。とはいえ、小宇宙を完成し、ものものしい文明遊戯をとり行うために、どの役にも穴があいてはならないという必要は、同時に幾つかの自家撞着《じかどうちゃく》も伴っていた。共産主義者が地方の領地の富裕な相続人であるとか、この恐ろしくとりすました社交界が、それにもかかわらず、成員の一人に、しかし唯一人だけに――というのも、前衛詩人が居る必要があったからだが――、彼の若い情婦を人前に連れて出るのを許す、といった類《たぐい》のことである。幾つかの地位は、遣り繰りして埋めなければならなかった。犯罪学者になったのは或る歯科医だったが、彼は、人定《じんてい》の方法として指紋の代りに歯列の型を司法警察に導入した人だった。一方、王制論者は、世界中のあらゆる王家の皿の見本を蒐集することに全生活を投入していた。彼の客間の壁は、金庫を一つ置く場所だけを除いて皿で覆い尽くされていたが、この金庫の中には、台所道具を醵出《きょしゅつ》して欲しいという彼の懇請に対して、王妃の侍女たちが関心をもっている旨を認《したた》めた手紙が保存されていたのである。

こうした社交界における役割分担は、百科全書めいた嗜好と対《つい》をなして成り立っていた。教養あるブラジルは、早わかりや入門書を貪《むさぼ》り喰っていた。フランスの大臣たちも、フランスの威信は依然として海外で肩を並べるものがないなどと自惚《うぬぼ》れる代りに、その威信なるものの中身を理解しようと心を砕いた方が賢明だったに違いない。悲しいことに、この時代からすでに、このフランスの威信なるものは、衰微しつつあった科学的創造の豊かさと独創性に由来するよりも、むしろ、フランスの学者も幾分かは解決に貢献した困難な問題を、一般の人々に解り易くするという、まだフランスの学者に恵まれていた才能に負うものであった。この意味で、南アメリカがフランスに抱いていた愛着は、生み出すよりも消費することへの好み、さらには他の人々が消費するのも助けることへの好みという、共通の好みの上に成り立った密《ひそ》かな共謀に一部は由来していた。パストゥール、キュリー、デュルケームなど、南アメリカで崇拝されていた偉大な名はすべて、過去に属していながらしかも大幅な信用貸ができる程度には新しいものばかりであった。それでいて、この信用貸からわれわれが運用できる利息と言えば、浪費好きのお顧客《とくい》が、投資するよりは費《つか》い果たすことを自分から選ぶのに見合った、僅かな額のものに過ぎなかった。われわれはただ、お顧客《とくい》が自分でこれらの名を見つける手間を省いてやっていたのである。

知的周旋業という、そこへ落ち込んで行くのをフランスが敢えて拒まなかった役割すら、今日ではフランスにとって重荷になり過ぎている。それを認めるのは悲しいことだが。この点で、われわれは十九世紀から受け継がれた学問の状況――そこでは、思考の各領域がまだかなり限られたものであったために、フランス人の昔ながらの長所だった、広汎な教養とか明敏さとか論理的思考力とか文学的才能とかを兼ね具えた一人の人間が、様々な領域を全部抱え込み、独り籠もってこつこつやりながら自分の流儀でそれらを吟味し直し、纏《まと》め直して人に提供することもできた――から脱け出せずにいるのだろうか？　喜ぶにせよ嘆くにせよ、現代の学問は、もうこうした職人仕事は許容しないようになっている。かつては、一人の専門家が居れば、その国を有名にするのに十分だったが、今は、ものものしい一隊が必要であり、それはフランスには欠けているのである。個人の蔵書などというものは博物館に陳列されて好奇心を惹くくらいのもので、他方、フランスの公共の図書館は、場所も予算も司書もなく、閲覧者用の十分な数の椅子さえなく、学問を求める人たちに奉仕する代りに彼らを冷たくはねつけているのである。さらに学問上の創造は、今日、集団の事業という性質を帯びており、研究者は無名の一協力者になることが大幅に要求されているのだが、こうした事態に対しても、われわれはまったく用意ができていず、かつてのわれわれの名人たちがやすやすと克ち取った成功を、彼らの時代が過ぎ去った後までも長びかせることにだけ執心しているのである。彼らとて、入念に吟味され尽くした或る方式が分業体制の欠如を補うことができると、いつまでも信じ続けているだろうか？

フランスよりも年若い国の中には、教訓を読み取った国もある。このブラジルには、目覚ましいがしかし数少ない個人の成功——エウクリデス・ダ・クーニャ〔一八六六～一九〇九。新聞記者、作家。『荒野の人々』（一九〇二）が代表作〕、オスヴァルド・クルス〔一八七二～一九一七。医者。マラリア、黄熱病等の研究と治療に功績があった〕、シャガス〔一八七九～一九三四。医者。クルスの弟子。新しいトリパノゾーマを発見〕、ヴィラ＝ロボス〔一八八七～一九五九。作曲家。ブラジルの民俗音楽を採り入れた曲を作った〕——はあったが、文化は最近まで金持の玩具に過ぎなかった。それというのも、この少数の特権者が、教会と軍隊の旧態依然たる影響力や個人の権力に対抗するために、市民的で世俗的な精神に支えられた世論を必要としていたからで、サン・パウロ大学を創設することによって彼らは、文化というものを、より広い範囲の顧客に向かって開こうと目論んだのである。

この創設に参加するためにブラジルに着いた時、私は今も思い出すのだが、ブラジル人の同僚たちが置かれていた卑しめられた状態を、幾分尊大な憐みの気持で見やったものだった。僅かな給料しか受けていず、何か内職をしなければ食べてゆけないこれらの教授たちを見て、私は、自由業で生きることが保証と特権に取り囲まれている、古い文化をもつ国に属しているという誇りを覚えた。当時の貧乏な私の学生たちが、二十年後には、われわれの大学の講座より、場合によっては、数も多く、よく整い、われわれがもちたいと思っているような蔵書を備えた講座を受け持つようになろうとは、私は考えてもみなかった。

ともあれ、彼らは遠くからやって来たあらゆる年齢の男女で、この新設の大学の講義に、熱意に溢れながらも半信半疑で押しかけたのだ。私たちが授与する免状によって開かれる就職口を狙っている若者たち。あるいは、すでに一人立ちしている弁護士、技師、政治家などで、彼ら自身大学の免状を得ようと努める先見の明がなかったとしたら、近い将来に大学の免状で挑戦されるだろうと懸念している人たち。彼らはみな、街の放浪者めいた、破壊的な気分に蝕まれていた。これは、前世紀の『パリ暮し』〔一八六六年にオッフェンバックが作曲した喜歌劇〕式の時代遅れなフランスの伝統に一部分は刺戟されたもので、メイヤック〔一八三一～九七。フランスの劇作家。アレヴィと共同で『パリ暮し』などの多くの喜歌劇の台本を書き、オッフェンバックが作曲した〕やアレヴィ〔一八三四～一九〇八。フランスの劇作家〕の描いた人物のいとこのような何人かのブラジル人によってもたらされたのだが、しかしそれ以上に社会進化の徴候でもあり、パリには十九世紀に現われ、当時はサン・パウロ（そしてリオ・デ・ジャネイロ）が自分の番になって再現していたのだった。それは都市と田舎の分化の、次第に速められてゆくリズムの表れでもあった。都市は、新しく都市化された住民を抱えて、田舎風の質朴さと縁を切ろうと心を砕きながら、田舎を踏み台にして発展してゆく。二十世紀のブラジルでは、この田舎風の質朴さは、「カイピーラ」――つまり田舎者――に象徴されているが、フランスの大衆芝居なら、アルパジョンとかシャラントノー出のおのぼりさんというのが、さしづめそれに当たるだろう。私は、このいかがわしい趣味の一例を思い出す。

サン・パウロの中心街を三、四キロの長さにわたって引き伸ばしているとはいえ、かなり田舎っぽい通りの一つの真ん中に、イタリア人移民がアウグストゥスの像を建てさせた。これは、昔の大理石の像を青銅で等身大に再現したもので、ありていに言って詰まらないものだったが、十九世紀より古い歴史を思い起こさせるものが何もない町の中にあって、幾許《いくばく》かの尊敬を得るには値していた。ともあれサン・パウロの住民は、ローマ式敬礼のために挙げられたその右腕は「カルリート〔後出のカルロスの愛称〕が住んでいるのはあそこだ」ということを意味している、と決め込んでいた。元大臣で影響力の大きい政治家だったカルロス・ペレイラ・デ・ソーザは、この皇帝の手が指し示している方角にある、平屋の大邸宅の一つをもっていたのである。彼の邸は、煉瓦と煉り土で造られ、その上を灰色を帯びた、二十年このかた剝げかかっている石灰塗料が覆っている。それでも人々は、その渦形装飾や薔薇《ばら》形装飾が植民地時代の栄華を偲《しの》ばせるなどと、敢えて言ったりしていたのである。

人々はまた、アウグストゥスがショーツを穿《は》いているということにしていたが、これには半分くらいの諧謔味しか含まれていなかった。というのも、通行人の大部分はローマ時代のスカートを知らなかったからである。このなかなかよくできた冗談は除幕式の一時間後には町中に弘《ひろ》まり、同じ日にオデオン映画館で催された「上流の夜会」でも、人々は背中を大仰に叩き合って、この冗談を繰り返したものである。こんな風にしてサン・パウロのブルジョワジー（平民階級との接触から自分たちを守るために、高い入場料の映写会を週一回開くことにしたのは彼らだ）は、半世紀前、ブラジルにやって来て街頭でネクタイを売っていたイタリア移民が、今では「アヴェニーダ」（アヴェニーダ・パウリスタ。高級住宅街を象徴）に最もけばけばしい邸をもち、こんなにも話題になっている銅像の寄贈者になり、一貴族階級を形成するのを、迂《う》闊《かつ》にも認可してしまったことの恨みを晴らしていたのである。

　私たちの学生は、何でも知りたがっていた。だが、どの領域であろうと、最も新しい理論だけが彼らにとって学ぶに値しているように見えた。過去の一切の知的饗宴に無頓着で――第一、彼らは原著を読まなかったから又聞きでしか知らなかったのだが――、彼らは目新しい料理に対しては、いつも活《い》き活きとした熱意を抱き続けていた。彼らの場合、料理よりはむしろ流行に譬えるべきかも知れない。思想や理論は、彼らの目には、それらがもつ固有の価値を提供するものではなかった。それらのものを、彼らは特権の道具と看做していたのであり、だから初物を手に入れる必要があったのだ。すでに知られてしまった或る理論を他の人と分かち合うことは、もう目新しくもない服を着るのに等しかった。そうなれば面目を失うことになるのだ。その代り、思想の領域での最新型の独占権を得ようとして、いわゆる啓蒙誌や誇大に騒ぎ立てる雑誌、早わかりの類のあいだに、凄まじい競争が行われた。学問の厩舎《きゅうしゃ》の選り《え》抜きの産物だった私の同僚や私自身、しばしば当惑した。熟した思想だけを尊重するように仕込まれて来た私たちは、過去については全く無知だが新しい情報はいつも私たちより数ヵ月先に手に入れる学生たちの襲撃の的になっているのに気がついた。とはいえ、該博な知識をもつということ――彼らはそれへの好みも方法も持ち合わせていなかったのだが――は、彼らの目にも一つの義務として映っているようだった。それゆえ、彼らの提出するレポートは、主題が何であれ、人類総史の回顧から成り立っていた。類人猿から始まってプラトン、アリストテレス、コントの引用が幾つかあり、行き着く先は、卑しい雑文業者――その著書は、まだ他の誰も剽窃《ひょうせつ》を思いついていなければいないだけ値よく売れるのであり、何のことか訳が分からない方が値が出ることもあるのだ――からの受け売りだった。

大学は、彼らの目には、魅力のある、しかし毒を含んだ果実として現われた。世界を見たことがなく、経済状態がしばしば極めて慎ましいためにヨーロッパに行く希望もないこれらの若者たちのところへ、毛色の変わった物識りとして私たちを連れて来たのは、二重に憎まれている階層の連中だった。まず、彼らは支配階級を代表していたからであり、次に、郷土から遊離した彼らの生活が、村に残っているすべての人たちに対する優越を付与しているにもかかわらず、国民の生活や願望から彼らを切り離している、ほかならぬその生活振りのためであった。彼らと同じ名目で、私たちも疑わしいものに見られていた。しかし私たちは、両手に知恵の木の実をもって来たのであり、学生たちは、私たちから逃れるかと思えば私たちに諂《へつら》い、或る時は虜《とりこ》になり、或る時は反抗した。私たちの一人一人は、その影響力を、自分の周りに作られるちっぽけな取巻きの大きさで測っていた。これらのお顧客《とくい》は彼らのあいだで一種の特権争奪戦を行なっていたが、人気教授は、この戦争の象徴だったり、受益者だったり、被害者だったりした。その如実な表れが「オメナジェンス」、つまり先生に捧げる称讃の催しであり、昼食とかお茶の会などだったが、それらは、学生たちのありありとした窮乏の中で催されるだけに、なおさら涙ぐましいものだった。参加する人も学科も、これらのお祭りを通じて株式相場のように価値が変動した。つまり、主催団体の権威、参加者の人数、列席を承諾した知名人や官職にある人たちの地位などによってである。しかも大きな国はおのおの、サン・パウロに店舗という形で大使館——イギリスの茶房、ウィーンあるいはパリの菓子店、ドイツのビヤホール——をもっていたので、どの店を選ぶかにも入り組んだ意図が表われることになった。

今では尊敬を受けて教職に就いている懐かしい学生たち、あなた方の中でこの行《くだり》を読む人が恨みを抱かないことを祈る。あなた方の習慣に従って洗礼名であなた方のことを頭に浮かべながら——アニータ、コリーナ、ゼナイダ、ラヴィーニア、タイス、ジョコンダ、ジルダ、オネイデ、ルシーラ、ゼニート、セシーリア、そしてあなた方、エゴン、マリオ＝ワグネル、ニカノール、ルイ、リヴィオ、ジャメス、アゾール、アシーレス、デシオ、エウクリデス、ミルトン、それらの名は、ヨーロッパ人の耳にはたいそう奇抜に聞こえるが、しかしその多様さは、千年の人間史のあらゆる花から、好きなようにあなたの花を摘み取ってみずみずしい花束を作ることができるという、あなた方の父親たちも享受していた特権を表わしている――、私は、皮肉っぽい感情などなしに、あのたどたどしかった時代のことを思い出す。それどころか、あの時代は私に、或る教訓を与えてくれるのである。つまり、時間の与える優越がいかに束の間のものでしかないか、という教訓である。当時のヨーロッパの姿と今日の姿とを考えてみて、数十年という長さを単位にして測られると思われたかも知れない学問上の隔たりを、あなた方が僅かな歳月で乗り越えたのを見て、私は、社会というものがどんな風にして消滅し、そして誕生するのかを学んだ。そしてまた、書物から知る限りでは、暗闇《くらやみ》の中に蠢《うごめ》く、もろもろの無名の力の働きで惹き起こされるように見える歴史の大変動が、叡知に満ちた或る瞬間には、才能に恵まれた一握りの人たちの雄々しい決意によって完成されることもありうる、ということを学んだのである。

第四部　土地と人間

12　都市と田舎

サン・パウロでは、日曜民族学に熱中することができた。と言っても、人が私に偽って約束していたように、郊外のインディオのところでではない。なぜなら、郊外に住んでいるのはシリア人やイタリア人であり、民族学的好奇心の一番手近な対象は、十五キロのところにある原始的な村であった。村の住民はぼろを身に纏《まと》ってはいたが、その金髪碧眼《へきがん》から、彼らが最近のゲルマン系の出であることが見て取れた。というのも、この国で最も熱帯らしくない諸地方にドイツ人植民者の幾つかの集団が来て定着したのは、一八二〇年頃のことだからである。この村では、彼らは地方の惨めな百姓生活の中に溶け込み埋没してしまっていたが、もっと南方のサンタ・カタリーナ州では、ジョインヴィレやブルメナウといった小さな町は、熱帯杉の下に前世紀の雰囲気を留めていた。急勾配の屋根の家が両側に並ぶ通りはドイツ名前をもっていたし、そこではドイツ語だけが話されていた。ビヤホールのテラスでは、頬髭《ほおひげ》や口髭を生やした老人が、磁器の火皿の、長いパイプをふかしていた。

サン・パウロ附近には日本人も大勢いた。彼らに近づくのはなおむずかしかった。移民会社が彼らを募集し、船旅と到着当座の住居を保証し、それから内陸の農場に配分するのだが、この農場というのは村落とも兵営とも言えるようなものだった。あらゆることがそこで間に合った。学校も機械修理所も診療所も売店も娯楽施設もあった。移民たちは、そこで長期の服役生活を、幾分かは自由意志で、組織的な励ましを受けながら送るのである。会社に負債を返し、稼ぎを会社の金庫に預けながら。何年も経ってから、会社は、彼らを父祖の地で死ねるように送還するか、その前にもしマラリアが彼らに打ち勝った場合には、遺体を帰郷させるかすることを引き受けるのだった。すべては、彼らが日本を離れたという感じを抱かずに、この大冒険が行なわれるように仕組まれていた。しかし、事業家たちの配慮が単に金銭上の、経済上の、あるいは人道上のものであるかどうかは確かでなかった。気を付けて地図を検討してみると、農場がそこに設置されることになった戦術上の底意が読み取れた。海外移住組合とかブラジル・タカオカ組合などの事務所に入ろうとして、さらに移民事業の自足体制を支えているホテルや病院や煉瓦工場や製材所や、あるいは農事事務所に入ろうとして経験しなければならなかった警戒の極度の厳重さは、入り組んだ意図を裏に隠しているように思われた。よく選ばれた地点への移民の隔離と、その一方での考古学的調査（それは、先住民の遺跡と日本の新石器時代の遺跡との、或る種の類似を明らかにするという名目で、農業開拓のたびに系統立てて行なわれた）とは、恐らく連環の両端でしかなかったのであろう。

町の中心部にある庶民街の幾つかの市場は、黒人が営んでいた。もっと正確に言えば――というのは、黒人という言葉は、人種の著しい多様さが、少なくとも過去には極く僅《ご》かの偏見しか伴わなかったために、あらゆる種類の混血を可能にしたこの国では、ほとんど意味をもたないからである――、そこでは、白人と黒人の混血であるメスティーソ、白人とインディオの混血カボークロ、インディオと黒人の混血カフーゾとを見分ける練習をすることができた。売っている品物の方は、もっと純粋にそれぞれの様式を保っていた。典型的なインディオ式の、マンジョーカの粉用の篩《ふるい》であるペネイラ――割《さ》き竹を粗い格子に編んで小割板《こわりいた》で縁をとってある。やはり先住民の伝統を受け継いでいる、火おこし団扇《うちわ》のアバニコ――これを調べてみるのは面白かった。というのは、各々の型は、椰子の葉の隙間だらけで乱脈な構造を、強く振って空気を動かすのに適した、丈夫で連続した一つの面に、編み方次第で作り変える、巧みな工夫を示していたからである。問題を解決するのにはいろいろな方法があり、椰子の葉にも様々な型があるのだから、それらを組み合わせることによって考えうるあらゆる形を定め、それから、このささやかな技術理論の定理を示すような見本を並べてみることも可能なのである。

椰子には二つの主な種類がある。中央の葉柄《ようへい》から小葉《しょうよう》が両側へ対生《たいせい》しているものと、小葉が扇の形に拡がっているものとである。第一の型からは二つの方法が考えられる。葉柄の一つの側にすべての小葉を捻《ね》じ曲げて、それらをひと纏めにして編むか、小葉をそれ自身に対して直角に折り曲げ、一方の側の葉の先を他方の側の葉の付根の部分を通るように差し込み、それを相互に行いながら、各々の群れを別々に編むかするのである。このようにして、二種類の団扇《うちわ》ができる。翼の形か蝶の形かである。第二の型についてみると、それはいろいろな可能性を示すが、結局は、程度の違いはあれ、今見た二つの種類の組み合せであり、その結果できる匙《さじ》形、杓文字《しゃもじ》形、薔薇《ばら》形は、いずれも、その造りから、平たくした大きな編巻髪を連想させる。

サン・パウロの市場で特に興味を惹《ひ》くもう一つのものは、フィガであった。前腕《ぜんわん》の形をした古くからの地中海地方のお守りをフィガ、無花果《いちじく》と人は呼んでいる。この前腕の端は握りこぶしになっているのだが、親指の先が中央の二本の指の第一指骨のあいだから突き出ている。これはおそらく性交を象徴的に象《かたど》ったものなのであろう。市場で見かけるフィガは、黒檀《こくたん》や銀でできている装身具か、さもなければ、看板のように大きな、ざっと彫って、どぎつい色で様々に塗りたくったものであった。それを私は、町の高台の方に建っている、一九〇〇年代に再現されたローマ様式とも言うべき、黄土色《オーカー》塗りの私の家の天井に、メリー・ゴーラウンドのように吊るしておいた。ジャスミンのアーチをくぐって、この家に入ると、裏には古ぼけた庭があって、その隅に私は家主に頼んでバナナの木を一本植えてもらったが、これは、私が熱帯にいるということを否応なしに思い出させてくれた。象徴的なこのバナナの木は、何年か後には小さな森になり、そこで私は穫り入れをしたのだった。

それにまたサン・パウロ周辺では、鄙《ひな》びた民俗を見たり採録することができた。五月の祭りには、村々は緑の椰子で飾られ、ポルトガルの仕来《しきた》りそのままに、モーロ〔ムーア人。モロッコなど北アフリカのイスラム教徒を指す〕とクリスタウン〔キリスト教徒〕の歴史を記念する戦いが行なわれたりした。紙の帆をつけたボール紙の船ナウ・カタリネータの練りもの。ハンセン病に御利益があるという遠く離れた聖堂への巡礼。その時は、ピンガ――砂糖黍《きび》から造るアルコールだが、ラムとは大層違っており、生《き》で飲むか、バティーダ、つまり、潰したレモンの汁を混ぜたものにして飲むかする――の下卑《げび》た匂いが発散する中で、長靴を履き、金ぴかの衣裳をつけた混血の歌うたいたちが、したたかに酔い痴《し》れて、太鼓の音にのせた悪態の歌合戦を挑み合うのだった。その他様々な信仰や迷信があって、それらの一覧表を作ってみるのは興味があった。金の環《わ》をのせる物貰《ものもら》いの治療法。すべての食物の、相容《い》れない二つの群れへの区分け――コミダ・ケンテとコミダ・フリア、つまり熱い食物と冷い食物。また、縁起の悪い食べ合せもあった――魚と肉、マンゴーとアルコール性飲料、あるいはバナナと牛乳。

しかし、州の内陸部では、地中海文化の伝統の残存にではなく、胚胎期にある一社会が作り出していた奇妙な形態に注意してみることの方に一層感興を唆《そそ》られた。主題は同じで、つまりここでも過去と現在に関わっているのだが、しかし、現在を過去から説明しようとする古典的な型の民族誌の調査とは逆に、ここでは、ヨーロッパの進化の極めて古い諸段階を再現しているように見えたのは、流動性に富んだ現在なのであった。フランスのメロヴィンガ朝時代さながら、荘園という田舎に、都市共同体的な生活が生まれかけているのが認められた。

生成されつつあった集落は、今日の都市——あまりに磨耗してしまっているので、都市の個別の歴史の標《しるし》を見つけることはむずかしくなっている——のようなものではなかった。今日の都市は、ますます均一化された形の中に埋没してしまっており、ただ行政上の区別だけがはっきりしているのである。反対に、これらの町を、植物学者が植物を調べるように吟味することもできた。各町の名称と外観と構造とから、人間が自然に付け加えた「界」——ここでは都市界——のどの大きな科に属するかを識別するのである。

十九世紀から二十世紀にかけて、動く環となった開拓の「縁《へり》」は東から西へ、南から北へと、ゆっくり移動して行った。一八三六年頃には、ノルテ、つまりリオとサン・パウロのあいだの地方だけが確保されていたに過ぎなかった。それが国の中央部まで拡大されようとしていた。二十年後には、植民地化の侵蝕は北東へ進み、モジアナやパウリスタに達した。一八八六年には、アララクアラ、アルタ・ソロカバーナ、そしてノロ・エステにまで植民地化の手が伸びた。最後の三つの地方では、一九三五年にはまだ、人口増加曲線はコーヒーの生産曲線に対応していたが、北部のすでに古びた耕地では、一方の崩壊が他方の衰微に半世紀先行していた。人口の下降は一九二〇年から感じられ始めたが、疲弊した土地は、一八五四年にはすでに放棄されていたのである。

空間利用のこの周期は、やはり移ろいやすい標《しるし》しか留めていない、或る歴史上の進化に対応するものであった。都市の膨張が、逆戻りしないと思われるのに十分なだけ強固な基礎をもったように見えたのは、海岸の大都市――リオとサン・パウロ――においてだけであった。サン・パウロは、一九〇〇年には二十四万、一九二〇年には五十八万の住民を数え、一九二八年には百万を突破、そして現在ではこの数値をはるかに超えてしまっている。しかし内陸部では、都市という種《しゅ》は、生まれたり消滅したりした。都市の人口が増えると、同時にその地方の人口が減少した。数においては常に増加することなしに、住民は一つの地点から他の地点へと移って、異なる社会の型のあいだを渡り歩いていたのである。化石した町と胎生期の都市とを隣り合せに観察すれば、何百万世紀にもわたる有機体の進化の諸相を、地質学上の段階に沿って比較する古生物学者の研究に匹敵する魅力をもった変形の研究が、人間の次元で、そして時間的には極めて短い範囲で可能になるはずであった。

海岸部を少しでも離れたところでは、ブラジルは一世紀このかた、発展したというより変形したのだという見方を失わないようにする必要があった。

帝政時代には、人間の占めている土地は僅かだったが、しかし比較的よく配分されていた。海岸部の町やそれに隣接する町は依然小さかったにせよ、内陸部の町には、今日よりも活気があった。交通手段の全般的な不十分さは、そのうちの最低の手段を優遇することになるという歴史のパラドックスは、とかく忘れられ勝ちである。馬で行く以外に方法のなかった時代には、何日か何週間かでなく、何ヵ月にも旅が長びくことにも、あるいは騾馬《らば》だけがどうやら辿り着けそうなところへ潜り込んで行くことにも、人は今よりも平気だった。ブラジル内陸部は、緩慢《かんまん》には違いなかったが、しかし断絶のない一つの生活を連帯して営んでいた。河を、定期船で小刻みに停泊しながら、人は何ヵ月もかけて旅した。そして、一九三五年にはまったく忘れられていた道筋も、例えばクイアバからゴイアスに至る道のように、それより百年前には、各々五十頭から二百頭の騾馬を擁《よう》した隊商の頻繁な交通に利用されていたのである。

最も辺鄙《へんぴ》な地方を除けば、中部ブラジルが二十世紀初めに落ち込んでいた、打ち棄てられたような状態は、少しも原始状態を反映していたのではなかった。それは、海岸地方に樹立されようとしていた近代的生活条件のために人口と交易が海岸地方に集中する、その代償として支払われた値《あたい》であった。それに引き換え、内陸地方では進歩があまりに困難だったので、独自の緩やかなリズムの動きを辿る代りに退行が起こっていたのである。行程を短縮した蒸気船の航行が、かつて名高かった寄港地を世界中から消し去ってしまったのも同様にしてであった。航空機が、昔の中継地の上を馬跳びのように軽々と飛び越えるようわれわれを誘うことによって、同じ役割を果たす破目になっていないかどうか、自問してみることもできよう。ともあれ、機械の進歩が、この代償――親密さの享受をわれわれから大きく奪ってしまった代りに、孤独と忘却というささやかな釣り銭を返してくれるように仕向けたいというわれわれの希望を宿させてくれるような代償――を、割《さ》き与えることになるだろうと夢想してみる分には差支えあるまい。

サン・パウロ州の内陸部とその隣接地域は、こうした変形を、より縮小された尺度で示していた。かつて一つの地方の領有を確保するために建てられた砦町《とりでまち》の痕跡は、もう恐らくなかったであろう。砦町は、ブラジルの海岸や河沿い地方で、多くの町の基《もと》になったものである。リオ・デ・ジャネイロ、ヴィクトリア、島の中のフロリアノポリス、バイア、岬の上のフォルタレーザ。アマゾン河岸のマナウスやオビドス。さらに、ヴィラ・ベラ・デ・マト・グロッソも挙げられるが、ナンビクワラ族のインディオの定期的な侵入を受けているその遺址《いし》は、グアロペ河の近くに残っている。ここはかつて、或るカピタウン・デ・マト――荒野の隊長――の有名な補給庫だったところで、ボリビアとの国境、つまり、教皇アレキサンデル六世〔在位一四九二～一五〇三〕が、スペインとポルトガルの王室の貪婪《どんらん》な競争に決着をつけようとして、まだ知られていなかった新世界を通って一四九三年に想定した線にも当たっていた。

北方と東方には、現在は人気《ひとけ》のない鉱山町が幾つか認められる。これらの町の大建造物の遺骸――十八世紀のフランボワイヤン・バロック様式〔七四ページ注〔6〕〕の教会――は、その豪華さで、あたりの惨めさと際立った対照をなしていた。採鉱の行なわれていたあいだは賑わっており、今は昏睡状態に落ち込んだかのようなこれらの教会は、捻《ねじ》れ模様に飾られた柱廊や、渦形装飾のある破風《はふ》や、衣裳の刻まれた像などの窪みの一つ一つ、襞《ひだ》の一つ一つの中に、彼らの零落の因《もと》ともなったあの富の幾欠片《かけら》かを、懸命に仕舞い込んでおこうとしているかのように見えた。地下の開発は、田舎の、なかんずく熔鉱の燃料となった木を提供した森林の、荒廃を代償にして支払われたのだ。鉱山町は、養分を吸い尽くした後、そのままの位置で火事のように消えてしまったのである。

サン・パウロ州は、他の出来事も思い出させる。それはイエズス会修道士と農場主との闘いで、十六世紀からすでに彼らは対立していた。各々、相手の遣り方での植民を妨げようとした。修道士たちは、数の減ったインディオを、野蛮な生活から引き離し、イエズス会の指導のもとに一種の自治体の形に集合させようとしていた。州の幾つかの僻地に行くと、こうした初期のブラジル人村落を、アルデイア〔先住民の小集落〕とかミッサウン〔布教団〕などという名称から、あるいはむしろその広々とした機能的な村の配置からさらにはっきり、それと認知できる。中央に教会があり、土を叩き固めてはあるが草が侵入している四角い広場、ラルゴ・ダ・マトリスに臨んでいる。広場は直角に交差する道に囲まれており、道の両側には以前の先住民小屋の代りに建てられた低い家が並んでいる。ファゼンデイロと呼ばれる農場主は、自分たちの徴税を妨げ、農奴のようにこき使える労働源を奪いさえしている布教団の世上権を嫉《そね》んでいた。彼らは見せしめに討伐を行ない、布教師やインディオを四散させた。こうしたことから、ブラジルの人口現象の奇妙な特徴も説明がつく。つまり先住民部落《アルディア》の後裔である村落生活が最も貧しい地方に保持される一方で、豊かな土地は貪婪《どんらん》な欲望に曝《さら》されたために、住民は、主人の屋敷の周りの、どれも似たりよったりの藁や煉《ね》り土の小屋――そこでは、領主が入植者たちの上に監視の目を光らせることができた――に集まる他はなかったのである。今日でもなお、幾つかの鉄道沿線では集落生活というものがないために、鉄道会社は一定の距離をおいて適当に駅を置かざるをえず、それらの駅にアルファベット順の名前を付けている。たとえば、ブアルキーナ〔女性の名に由来〕、フェリシダーデ〔幸福〕、リマウン〔レモン〕、マリリーア（一九三五年頃には、パウリスタ会社は、Pという字に当たるところにあった）など。数百キロのあいだ、汽車が、その土地の全住民を集めている大農場《ファゼンダ》に交通の便を与える停車場であるシャーヴェ〔鍵、要所〕でしか止まらないということもありうる――シャーヴェ・バナナル〔バナナ〕、シャーヴェ・コンセイサウン〔処女懐胎〕、シャーヴェ・エリザ……。

或る場合はこれと逆に、農場主たちは、宗教上の理由から、土地を教区に譲渡することを決定している。このようにして、聖人の加護のもとに置かれた集落、パトリモーニオ〔遺産〕が生まれた。地主が自分でポヴォアドール、つまり村の植民者になるか、あるいはプランタドール・デ・シダーデ、つまり町にいる植民者になれば、パトリモーニオは世俗的な性格をもつことになる。

そういう時、植民者は町に自分の名前をつけた。パウロポリス、オルランディア、など。あるいは政治的打算から、町を有名人の庇護のもとに置くこともあった。プレジデンテ・プルーデンテ〔プルーデンテ・デ・モライス。ブラジル第三代大統領。一八九四～九八年在任〕、コルネリオ・プロコピオ、エピタシオ・ペソア〔エピタシオ・ダ・シルヴァ・ペソア。ブラジル第十一代大統領。一九一九～二二年在任〕……。なぜなら、極めて短いものでしかなかった集落の生命の周期の中においてさえ、集落は幾度《いくたび》もその名を変える方便を見つけたからで、これらの諸段階の一つ一つがまた、集落の生成の過程を示していた。初めは、綽名《あだな》でどこかの場所が指し示されるに過ぎない。たとえば、原野の直中《ただなか》に作られていた小さな畑のためにバタタイス――ジャガ薯《いも》と呼ばれる。あるいは、荒れ寂れた場所で飯盒《はんごう》を火にかける燃料がなかったために、フェイジャウン・クルーつまり生隠元《なまいんげん》。さらにはまた、或る遠い宿営地に着いたとき食料の貯えがなかったために、この宿営地がアロス・セン・サル、塩ぬき飯、になる。そして或る日、借り受けた数千ヘクタールの土地に一人の「大佐」――大地主や地方政治家に気前よく与えられた称号であるが――が自分の影響力を確立しようとする。彼は居住地の定まっていない人々を募り、誘い、狩り出し、かくてフェイジャウン・クルーはレオポルディーナに変わり、フェルナンドポリスになる。やがて、この気紛れと野心から生み出された町は衰微し、消滅してしまう。あとには町の名前と、一群の人々がマラリアと十二指腸虫に侵されてその場で死滅した後の荒屋《あばらや》しか遺らない。しかしまた、町が根付くこともある。町には住民の共同意識が生まれ、一人の男の玩具であり道具であったことなど忘れてしまおうとする。イタリア、ドイツ、そして半ダースほどの他の出身地からの、移住して来て間もない住民が、自分たちの拠りどころが欲しいと感じる。先住民語の名前に何か使えそうなものはないかと字引を繰る。たいていはトゥピ語の名前が、彼らをコロンブス以前という特権――彼らにはそう思われるのだ――で飾る。タナビ、ヴォトゥプランガ、トゥパウン、あるいはアイモレ……。

鉄道が出来たために寂れてしまい、今は住む者もない川沿いの村が、あちこちに遺址を留め、実りなく終わった一連の変化のあとを示している。初めは、カヌーで往来する人たちがインディオの奇襲から身を守って夜を過ごせるような岸辺の小さな宿とか、差掛けがあった。やがて、小さな蒸気船が通うようになって、ほぼ三十キロおきにポルト・デ・レーニャ〔薪の港〕が出来、ひょろ長い煙突の付いた外輪船が停泊して薪を補給した。最後に、航行可能な水路の両端に河港が、急流や滝のために航行不能なところには積換え所がつくられた。

一九三五年には、二つの型《タイプ》の町が、活動はしていながら昔の面影を留めていた。それは、ボーゾつまり交通の要地にある村と、道の尽きたところにあるボーカ・デ・セルタウンつまり「荒野の口」とである。そのころはもう、トラックが、隊列を組んだ騾馬《らば》や牛に牽《ひ》かせた二輪車などの古い交通手段にとって代わり始めていた。トラックは、ざっと地面を均《な》らしただけの以前と同じ道を、道の不安定さのために、ファースト・ギヤかセカンド・ギヤで数百キロも行くことを余儀なくされた。速度も荷駄獣並みなら宿駅も同じということになり、油じみた作業服の運転手と、革のものをやたらに身につけたトロペイロ〔馬方〕とが肘《ひじ》突き合わせるのだった。

　これらの道路は、人がかけた期待に、あまりよく応えてはいなかった。道路の成り立ちは様々であった。古くからの隊商路として、かつて、一方からはコーヒーや砂糖黍の酒や砂糖が、もう一方からは塩や干し野菜や小麦粉が運ばれていた道もあった。こうした道は、あちこちで荒野の直中《ただなか》のレジストロ〔登録所〕に遮られていた。木の柵があって、その周りに小屋が幾つか並び、ぼろを着た百姓姿のいかがわしい官憲が、通過料を要求した。そして、これに照応するかのように、さらに秘密の交通網、つまり通過料を払わずに済むように仕組まれたエストラーダ・フランカ〔無税道〕があった。さらにエストラーダ・ムラーダつまり騾馬《らば》の道と、エストラーダ・ボイアダつまり牛車の道があった。こうした道ではしばしば、二、三時間もたて続けに、緩やかに近寄って来る二輪車の心棒の軋《きし》みが発する、単調で、馴《な》れていなければ気が変になるくらい気色《きしょく》の悪い叫喚《きょうかん》を聞かされた。古い型のこれらの二輪車は、それが原史時代以来ほとんど変わらずに受け継がれてきた地中海世界から十六世紀に輸入されたもので、轅《ながえ》と草編みの囲いの付いた重い車体が、輻《や》も轂《こしき》もないべたの車輪と一緒に回転する車軸の上にじかに乗っていた。車を牽く動物は、全体を前進させるためという以上に、車軸が車体に向かって金切声をあげながら抵抗するのに打ち勝とうとして、体力をすり減らすのだった。

道路というのは、従って、だいたい同じ方向へ行く動物や二輪車やトラックが、雨や、植物の倒壊と生育などの気紛れに合わせて、そのときどきで最も具合のよい道を切り拓いて行く、その繰り返しがもたらす地均《なら》しによって、かなり偶然に作られたものだった。窪地と木のない斜面の入り組んだ錯綜《さくそう》、時にはそれが合わさって百メートルほどの幅になり、荒野の直中に出現した大通りとでもいうようになるのだが、これは、〔南フランスの〕セヴェンヌ地方の移牧《いぼく》〔季節によって山地と平野を往復させて放牧する牧畜の一形態〕の道を私に思い出させた。或る時はまた、道は地平線の四方へ向かって散らばっていて、迷路から抜け出すために、これらのどの糸を辿ればいいのか、皆目見当《かいもく》もつかない。しかもまかり間違えば、たかだか三十キロほどの道のりを何時間もかかって危険な前進を続けた挙句、砂や沼地の直中で途方に暮れなければならないのである。雨季に、ぬらぬらした泥の運河に姿を変えた道路は、とても通れたものではなかった。しかしやがて、通り抜けることに成功した最初のトラックが粘土に深い溝をつけ、三日もすると乾燥が、それをセメントでしっかりと固めでもしたようにしてしまう。後から通る車は、この谷に車輪を入れて進んで行くより他はないのだが、それも、左右の車輪間隔と車体の底部の高さとが前の車と同じ時にだけ可能なことである。もし、車輪間隔は同じで車体が低ければ、道の中高《なかだか》の部分が突然あなたを持ち上げ、車は固い台の上に乗ったままになり、鶴嘴《つるはし》でこの台を突き崩すより他はなくなる。もし車輪間隔が前のものと異なっていれば、来る日も来る日も、片方の車輪は溝の中で低く、もう一方の側の車輪は高くあがり過ぎたままで走らせ続けなければならず、そのため車は、絶えず横転の危険に曝《さら》されるのである。

ルネ・クールタン〔サン・パウロ大学で当時法律を教えていた、著者の同僚〕が、彼の新しいフォードを犠牲にした旅のことを、私は今でも思い出す。ジャン・モーゲ〔サン・パウロ大学で当時哲学を教えていた、著者の同僚〕と彼と私とは、その車で行けるところまで行ってみることにしたのだった。それはサン・パウロから千五百キロのところにある、アラグアヤ河のほとりの、カラジャ・インディオの或る家族の小屋で終わった。帰途、前輪のばねが壊れ、私たちは百キロものあいだ、機関部をじかに車軸の上に乗せて走り、その後は六百キロのあいだ、或る村の職人に頼んで拵《こしら》えてもらった鉄の薄板で支えて走った。しかし、とりわけ私が思い出すのは、私たちが、ほかに十《とお》もあった中から道として選んだ溝が、いつ私たちを裏切るか分からないままに、日が暮れてから運転した数時間のことである。サン・パウロ州とゴイアス州の境のあたりには、村も滅多になかった。突然、揺らめく星が点々とする闇の中に、ポーゾ〔交通の要地にある村〕が浮かび上がった。見えたのは、小さな発電機で灯《とも》している電球で、発電機の機関音は、それまで何時間か時おり聞こえていたのだが、私たちの耳には荒野の夜の物音と混り合っていたのだった。宿には鉄のベッドやハンモックがあった。夜が明けるとすぐ、私たちは、シダーデ・ヴィアジャンテつまり宿場町の、ルア・ディレイタ〔真直ぐな街路〕に車を走らせた。そこには家も市場もあり、広場には、レガタウン〔小商人〕やマスカーテ〔行商人〕が群れていた。商人、医者、歯医者、そして巡回公証人までいた。

大市の立つ日の賑いは格別だった。いつもはてんでんに暮らしている何百人という百姓が、家族全員を引き連れ、この日のために小屋を出て、年に一度、仔牛一頭、騾馬《らば》一頭、獏《ばく》かピューマの皮一枚、幾袋かの玉蜀黍《とうもろこし》、米、あるいはコーヒーを売るために何日も旅を重ねる。そしてそれと引換えに、一枚の綿布、塩、ランプ用の石油、何発かの銃弾といったものを持ち帰るのである。

背後には、疎《まば》らに灌木の立つ、茨《いばら》の茂みに覆われた台地が拡がっている。ごく新しい浸蝕作用、つまり半世紀前の伐採が、手斧《ちょうな》で用心深く伐りでもしたかのように、台地の表面を軽く削り取ってしまっている。何メートルかずつの水平面の落差が台地の始まりを画し、窪地が新しく形成されつつあることを示している。幅は広いが、極めて浅いひと筋の水流——それは川床《かわどこ》にすでに定着した川というより、むしろ気紛れな水の氾濫だ——から遠くないところに、緑豊かな囲い地に沿って、広い通りが二筋、三筋、平行に走っている。囲い地の中には、煉《ね》り土の小屋が、瓦屋根に覆われ、石灰塗料のクリーム質の白さを輝かせているが、その白さは、扉の栗色の枠組と赤紫《ランショ》の地面の照り返しとのために、一層濃密なものになっている。ガラスのない大きな窓がほとんどいつも口を開けている正面の壁のために、屋根付きの市場に似ている宿舎のところからすぐに、家畜が根元まで食ってしまった堅い草の生えた牧草地が始まっている。市に備えて、世話人が秣《まぐさ》を貯えさせてある——砂糖黍の葉や椰子の枝を圧縮して、木の枝や蔓《つる》草で縛ってあるのがそれだ。市に集まる人たちは、この立方形の塊のあいだの空間に、周囲に釘を打ったべたの車輪の付いた二輪車を、てんでに持ち込んで寝泊りするのである。新しく編んだ籠の荷台と紐で張った牛の革の幌とが旅のあいだの寝場所になっていたが、ここではそれに加えて、椰子の枝の庇《ひさし》もあり、二輪車の後部に垂れ下がった白い綿布はテントにもなる。風に吹き曝《さら》されながら、人々は米と黒隠元と乾肉を煮る。牛は砂糖黍を食い、そのしなやかな茎が、口から緑の噴水のように垂れ下がる。その牛どもの脚のあいだを、裸の子供が走り廻る。

何日かあとには、みな発《た》って行った。旅人たちは荒野の中に再び吸い取られてしまう。ポーゾは太陽の下で眠る。一年のあいだ、田舎の生活はまた、週日は閉めたままのヴィラ・デ・ドミンゴ〔日曜館〕の、週一度の賑わいだけに戻ることだろう。日曜になると、紳士たちは、酒売場と何軒かの小屋のある、泥道の交差点で顔を合わせるのである。

13　開拓地帯

こうした種類の光景は、ブラジル内部では、海岸を離れて北や西へ、つまり、荒野がパラグアイ河の沼沢地やアマゾン河支流の河岸森にまで延びている地帯に行けば、いたるところに展開されている。村落は稀になり、村落を隔てる空間はいよいよ広漠としてくる。木が伐《き》り払われているところもあり、そこはカンポ・リンポつまり「きれいな」原《はら》ということになる。茨《いばら》が茂り放題のところもあり、そこはカンポ・スージョ、「きたない」原《はら》と呼ばれる。あるいは、セルラード〔茂み〕、カティンガ〔灌木や茨の生えた林〕などとも呼ばれるが、これは二種類の藪地なのである。

南、つまりパラナ州に向かっては、熱帯から次第に遠ざかること、標高が増すこと、そして地下の地質が火山作用に由来するものであることなどが、様々な点で風景や生活形態を異なったものにする原因となっている。そこには先住民の残存が、文明化された中心からまだそれほど隔たってはいないところに、内陸部における植民地化の最も近代的な形態と隣り合せになって見出される。それゆえ、私が企てた初めの頃の遠出も、この北部パラナ地方に向けてのものであった。

パラナ河によって画《かく》されているサン・パウロ州の境界のかなたの大森林地帯に達するのに、二十四時間以上もかけた旅は、ほとんど必要がなかった。この大森林は、温暖で針葉樹の茂る湿潤な地帯であり、今までこんなにも長いあいだ、その巨軀《きょく》でもって植民者が入り込むのを拒んできたのである。依然としてそこを徘徊しているインディオの群れと、幾らかの孤立した開拓者とを除けば、一九三〇年頃まで、この大森林は、ほとんど人間に汚されていないと言ってよかった。開拓者というのは、大抵は貧しい農民で、少しばかり森を伐り拓いたところに玉蜀黍《とうもろこし》を作っていた。

私がブラジルに着いた頃には、道路と鉄道をつくる契約と引換えに、政府から百五十万ヘクタールをまず譲り受けることに成功したイギリスの或る企業の影響のもとに、この地方は拓かれつつあった。イギリス人は、この土地を細分して、特に中部および東部ヨーロッパからの移民に売り、鉄道の所有権は保持して、農産物の輸送に充てようと目論んでいたのであった。一九三五年には実験はもう始まっていた。森林を貫いて鉄道は着々と伸びつつあった。一九三〇年の初めには五十キロ、その年の末には百二十五キロ、一九三二年には二百キロ、一九三六年には二百五十キロというように。およそ十五キロごとに駅を一つ置き、そのそばに一平方キロの森を伐り拓いた土地を拵《こしら》えたが、そこは将来町になるはずであった。町には時とともに住民がふえ、鉄道で行くと次々に通過する町は、まず初めが一番古くできた町ロンドリーナ〔ロンドン女〕で、すでに三千の住民を数えており、次がノヴァ・ダンティジーギ〔新ダンチヒ〕で九十、ロランディアは六十、一番新しくできたアラポンガスには、一九三五年に一軒の家に唯ひとりの住民がいたが、それはもう相当年輩のフランス人で、一九一四―一九一八年の戦争の時の軍隊の脚絆《きゃはん》をつけ、麦藁帽子をかぶって、この無人境で瞑想に耽っているのだった。この開拓辺境の大専門家であるピエール・モンベーグが私に話してくれたところでは、このアラポンガスに、一九五〇年には一万人の住民がいたそうである。

昔、ガリアにローマ人が作ったように、尾根伝いに新しく作られた道を辿って、この地方を馬かトラックで巡回する限り、この土地に人が暮らしているとは到底思えなかった。細長い分譲地は、一方の端は道路に、他の端は各々の谷の底を流れている小流に接するように区切られているのだが、人の定着が始まっているのは、下の、水に近い方だったからである。デルバーダつまり木を伐り払った土地は、徐々に斜面を登ってくる。だから、文明の象徴である道そのものは、森の厚い覆いにくるまれたままになっている。森の覆いは、まだ何ヵ月も、あるいは何年も、丘の頂きを包み続けるのであろう。しかし、谷の底では、どこでもまるで嘘のように、このテラ・ローシャつまり紫の処女地に、伐り倒された大木の幹や切株のあいだから、最初の作物が姿を現わしていた。冬の雨がこうした森の残滓《ざんし》を分解して肥沃な腐植土に変えることを引き受け、そしてまたすぐさま、消滅した森に養分を与えていた腐植土と共に、斜面沿いに引きずり下ろしてしまうのであろう。伐り払われた森の根が腐植土を引き留めることもできないままに。このカナンの地〔旧約聖書に記されている、約束された楽土〕が、不毛な荒れ果てた風景の様相を呈するようになるまで、人は十年、二十年、あるいは三十年待とうというのであろうか。

さしあたってのところ入植者たちは、収穫がむやみに多いということで、どうにも抑えきれない歓びにひたっていた。ポメラニアやウクライナ出身の家族――彼らは、まだ自分たちの家を建てる間《ま》がなく、流れのほとりの板の差掛けで、家畜と一緒に暮らしていた――は、玉蜀黍《とうもろこし》や木棉が、生い茂る植物の中に埋没してしまわずに実りをもたらすには、暴れ馬を馴らすように、まず疳《かん》を挫く必要のあったこの奇蹟の領地に、欣喜《きんき》しているのであった。或るドイツ人の農夫は、幾粒かの種子から生えたレモンの木の茂みを私たちに示しながら涙を流していた。なぜといって、これら北国の人たちは、土地の肥沃なことに茫然となってしまっただけでなく、恐らくそれ以上に、お伽噺を通してしか知らなかった作物の珍奇さに、まごついているのであった。この地方は熱帯と温帯の境目にあったために、僅か数メートルの土地の高低が、すぐそれと分かる気候の差異に対応していた。だから、故国の植物とアメリカ大陸の植物というように、隣り合せに何でも生えさせることができた。農業が与えるこの楽しみに有頂天になって、彼らは小麦と砂糖黍、亜麻とコーヒーを並べて作っていた……。

若い都市は、まったく北方風であった。そこでは、古い移民に新しい移民――ドイツ人、ポーランド人、ロシア人、そしてより少数の、せいぜい百年ほど前に国の南部のクリティバあたりに集っていたイタリア人など——が合流した。板や、木の幹をざっと四角に削った材木で出来ている家は、中部ヨーロッパや東部ヨーロッパを思い出させた。輻《や》のある車輪が四つ付いた、馬に牽かせる長い荷車が、イベリア式の二輪の牛車にとって代わった。そこでも、加速度的なリズムで形を整えつつあった未来の構想の方が、こうした思いがけない過去の残存よりも私の心をとらえた。不定形の空間が、日を追って都市の構造を獲得してゆく。あたかも、細胞に分かれ、細胞が今度は、それぞれの機能を担った細胞群として特殊化してゆくように、この不定形の空間も分化してゆくのだった。すでにロンドリーナは、組織された都市であった。大通りがあり、ビジネスセンターがあり、職人街も住宅街もあった。だが一体、どんな謎の設計者が、ロランディア、そしてとりわけアラポンガスが再び還元されつつあった空漠とした土地に細工を施して、或る一方向には或る種の住民を、他の一方向にはまた別の種の住民を芽生えさせ、それぞれの地区に或る機能を定め、そこに特定の一職業を割り当てるように仕向けたのであろうか。森林の直中《ただなか》に勝手に伐り拓かれたこれらの四辺形の中で、直角に交わっている道路は、初めはみな似たようなものであった。幾何学的に引かれた道筋には固有の特徴はなかった。しかしながら、或る道は中央にあり、或るものは周辺に位置していた。或る道は鉄道または街道に平行であり、或るものは垂直であった。このようにして、第一のものは交易の方向にあり、第二のものは交易を断ち切るか、遮る形になった。交易や商業活動は、必然的に客で賑わう第一の道路の方を選ぶことになろう。そしてそれと反対の理由で、個々の住民や幾つかの公共施設は、第二の道路を選ぶか、もしくはそこに追いやられるだろう。一方では中央と周辺、他方では平行と垂直というこれらの組み合せによって、都市生活の四つの様態が決定されることになり、それらは将来の住民を、或る者は優遇し、或る者は意気沮喪《そそう》させながら成形してゆき、成功や失敗を生み出させることであろう。それだけではない。これらの住民は二つの型《タイプ》から成っている。大勢で賑やかにしているのが好きな人たち――彼らにとって、都会風なものの定着が進んでいればいるほど、その地区は魅力がある――と、自由でありたいと心を砕いている、孤独が性《しょう》に合った人たちとである。この第二の対位法が、第一のものを複雑にしながら形成されてゆくに違いない。

最後に、これほど多くの都市で、街を西に向かって駆りたて、東の地区に貧困と退廃を強《し》いている作用の不思議な因子についても触れなければならない。恐らくこれは、太陽の動く方向は正であり、その逆の方向は負であるという、そして一方は秩序を、他方は無秩序を意味するという無意識の信仰を人類に原初から染み込ませた、あの宇宙のリズムの単なる表現なのであろう。われわれはもうずっと前から太陽を崇拝せず、色彩や効能といった呪的な性質を方位に結びつけることを止めてしまっている。しかし、空間の質的な概念化に対して、われわれのユークリッド的な考え方がどれほど反逆しようと、そういうわれわれにはお構いなく、天文上の大現象、さらには気象上の大現象さえもが、認知し難い、しかし消滅することのない係数の領域に力を及ぼしているのである。すべての人々にとって東西の方向は「成就」の方向であり、北半球の温帯の住民にとって、北が寒さと夜の、南が暑さと光の座であるということも、われわれには左右できないのである。こうしたことの一切は、個人の理性的な行為のうちには垣間見ることもできない。だが、都市生活は、ある奇妙な対照を見せてくれる。都市生活が、文明の最も複雑で最も洗練された形態を表わしているにもかかわらず、それが小さな空間に表現している例外的な人間の集中と、その周期の持続とによって、それは意識されない態度の数々を坩堝《るつぼ》の中に沈澱させるのだが、その態度の一つ一つは微小であるにせよ、同じ標《しるし》を付け同じ遣り方でそれを表明する個人の数が多いために、大きな効果を生むことができるようになるのである。都市の東から西への拡大、そしてこの軸に沿っての豪奢と貧困の分極化は、父祖伝来の、そして今も相変わらず生き続けているわれわれの迷信の、細菌に似た蠢《うごめ》きを、都市特有の顕微鏡のような倍率の作用で集団意識の膜の上に浮かびあがらせて見せるという、都市のもつ特権――ないしは束縛――を認識しなければ理解できないことであろう。

だがそもそも、それは迷信と呼ばれるべきものであろうか？　このような選《え》り好みのうちに、私はむしろ、野蛮人たちが自然に実践していた知恵、それに対しては近代的な反逆などまったく愚かしいものでしかない、一つの知恵の標《しるし》を見るのである。彼らはしばしば、最小の出費で自分たちの知的調和を得る術《すべ》を心得ていた。もしわれわれが、人間としての体験のあるがままの諸条件を認め、さらに、人間的体験の枠組やリズムから、われわれは自分の意志で完全に自由にはなれないのだということを甘んじて認めれば、われわれは、どれだけ疲弊や無用な苛立《いらだ》ちなしに済ませられるだろうか。音や匂いが色をもち、感情に目方があるように、空間は、それに固有の様々な価値をもっている。このような対応の探求は、詩人の遊戯でもないし人を担《かつ》ぐことでもない(同様に、音素を結び合せ、可能な音素から或る限定された調子が生まれることを可能にする関係——各個人によって変わりうる音素の色ではなく——が、どういう基礎の上に成り立つかを知っている言語学者にとって、今日では古典的な例とされている母音のソネット〔フランスの詩人ランボーの母音と色とを結び合わせた詩〕をめぐっても、そのことが敢えて論じられたのである)。この探求は、学者に、その開発がさらに豊かな発見を彼にもたらしうるような、最も新しい領域を提供している。もしも魚が、感覚の享楽に耽る通《つう》さながら、匂いに明るい匂いと暗い匂いを識別し、蜜蜂が光の強度を目方で分類するとしたら——蜜蜂にとって、闇は重く、光は軽いのだから——、画家や詩人や音楽家の作品も野蛮人の神話やもろもろの象徴《しるし》も、知覚のより高級な一形式とは言えないまでも、少なくとも最も根源的な形式として、われわれに映ることになるに違いない。それは知覚の真に普遍的な唯一の形であって、科学的思考というものは、その鋭利な尖端を成しているに過ぎないのである。科学的思考は事実という石で研ぎすまされているために、とくに刺し通す力が強いのだが、その代り実体というものは失われており、その効能は、道具の全体が尖端の後に完全に付いて行くのに十分なだけ、深く刺し通すことができるかどうかに懸かっているのである。

社会学者は、包括的で具体的な一つのユマニスムを精錬するというこの作業に力を貸すことができる。なぜなら、社会生活の大規模な表明も、意識されない生の営みから生まれるという点で、芸術作品と共通のものをもっているのだから。社会生活では表明は集団的であり、芸術作品では個人的であるが、しかしこの差異は二次的なものに留まっており、単に見かけの差異に過ぎないとさえ言える。つまり、一方は公衆によって、他方は公衆のために生み出されるので、この公衆というものが二つの表明に公分母を提供し、二つのものの創造の条件を定めているからである。

それゆえ、すでに度々為されてきたことであるが、一つの都市は、一曲の交響楽や一篇の詩に擬《なぞら》えることができるというのは、単なる比喩ではない。これらのものは、本質を同じくしているのだから。さらに、恐らくはもっと貴重なことに、都市というものは、自然と人工の合流点に位置しているのである。生物としての歴史を都市の境界の中に包み込み、同時に、思考する存在としてのあらゆる意図で都市を成形している動物たちの教団組織である都市は、その生成においても形態においても、生物学的繁殖と有機体としての進化と美的創造とに、等しく関わりをもっているのである。都市は、自然としては客体であり、同時に文化としての主体である。個であり、集団である。生きられたものであり、夢想されたものである。いわば、優れて人間的なものなのである。

これらブラジル南部の総合都市では、家の配置や、主要道路の機能分化や、界隈ごとに醸《かも》される雰囲気などといったもののうちに表れている、秘《ひそ》やかだが根強い意図は、都市を造るという企てを思い付かせた気紛れに逆らいながら、却《かえ》ってそれを持続させているだけになお、意味深長なものに思われる。ロンドリーナ、ノヴァ・ダンティジーギ、ロランディア、アラポンガス――一団の技師や会計官の決定から生れたこれらの都市は、徐々に、具体的な形をとった、うわべのものでない、多様性を帯びつつあった。一世紀早くクリティバがそうだったし、恐らく今日ゴイアニアがそうであるように。

パラナ州の首府であるクリティバは、政府が町を造る決定をしたその日から、地図に姿を現わした。一人の地主から買い取った土地は、人口の流入を惹き起こすのに十分なだけ安い値で分譲された。同じ方式は、後にミナス州に首府としてベロ・オリゾンテを造るときにも用いられた。ゴイアニアの場合は、成否はなお覚束なかった。というのも、その当初の目的が、ブラジルの連邦首都を、何もないところに拵えようとすることにあったのだから。

南の海岸をアマゾン河の流れから隔てている距離の、直線距離にして約三分の一のところに、二世紀このかた、人間に忘れられていた広大な台地が拡がっている。隊伍を組んだり船で水流を辿ったりして人が旅をしていた頃には、数週間かかれば、鉱山地帯から北へ向けて登り、この台地を横切ることができた。するとアラグアヤ河の岸に出る。そこからベレンまで船で河を下ることもできた。この古い時代の地方生活の唯一の証人であるゴイアス州のちっぽけな首府——その名から州の名も由来している——は、海岸から千キロのところに、事実上海岸からは遮断されて眠っていた。椰子の木の羽根飾りを付けた丘の、風変りなシルエットを望む緑豊かな土地に、低い家の並ぶ通りが、庭や広場のあいだを斜面沿いに下っていた。広場には、飾られた窓のある、半ば納屋、半ば鐘堂《しょうどう》といった教会が幾つかあり、その前で馬が草を喰《は》んでいた。柱廊や化粧漆《しっ》喰《くい》や破風《はふ》は、卵白のように泡立つ塗料で、クリームや黄土色《オーカー》や青やピンクにいつも生々しく塗りたくられていて、イベリアの田園風物のバロック調を再現しているかのようだった。一筋の川が苔だらけの土手のあいだを流れていたが、土手は、住む人の居なくなった邸にまで入り込んでいる蔓草《つるくさ》やバナナや椰子の重みで、ところどころ崩れている。植物のこの荘重な繁茂は、しかしながら、屋敷に衰退の標《しるし》を刻み付けるよりはむしろ、屋敷の壊れた玄関に無言の威厳を添えているのだった。

この馬鹿馬鹿しさを嘆くべきなのか、それとも興《きょう》がるべきなのか、私には分からない。行政府はゴイアスを、その田園や、馬の調教地や、時代遅れの優雅さと共に、ほったらかすことに決めていた。これらすべては、あまりに小さく、あまりに古ぼけていた。人が夢見ていたような巨大な企てを実行に移すには、平坦な広い土地が必要だった。東へ百キロのところに土地が見つかった。それは、堅い草と棘《とげ》のある灌木の茂みに覆われただけの、まるで一切の動物を絶やし、植物を枯らしてしまう災厄に襲われたかのような台地だった。鉄道も道路もそこに通じてはいず、二輪馬車なら通れる、自然についた小径《こみち》があるだけだった。この地所に対応して、百キロ四方の正方形が、未来の首都が中央に築かれるべき連邦地区用地として、いかにも象徴的に地図に記入された。建築家たちを悩ます自然の障害物が何もなかったので、彼らは図面の上でのように現場で作業を進めることができた。町の設計図は地面の上に引かれた。町の外郭を定め、その中に様々な地区を定めた——居住地区、官庁地区、商業地区、工業地区、それに歓楽に充てられた地区などである。歓楽は、開拓都市では常に重要である。なにしろ一九二五年頃、同様な企画から生まれた都市マリリアで建てられた六百戸のうち、ほとんど百戸が娼家だったという時代もあったのだから。娼家の大部分は、あのフランセジーニャ〔フランス貴婦人〕に充てられていたが、彼女らは、慈善事業に従う修道女たちと共に、十九世紀に外国におけるフランスの影響を推し進める上での両翼を成していたのである。フランス外務省もそれをよく承知していて、一九三九年になってもまだ、いわゆる「やわらかい」雑誌を配布することに、機密費の主要部分を割いていた。もし私が、ブラジルの最も南の州であるリオ・グランデ・ド・ソルの大学の創設と、そこでフランス人教師に与えられた優越とが、元をただせば、未来の独裁者が若い時、パリで蓮葉女《はすはおんな》から吹き込まれた、われわれの文学とわれわれの自由に対する愛着に由来しているのだと言っても、私のかつての同僚の何人かは、それを否定しないだろう。

連日、各新聞は一ページ大の広告で埋まった。ゴイアニア市の創設が報じられた。もう百年も前に出来た町ででもあるかのように詳しい市街図のまわりに、入居者に約束されている利点が列記されていた――道路よし、鉄道の便あり、上下水完備、映画館あり。もし私の記憶に誤りがなければ、初めの頃、つまり一九三五年から三六年には、登記の費用を払うことに同意した土地購入者には、土地が特別価格で提供されていた時期さえあった。最初の入居者は公証人や投機屋だったからである。

私はゴイアニアを一九三七年に訪れた。電柱や測量用の杭の林立する、空地か戦場に似た果しのない草原に、百戸ほどの新しい家が視界の四方に散在しているのが見えた。最も目立つ建物はセメント造りの平行六面体のホテルで、この索漠とした光景の中では、空港ビルか小さい砦を想わせた。このホテルには、「文明の前進堡塁《ほうるい》」という呼び名がぴったりしたかもしれない。それは比喩的な意味などではなしに、この用法によって奇妙な諷刺的価値を帯びる、字義通りの意味においてなのである。なぜといって、この無人地帯に強行された進出ほど、野蛮で非人間的なものはないのだから。この優雅さのかけらもない安普請は、ゴイアスの反対であった。どんな歴史も持続も習俗も、その虚しさを満たしてはいず、そのぎごちなさを和らげてはいなかった。そこでは人は、駅や病院にいるように、いつも自分を通りすがりであると感じ、常住者という気持には決してなれなかった。ただ、大異変への怖れだけが、この防塞の存在を正当化できた。大異変の一つは事実生じており、あたりを圧する沈黙と停滞が、その脅威を引き伸ばしていた。文明をもたらす者カドモスが[1]、竜の歯を播《ま》いたのだった。怪物の息で皮を剝《は》がれ焼かれた土地に、人間が生えて来るのが見られるのを、人は待ち望んでいたのである。

〔1〕ギリシア神話の人物。退治した竜の歯を播き、そこから生まれた五人の戦士たちとともにテーバイの町を築いたという。

14　空飛ぶ絨緞

今になってみると、ゴイアニアの大ホテルの思い出は、人間が世界とのあいだに保つことを引き受けた――というよりむしろ、次第に増大する力で押し付けられた――関係の不条理を、豪奢と悲惨の両極で証拠立てるような他の幾つかの思い出と、私の記憶の中で出逢うのである。私は、ゴイアニアに劣らず恣意的に造られた他の一都市のうちに、だが途方もなく引き伸ばされた姿のゴイアニアのホテルを、再び見出したことがある。恣意的にというのは、カラチの人口は、政治的打算と住民の組織的な移し替えの結果、一九五〇年には、三年前の三十万から百二十万になっていたからである。それも、ゴイアニアと同じく荒漠とした土地の直中《ただなか》に、われわれの地球の生《なま》皮《かわ》をエジプトからインドまで広大な面積にわたって剝《は》いでいる、あの不毛な平地の東の果てに、である。

初め漁村で、次いでイギリスの植民地支配に伴って、小さな港のある商業都市になったカラチは、一九四七年には首都に昇格した。昔の軍駐屯地の長い大通りに沿って、集団用のあるいは一戸建ての兵舎――一戸建てのものには、官吏や士官が住んでいた――が、埃だらけの植物の垣の中にそれぞれ孤立しており、大通りには難民の群れが吹き曝《さら》しの中で眠り、蒟醬《きんま》[1]を吐き出した跡が血のように染み付いている歩道で、細々と暮らしていた。その一方では、ペルシア系の百万長者が、西洋の実業家のために途方もなく大きな豪華ホテルを建てているのだった。何ヵ月ものあいだ、明け方から夜まで、ぼろを纏った男女が行列し（イスラム社会では、女性の隔離は、宗教的な行ないであるよりはむしろ、ブルジョア的威光のしるしであり、最も貧しい人たちには性別というものすら認められないのである）、めいめいが生コンクリートの一籠を運んで来ては、工事場の枠組の中にあけ、少しの休みもなく、また次の一巡をするために、ミキサーの所へ籠を満たしに戻って行く。一棟の工事が済むか済まないかに、もうそこだけ客を入れた。なぜなら食事付の部屋代は、一日分が、女人足が一と月に受け取る賃金より高かったからである。こうして、九ヵ月で豪華ホテル一つの建築費が償還《しょうかん》できた。だから急いで遣る必要があったのだ。そして工事監督は、建物のいろいろな部分がきちんと接合しているかどうかなど、ほとんど気に掛けなかった。ペルシアの大守《たいしゅ》が、奴隷たちを強制して泥を運ばせ煉瓦を積ませて、いびつな宮殿を造らせた時代――宮殿を飾っている絵様《えよう》には、足場の高みで空にくっきりと浮き出ている籠運びの女たちの列を、いつでもモデルに使うことができたにちがいない――から、恐らく何一つ変化してはいなかったのであろう。

いつもさっぱりと吹き切ってしまわないモンスーンの耐え難い湿気や、それにも増してイギリス人が「カラチ・タミー」と呼んでいた赤痢の恐怖のために、通り抜けることのできない数キロによって、現地人（それすら、この荒蕪地《こうぶち》では、植民地時代に人工的に作り出されたものだが）から隔てられて、商人や実業家や外交官といった客たちは、彼らの部屋であるこれらの裸のセメント桶の中で、暑さと倦怠で憔悴しきっていた。こうしたセメント桶の設計には、経済的な配慮よりは、むしろ、数週間か数ヵ月そこに閉じ込められる人間の見本が入れ替わるたびに、簡単に消毒ができるようにという配慮の方が、優先しているかのように思われた。と、たちまち私の追憶は三千キロを飛び越え、この光景は、カルカッタの最も古くそして崇敬されている聖所、カーリーの女神の神殿の光景と隣り合せに並ぶ。淀んだ沼に近く、インド庶民の宗教生活が繰拡げられている奇蹟の庭と、貪婪《どんらん》な商魂とが醸し出すあの雰囲気の中で、着色石版刷りの宗教画と彩色した石膏の神像の氾濫する市場の脇に、この宗教の事業家が、聖地詣での人々を泊めるために建てた現代版隊商宿《キャラバンセライ》があった。これは、男性用女性用に分かれた、ざっと屋根を付けただけのセメント造りの長い建物で、寝床になるやはりセメント造りの台が周囲にめぐらされている「簡易宿舎《レスト・ハウス》」であった。人は自慢顔で、私に排水溝や給水口を見せた。ひとたび人間という荷が目を覚まし、下疳《げかん》や腫物《はれもの》、膿《うみ》や傷の平癒を祈ってひれ伏すために送り出されるや否や、何本ものホースがざぶざぶと水を流し、すべては洗われる。かくて、さっぱりとなったこの大俎板《おおまないた》は、新しい着荷を受け入れる準備が整ったというわけなのである。いまだかつて、恐らく収容所を除けば、これほどまでに、人間が肉屋の肉と同一視されたことはなかったのではなかろうか。

ここもまた、人が一時泊まるだけの場所であった。しかし、少し離れたナラヤンガンジでは、黄麻《ジュート》労務者が、壁から垂れ下がって空中に揺れている白っぽい繊維の巨大な蜘蛛《くも》の巣の中で働いている。そこから出て彼らが帰るところは、「苦力溜り《クーリー・ラインズ》」と呼ばれる、灯《あか》りも床板もない煉瓦造りの飼桶《かいおけ》で、そこに六人から八人くらいずつ、体をくっつけ合うように並んで暮らすのである。そこには露天の溝が走っていて、日に三度、水が通されて不浄物を押し流す。社会の進歩がこの遣り方の代りに提供しようとしたものといえば、「人夫街《ワーカーズ・クオーター》」という監獄で、三メートルに四メートルの部屋ごとに、二、三人の労務者が一緒に暮らすのである。周りじゅう壁がめぐらされ、武装警官が戸口を見張っている。共同の炊事場と食堂は、水で洗い流しできる裸のセメントの大桶で、そこでめいめいが火を焚き、薄暗がりの地べたに蹲《うずくま》って食事をするのである。

私が〔フランス南西部の〕ランド地方で初めて教職に就いた時、或る日私は、鵞鳥《がちょう》の強制肥育のために特別に作られた小屋を見せてもらったことがある。鵞鳥の一羽一羽は狭い仕切りの中に閉じ込められ、ただ消化管に過ぎないといった状態に置かれていた。ここでもまったく同じことだった。ただ二重に違っているのは、鵞鳥の代りに私がここで見たのは人間の男女であり、彼らを肥らせる代りに、むしろ痩《や》せさせるように工夫されているということだった。しかしどちらの場合も、飼育者は、彼らが養っている者に対して、ただ一つの行為、あそこでは望ましく、ここでは避けがたい一つの行為しか認めてはいなかった。これらの暗くて風も通さない蜂の巣のような穴は、休息にも気晴しにも愛の営みにも向いてはいなかった。共通の排水溝の縁《ふち》に点々と取り付けられているだけのこれらの穴は、人間の生の営みを、排泄という機能を果たすことだけに限ってしまう考え方から生まれていた。

哀れな東洋よ！　あの得体《えたい》の知れない町ダッカで、私は有産階級の家何軒かを訪ねた。或る家は豪奢で、ニューヨークの三番通りの骨董屋の店に似ていた。他の富裕な家には、引退して「パリ郊外の」ボア・コロンブに居を構えた人の館と同じくらい、籐《とう》の小卓《しょうたく》や縁飾りの付いたナプキンや磁器が置いてあった。或る家は、フランスの最もみすぼらしい草葺きの家のように旧式なもので、泥んこの小さな中庭の奥に、叩き固めた土の竈《かまど》が、炊事場という恰好でしつらえてあった。また、裕福な若夫婦向きの三部屋のアパートは、「フランス中東部の」シャティヨン・シュール・セーヌやジヴォールに復興局が建てた安普請のアパートと区別がつかなかった。ただダッカでは、水道の栓が一つだけ付いた洗面所と同じように、部屋は裸のセメントで出来ており、家具は少女部屋の家具よりももっと安っぽかった。コンクリートの床に蹲《うずくま》り、天井からコードで下がっている電球のぼんやりした灯《あか》りで、おお千一夜物語よ、私は指で、彼らの父祖伝来の滋味あふれる夕餉《ゆうげ》をとったのだった。まず「キチューリー」で、これは米と、英語で「パルス」と呼ばれているレンズ豆――その色とりどりの変種を、袋一杯に詰めて市場で売っているのを見かける――で作ってある。次が「ニムコルマ」と呼ばれる鶏のソース煮。油っこくて果物の香りのする大海老のシチュー「チングリ・カリー」。それから「ディメル・タク」という、茹玉子入りのシチュー。これには「ショシャ」という胡瓜《きゅうり》を入れたソースが添えてある。最後にデザートの「フィルニ」。これは牛乳入りの米の粥だ。

私は或る若い教授の客だった。そこには、家事の世話をやいている彼の義弟と、女中が一人、赤ん坊が一人いた。それから私を招いた主人の妻。彼女は女性隔離《パルダ》から解放されていた。もの静かで、怯《おび》えた牝鹿のようなこの妻に向かって、夫は、彼女がまだ解放されたばかりだということを見せつけるように、盛んに皮肉を浴びせかけていたが、その粗暴さは、彼女と同じくらい、私にとっても辛いものだった。夫はまた、私が民族学者だというので、備え付けの箪笥《たんす》から、その中身を私が残らず見られるように、彼女の肌着まで出して見せるように強《し》いるのだった。彼の知らないこの西洋というものに、もてなしの押し売りをしようという思案から、夫はすんでのところで妻を裸にさえしかねなかった。

このようにして私は、労務者街と低所得者用集団住宅のアジアが、私の目の前ですでに未来の姿を示しつつあるのを見たのだ。そこに予示されているのは、一切の異国情緒をかなぐり捨て、恐らく紀元前三千年紀にアジアが発明したあの陰気くさい効用第一の生活様式を、五千年の空白の後に取り戻そうとしている明日のアジアなのであろう。この生活様式はその後、地表を移動して行き、われわれにとってまだアメリカというものと同一視されているくらい、近代になってしばらく新世界に留まっていたが、一八五〇年から再び西へ進み始め、日本に到達し、世界一周を終えて、今日、その起源地に戻ったものなのである。

インダス河谷《かこく》地帯で、私は、東洋の最古の文化のうち、長い歳月と砂と洪水と弾薬とアーリア民族の侵入とに耐えて遺っているあの峻《しゅん》厳《げん》な遺跡、煉瓦と土器の破片で固くなった瘤《こぶ》ともいうべきモヘンジョ・ダロとハラッパを彷徨《さまよ》い歩いた。何と人の感覚を狼狽《うろた》えさせる眺めなのであろう、この古代の炭坑町は！　一直線に走り、直角に交わっている街路。同じような住居の並ぶ労働者街。粉を挽《ひ》き、あるいは金属《かね》を熔かし刻み、あるいは今も地面に破片が散らばっている粘土のコップを作る仕事場。幾つもの「ブロック」（時間と空間の隔たりを無視してそんな風に呼んでみたくなる）を占めている市立の穀物倉。公衆浴場、水路網、下水。快適さが保証されてはいるが趣きのない住宅街。記念建造物も大彫刻もなく、ただ、地下十メートルから二十メートルのところに、神秘さも深い信仰もなく、金持の見栄の欲求と官能を満足させることだけを目的とする工芸が存在したことを示す、ちょっとした飾り物や贅沢《ぜいたく》な装身具が横たわっている。この全体は、そこを訪れる人に、近代の大都会の長所と欠陥を思い出させる。つまり、遺跡全体は、今日アメリカ合衆国がヨーロッパに向かってさえ見本を示している、あの西洋文明がさらに推し進めた形式を予示しているのである。

四、五千年の歴史の後に一つのサイクルが閉じた、と思ってもみたくなるであろう。インダス河の都市によって始められた都市文明、産業文明、ブルジョア文明は、ヨーロッパという蛹《さなぎ》の中での長い退化のあと、大西洋の向う岸で成熟するように運命づけられた文明と、その根底の志向において大きな隔たりはなかったのだ、とも考えてみたくなるであろう。最も古い旧世界は、その若いとき、すでに新世界の顔の下絵を描いていたのである。

それゆえ私は、うわべだけの対照や見かけの錯覚を警戒する。そうしたものは、ほんの僅かのあいだしか当てにならないからだ。われわれが異国情緒と名付けているものは、リズムがちぐはぐになっている状態を表わしているので、それは幾世紀かのあいだは意味があり、相変わらず分かち合っていたのかもしれない一つの運命を、仮に覆い隠してみせるだけなのである。丁度、ジュムナ河のほとりに立ったアレクサンドル大王やギリシアの王たちが、そしてスキタイやパルティアの帝国が、ヴェトナムの海岸でのローマ海軍の遠征隊が、諸民族を併合したムール皇帝の宮廷が、異国情緒をそのようなものとして感じたように。地中海を越えると、飛行機はエジプトに達する。そのとき、目はまず、椰子林の緑褐色と水のみどり――このみどり色を「ナイルのみどり」〔フランス語で「ナイルのみどり」とは、褐色がかったみどり色を指す〕と呼ぶのが適切だということを、このとき人は悟る――と、羊毛色の砂と紫色の沖積土とから構成される重々しいあの交響楽に驚かされる。だが、こうした自然の眺め以上に目が驚かされるのは、空から見た村落の俯瞰《ふかん》図だ。境界の中にうまく納まっていない村落は家と路地との複雑な混乱を見せており、ここが東洋だということを立証している。それは、十六世紀と同じように二十世紀にも、幾何学的な都市平面を偏愛したスペインやアングロ・サクソンの新世界の、まさに反対のものなのではないだろうか？

エジプトのあと、アラビア上空の飛行は、砂漠という唯ひとつの主題の一連の変奏を展開する。まず、崩壊した赤煉瓦の城に似た岩が、砂のオパール色の上に聳《そび》えている。その他には、水を集める代りに細かい枝にして散らしているウェド〔一時的に水の流れる河谷〕の、常識に逆らった水流が描き出す、水平になった樹木の——いやむしろ海藻か水晶の——形をした、入り組んだ図形がある。さらに遠くでは、大地は一匹の怪獣に踏み拉《しだ》かれたかのようだ。怪獣は、大地から汁を噴き出させようと猛《たけ》り狂って踵《かかと》で踏みつけ、挙句の果てに力尽きたのでもあろうか。

これらの砂は何と柔らかい色をしているのであろう！　まるで肉の砂漠のようだ。あるいは、桃の皮、真珠母《しんじゅも》、生の魚肉。アカバでは、水は、恵みを与えるものであるにもかかわらず、冷酷な硬さを湛《たた》えた青を映し、一方で、難渋を重ねて生き延びて来たかのような岩塊は、玉虫色に溶けているのだった。

夕方近く、砂は徐々に靄《もや》の中に消えてゆく。だが天の砂である靄も、空の澄みきった青みどりに対抗して大地の側に寄り集まっているのである。砂漠は、うねりも起伏も失ってしまう。砂漠は、空より僅かに粘度の高い、薔薇《ばら》色の、斉一《せいいつ》で巨大な塊である夕暮と混り合う。砂漠は自分自身と比べても索漠としたものになってしまった。少しずつ靄が力を増す。そしてもう何もなくなってしまう――夜のほかには。

カラチに着陸したあと、月世界のような不可解なタール砂漠の上に日が昇る。小さな群れになった畑が、荒涼とした長大な広がりの中に、なお孤立しながらではあるが、姿を現わす。日が昇りきると、耕地は溶け合い、薔薇色と緑の色調のうちにただ一枚の連続した面を拡げて見せる。それは、長い年月《としつき》使われて擦《す》れ、倦《う》まず繕《つくろ》われてきた極めて古い綴れ織りの、美妙で褪《あ》せた彩りのようだ。インドに来たのである。

土地の区画は不規則だが、形も色彩も少しも乱雑ではない。どんな風に集められていても、それなりに均衡ある一つの纏まりが形作られている。その輪郭は、あたかも実際に置いてみながら長いことかかって考え抜かれたものでもあるかのようだ。それは、クレー〔一八七九～一九四〇、ドイツの画家。幾何学的な線の組み合せによって、幻想を湛えた画面を創り出した〕のような画家の幾何学的な夢想に似た何かだ。これらすべては、稀有《けう》な、極度に勿体ぶった、それでいて、村落と、網状の畑と、沼を取り巻く茂みとを結び合わせている三位一体《さんみいったい》の主題の繰り返しにもかかわらず、何かしら気紛れなものなのである。

飛行機がデリーへ立ち寄ったために、ロマネスク調のインドを、強烈な緑の茂みの中の廃墟となった寺院の数々を、低空から瞥見《べっけん》することができた。それから洪水が始まる。水はあまりに淀み、濃密でどろどろしているので、むしろ一種の油、地面であるはずの水の面に筋になって浮いている油を思わせる。ビハールとその岩がちの丘陵や森の上空を過ぎると、デルタ地帯に差し掛かる。土地は最後のひとかけらまで耕され、一枚一枚の畑は、それを浸している水の下で、垣の暗い枠に少しの隙間もなく縁取られて、煌《きらめ》き蒼《あお》ざめている金緑色の宝物のように見える。鋭角はどこにもなく、すべての縁《ふち》は丸味を帯び、それでいて、生きている組織の細胞のように一つ一つがぴったり嵌まり合っている。さらにカルカッタに近づくと、集落は数を増した。樹木の緑が作る巣の中の蟻の卵さながら、小屋が積み重ねられ、その濃厚な緑は、あちこちの屋根瓦の暗赤色のために一層激しい色を呈している。着陸してみると、下は豪雨だったということが分かる。

カルカッタのあとでは、ブラマプトラ河のデルタを横切る。この河は流れの怪物で、あまりにうねった塊りなので一頭の獣のように見えるのである。その辺りの到る所、田野《でんや》は目の届く限り水に遮られている。ただ黄麻《ジュート》畑が、飛行機から見ると、その数だけの苔の格子を形作っており、苔の新鮮さが緑を一層強烈にしているように思われた。木に囲まれた村が、活け花のように水から突き出ている。そのまわりに集まって蠢《うごめ》いている舟が見える。

人間のいない砂と、土地のない人間とのあいだに位置づけられている、優れて人間の土地であるインドは、何という二面的な表情をしているのであろう！　カラチからカルカッタまで横断に要した八時間のあいだに私がインドについて得た観念は、インドを新世界から決定的に引き離してしまった。それは、アメリカ中西部やカナダの、区画の各々が、周縁のいつも同じ場所に、皿の縁《ふち》の決まった所に出来た欠けのように、農家を載せている、同一単位から成る厳密な方形模様ではない。大胆な嚙み付き方で、開拓地帯がようやく嚙み始めたばかりの、熱帯の深々としたビロードでは更にない。微細な区画に分けられ、隅々まで耕されたこの土地の眺めは、ヨーロッパ人にはまず馴染《なじみ》深さの感じを与える。しかし、この混沌とした色調、畑や田の、絶えず異なった線に引き直される不規則な輪郭、この不明瞭な、ざっと繕われたような縁取り——これは確かに同じ綴れ織りではあるにちがいない。だが、ヨーロッパの田園の、より明快な形と色に比べてみたとき、同じ綴れ織りを裏から眺めているような印象を受けるのだ。

これは単なる比喩に過ぎまい。しかしこの比喩は、ヨーロッパとアジアのそれぞれの位置を、両者に共通する文明との関係で（またヨーロッパ文明の位置を、アメリカというその投影との関係で）、かなりよく解らせてくれる。少なくとも物質的な面について見る限り、一方は他方の逆として現われる。一方は常に得、他方は常に失ってきた。恰《あたか》も、共同の事業を行なう過程で、一方がすべての利益を回収してしまい、他方には報いとして惨めさしか残さなかったかのように。一方の場合は（だが、まだどれだけ続くことだろう？）、資源は消費者よりも速やかに増大し、規則的な人口増加が農業と工業の進歩を可能にした。同じ革命は、他方に対しては、十八世紀以来、停滞したままに留まりがちだった富の総体からの個人の取り分を、確実に低下させる結果になった。ヨーロッパとインド、北アメリカと南アメリカだけでは、地理的環境と人口とのあらゆる組み合せのすべてを尽くせないであろうか？　貧しい熱帯地方だが人口も少ない（後者が前者を幾分か償っている）アマゾン地帯のアメリカは、やはり熱帯で貧しく、しかし人口過剰の（後者が前者を一層深刻にしている）南アジアと対照を成しており、それは、温帯の国々という範疇のうちでは、莫大な資源をもち、しかし比較的人口の限られた北アメリカが、比較的資源は限られているが人口は多いヨーロッパと、対を成しているのに似ている。だが、こうした証拠をどんな風に並べてみようと、南アジアは常に犠牲にされて来た大陸なのである。

〔1〕コショウ科の植物。その葉、根、種子などを薬用または嗜好品として嚙む風習は、東南アジア、南アメリカなどの先住民のあいだに広く見られる。

15　群集

旧世界のミイラになった町であれ、新世界の胎児のような都市であれ、われわれはとかく、物質上精神上の最も高い価値を都会生活に結び合わせ勝ちである。インドの大都会は一地帯を成している。しかし、われわれが欠陥として恥じるようなもの、ハンセン病のように看做しているものは、この地帯では、ぎりぎりの表現にまで還元された都市生活の事象を形作っているのである。個人の群れ集まり——それは現実の条件がどんなものであろうと、とにかく何百万と人が群れ集まることが存在理由であるような群集なのである。芥《あくた》、無秩序、乱脈、雑沓。廃墟、荒屋《あばらや》、泥、汚物。体液、糞、小便、膿《うみ》、分泌物、漏出物。都市生活がそれに対する組織的な防御であるようにわれわれが思っている一切のもの、われわれが嫌っているすべてのもの、われわれがあれほど高い代価を払ってそれから逃れようとしているすべてのもの、人間が集まって暮らしているために生ずるあらゆる副産物、そうしたものがここでは限度に達するということがないのだ。それらはむしろ、町が繁栄するために必要な自然環境を形作っている。各々の人間にとって街路は、小路であれ路地であれ自分の「うち」なのであり、そこで彼は坐り、眠り、ねばねばする塵芥《ごみ》からさえ食物を摑《つか》みあげるのだ。街路は、人間に嫌悪を起こさせるどころか、これほど多くの人に分泌物や汚物で穢《けが》され、踏みつけられ、捏《こ》ね回されたというただその事実によって、一種の「馴化《じゅんか》された」状態を獲得するのである。

カルカッタで、牝牛に取り囲まれ、窓は禿鷲《はげわし》の止り木になっているホテルから出るたびに、私は一つのバレエ劇の中心になってしまう。このバレエは、もし或る点で哀れみを呼び起こさなかったならば、私には滑稽なものに思われたであろう。バレエには幾つもの出場《でば》があって、そのたびに大役が一人登場する。

靴磨きが私の足もとに身を投げる。

鼻声の小さな男の子が走り寄ってくる——一アンナ〔十六分の一ルピー〕だよ、パパ、一アンナだよ！

障害のある部分がよく見えるようにして金をせびるために、ほとんど裸でいる身体障害者。

客引き——イギリス女、ヴェーリー・ナイス……

金《かね》属の笛を売る商人。

新市場の荷運び人。彼は何でもかでも買うように歎願するのだが、そうすることに直接関心をもっているからでは少しもなく、私のあとに付いて来て獲得する小銭で、食物に有り付くことが可能になるからなのである。彼は、まるでこれらの財産すべてが自分のためのものでもあるかのような貪欲さで、商品を列挙して見せる――スーツケースは？　シャツは？　靴下は？

そして最後に、端役《はやく》の一団――人力車やガリー〔小型馬車〕やタクシーの客引き。タクシーは、歩道に沿って三メートルおきに幾らでも止まっている。だが、誰が知ろう？　私は、こうしたものには目もくれないような大人物に成り済ますこともできる……。ほかにもまだ、商人、店主、安物の呼び売り屋などの一隊がある。こういう人たちにとっては、あなたが通り掛かるというのは天国の到来が告げられることに等しい――あなたは何か買うかも知れないのだから。

彼らを笑ったり彼らに苛立ったりしたくなる人は気を付けるがいい、あなたが冒瀆者《ぼうとくしゃ》を前にしている時のように。これらの馬鹿げた仕草、人を嫌な気持にする遣り方、そこに一つの苦悩の徴候を見ずにそれらを批判するのは虚しく、嘲《あざけ》るのは罪であろう。彼らに付き纏って離れない唯ひとつのこと――飢え――それがこうした絶望的な振舞いを思い立たせるのだ。その同じ飢えが人の群れを田舎から追い立て、数年のうちにカルカッタの住民を二百万人から五百万人にし、離郷者たちを駅という袋小路に詰め込むのだ。駅では、夜、彼らがホームで眠り、白い綿布にくるまっているのが汽車から見える。その白い綿布は、今日は彼らの着物だが、明日は彼らの屍《しかばね》を包むのだろう。そして同じ飢えが、物を乞う者の目差しに悲しみの烈しさを付与し、その目差しは、この孤独な者の無言の要求からあなたを保護するために――ステップに蹲《うずくま》っている武装兵士と同じように――しつらえられている一等車室の鉄格子越しに、あなたの視線と交わるのだ。もし旅客の、慎重さを上回る同情が、これら恵み薄い状態に追いやられた人々を施し物の希望のうちに繋ぎ留めておくとしたら、この一人だけの無言の要求は、吼《ほ》え狂う暴動に変わるかもしれない。

熱帯アメリカに暮らすヨーロッパ人も、様々な問題に直面する。彼は人間と地理的環境のあいだの、彼にとってまったく新奇な様々な関係を観察する。そして人間の生活形態さえも、彼に絶えず考察の主題を提供する。だが、人間と人間との関係は新しい形を装ってはいない。それは、彼をいつも取り巻いていたものと同じ系統に属している。南アジアでは反対に、人間が世界に対しても、人に対しても要求する権利をもっているということの向う側に身を置くか、こちら側に身を置くかということに問題があるように、彼には思われてくる。

日々の生活が、人間関係の観念の絶えまない否認であるように見える。人はあなたにすべてを提供し、あらゆることを約束し、何も知らなくても、あらゆる能力があるように言う。こうして誠意と、契約の観念と自分に義務を課する能力とのうちに存している人間らしい資質というものを、他者のうちに一遍で否認せざるを得ないように、人はあなたを仕向ける。人力車夫《リクショー・ボーイ》は、あなたよりもよく道を知らなくても、どこへでも行くと申し出る。それなのに、どうして腹を立てずにいられるだろうか？　そして彼らの人力車に乗り込み、彼らに引かれる儘《まま》にならざるを得ないという一抹《いちまつ》の不安を抱きながら、どうして彼らを獣《けだもの》扱いせずにいられるだろうか？　彼らのものである非道理によって、自分たちを獣と看做《みな》すように、彼らはあなたを仕向けたではないか？

到る所で出交《でくわ》す物乞いは、さらに深くわれわれを動揺させる。人はもはや、他の一人の人間と接触するという純粋な満足によって、率直に目差しを交えることはできなくなる。なぜなら、ほんの少し立ち止まるだけでも、それは弱さとして、誰かの哀願を心に留めた徴《しるし》として解釈されるからだ。「サー、ヒブ！」「旦那！」と呼びかける乞食の調子は、われわれが子供を叱るときの「ヴォ、ワイヨン！」「こら！」という調子に驚くほどよく似ている。声を大きくし、終りの音節で調子を下げる。まるで彼らはこう言っているかのようだ。「さあ、この通り、御覧の通りだ。あっしはおめえさんの前で物乞いをしているんじゃねえのかい？　ただこうやっているだけで、おめえさんにお縋《すが》り申しているんじゃねえのかい？　だのにおめえさん、いったい何を考えてるんだね？　おめえさんはどこに頭をくっつけてるんだね？」そういうものとして、状況が全面的に受け容れられてしまっているので、哀願の要素も解消されることになるのだ。もはや客観的な一つの状態を、彼の私に対する関係が理の当然であるということを、確認するほかはない。その確認から、施しをするということが、物理的世界で原因と結果を結びつけているのと同じ必然によって、導かれるのだ。

そこでもまた人は、この相手のうちにあれほど認めたいと欲している人間性を否認せざるを得ないように、相手によって仕向けられる。人間のあいだの関係を規定する状況の一切が出発点でめちゃめちゃにされてしまっており、社会のゲームの規則が誤魔化されてしまっている以上、初めからやり直す手だてはない。なぜなら、これらの不幸な人々を平等な人間として扱いたいと願ったとしても、彼らはこの不正に対して抗議するだろう。彼らは、平等になりたいと望んではいない。彼らはあなたの威勢によって、あなたが彼らを踏み躙《にじ》ることを哀願し懇願しているのだ。つまり、あなたと彼らを分けている隔たりを拡大することによって、彼らはひとかけらの食物（英語ではいみじくも「賄賂《わいろ》」と言っている）を期待しているのであり、われわれのあいだの関係が緊張したものになれば、それだけ彼の実入りも増えるのである。彼らが私を高く持ちあげればあげるほど、彼らが私に求めているこの取るに足りないものが何かになることを、彼らは期待しているのである。彼らは、人生に対する権利など要求しない。生き残るということは、彼らにとっては、強者への賞讃によって辛うじて許される、分に過ぎた施しなのである。

彼らはそれゆえ、自分たちを平等なものにしようとは考えてもいない。だが、たとえ人間であったとしても、この絶え間のない圧迫、あなたを騙そうと、あなたを「ものにしよう」と、奸計や嘘や盗みによってあなたから何かを得ようと、絶えず抜け目なくめぐらされているあの工夫は、我慢のできないものである。だが、それでいて、どうして冷酷になれよう？　なぜなら、これらすべての遣り方は、——そしてここからはもう脱け出せない——様々な形をとった祈願なのだからら。それにまた、あなたに対する基本的な態度は、人があなたから盗む時でさえ祈願の態度なのだから。そしてまた、幾家族も住まわせられるだろう部屋からわれわれを追い出す代りに、首相の邸宅の戸口で一日じゅう訴えたり泣いたりしているのが、私のいる高級ホテルの窓から聞こえるあの難民たちを、カラチの木立に群れてひっきりなしに鳴いている灰色の頸毛《くびげ》の黒烏と同一視することに――そうすることにいくらかの恥を覚えながらも――私は抗しきれないくらい、状況はまったく全面的に耐え難いものなのだから。

人間関係のこの変質は、ヨーロッパ人の精神にとっては、まず不可解なものとして映る。われわれは、階級間の対立を闘争や緊張という形で捉える。あたかも、原初の、あるいは理想とされる状態が、こうした敵対関係の解消に対応するかのように。しかしここでは、緊張を終わらせるということは意味をなさない。緊張しているものなどありはしない。緊張していたかもしれない一切のものは、とうの昔に壊れてしまったのだ。断絶は初めにあったのであり、あの「良き時代」、その痕跡を見つけたり再来を願ったりして引合いに出されることもある、あの「良き時代」が存在していないということが、道で行き合うこれらの人々すべては落魄《おちぶ》れようとしているという唯ひとつの確信を蔓延《はびこ》らせることになるのだ。この傾斜面の上で彼らをいっとき支えるためには、身ぐるみ脱いで分け与えても足りるだろうか？

それにもし、人が緊張という観念を媒介として考えてみようとしても、人が到達する見取図が暗いものであることにはほとんど変りがない。なぜなら、その場合は、すべてはあまりに緊張しているので、もはや均衡の可能性は存在しない、と言わなければならないだろうから。体制という観点で見れば、体制を破壊することから始めるのでない限り、状況は逆戻り不可能になってしまっている。いきなり人は、追い払うべき哀願者たちとの関係で不均衡になっている自分を見出す。人が哀願者たちを蔑《さげす》むからではなく、崇敬によって彼らがあなたを卑しめるから、彼らを追い払うべきなのだ。彼らは自分たちの運命のどんな微細な改善も、あなたの運命がその百倍も改善されることによってしかもたらされないという馬鹿げた確信をもって、あなたがもっと威光に満ち、もっと強力であれと願っているのである。アジア的といわれる残酷さの源《みなもと》は、何と明らかなことであろう！　火焙《ひあぶ》りの薪、様々な処刑、拷問、不治の傷を負わせるために考案された責め道具——それらは、下賤な者が何者かであろうとしてあなたを何者かに仕立て、その逆も行われる、そうした卑しい関係の粉飾《ふんしょく》としての、兇暴な遣り口から生まれているのではないだろうか？　豪奢の過剰と悲惨の過剰とのあいだの隔たりは、人間らしさの次元を打ち壊してしまっている。残存する唯一の社会は、何もする能力のない者が、すべてを期待しながら生き延び（千一夜物語の精髄の、何と東洋的な夢であることか！）、すべてを要求する者が、何も提供しないような社会なのだ。

このような条件のもとでは、われわれが西洋文明を規定していると思い込む（極めてしばしば錯覚を混えてだが）ことに満足を覚えるような人間関係とは、共通点をもたない或る種の人間関係が、われわれの目から見て、或る時は非人間的なものに、或る時は人間以下のものに、丁度子供の行動のレベルでわれわれが観察するようなものに思われるのも、驚くに当たらない。少なくとも幾つかの面では、この悲劇的な人々はわれわれから見て子供っぽく見える。まず、彼らの目差しと微笑《ほほえ》みのやさしさが挙げられる。次いで、どんな恰好ででも坐ったり、横たわったりしているこれらの人たちすべてに見られる、身形《みなり》と居場所への驚くべき無頓着。がらくたや安ぴか物への好み。男たちが手をつないで歩き、人前でしゃがんで小用を足し、乳首を吸うように彼らの水煙管《みずぎせる》の甘い煙を吸う、あの素朴で楽しげな振舞い。証明や免状の呪術的な威光。そして法外な値を吹っかけておきながら、すぐ四分の一か十分の一で満足する馭者《ぎょしゃ》に（そしてより一般的には、使われている者の側に）見られる、すべてが可能だという共通の信仰。「何について彼らは苦情があるのだ？」と、或る日、東部ベンガル州の総督が、チッタゴンの丘陵地帯で病気と栄養不良と貧困とに苛《さいな》まれ、イスラム教徒に意地悪く迫害されている住民に通訳を介して尋ねさせた。彼らは長いこと考えてから答えた――「寒さです……。」

インドにいるヨーロッパ人はみな、好むと好まぬとにかかわりなく、「ベアラー」と呼ばれている、何の用でもする召使のかなりの人数に取り巻かれることになってしまう。これは、社会の伝統的な不平等であるカースト制なのであろうか、それとも、植民地支配者たちの要求がベアラーの奉仕への渇きを説明するであろうか？　私には分からないが、とにかく、彼らの繰り拡げて見せる諛《へつら》いは、たちまち周りの空気を息苦しいものにしてしまう。あなたが床の上を一足でも踏まずに済ませるためには、彼らは地べたに身を横たえるだろうし、日に十回も入浴するように勧める。鼻汁《はな》をかむとき、果物を一個食べるとき、指を汚したとき……。いつでも彼らはうろつき回り、うやうやしく指図を待ち受けているのである。この服従の苦痛のうちには、何かしらエロチックなものさえある。そしてもし、あなたのすることが彼らの待ち受けていることにぴったりしないか、あなたが、どのような場面でも、彼らのかつての主人であったイギリス人のように振舞うのでないとすると、彼らの世界は崩壊する。プディングはお召上がりにならない？　夕食の前にではなく後に入浴なさる？　それならもう、神さまが居られないようなものだ……。困惑が彼らの顔に浮ぶ。私はあわてて逆戻りする。私は自分の習慣を断念するか、ごく稀な場合だけに限る。私は石のように固い梨や、白身がちのカスタードを食べることにしよう。所詮私は、一個の人間存在の心の救済のために、パイナップル一個の犠牲を払わなければならないのだから。

私は何日かのあいだ、チッタゴンのサーキット・ハウスに泊まっていた。それはスイスの山荘風の木造の館で、私に当られた部屋は、九メートルに五メートル、高さは六メートルあった。そこには電気のスイッチが少なくとも十二あった。天井灯、壁に取りつけられている鉢形の照明、間接照明、浴室、化粧部屋、鏡、扇風機、その他。この国は「ベンガルの花火」の国ではなかったのか？　この電気の濫用の結果、ある王侯《マハラジャー》は、自分のところだけで、毎晩ひっそりと花火を楽しんだということだ。

或る日、私は、下町で地方長官が私につけてくれた自動車を、と或る店の前で止めた。その店は見掛けがよく、私は入ってみたいと思ったのだ。ロイヤル・ヘア・ドレッサー、高級理容、云々としてある。運転手は度胆を抜かれたように私を見ている――「どうしてあなたが、そんなところにお坐りになれましょう！」実際、もし主人《マスター》が格を落とし、運転手と同じ部類の者の側に坐ることによって同時に運転手の格も下げるとしたら、彼の一族に対する彼自身の威厳はどうなるだろう？　出端《では》を挫かれて、私は、高級種に属する人間のための髪刈りの儀礼の手筈を整えることを彼に委せてしまう。結果は――理髪師が前の客を済ませて道具をまとめるまで一時間車の中で待ち、われわれのシヴォレーで一緒にサーキット・ハウスに戻った。十二個スイッチのある私の部屋に着くや否や、「ベアラー」が入浴のために湯を張る。調髪が済み次第、私の髪に触れたこの奴僕の手の穢れを、洗い落とせるようにするためだ。

このような態度は、自分より下の者を見つけるか拵《こしら》えるかできさえすれば、各人が誰か他人に対して、自分を主人に仕立てようという気を起こさせる伝統文化をもつ国に根ざしているものである。「ベアラー」は、私が彼をそう取り扱って欲しいと思っているように、「シェデュールド・カースト」つまり最下位のカーストに属する人足を扱うのであろう。「登録されたカースト」とイギリス行政府が呼んでいたこの最下位のカーストは、仕来りではほとんど人間としての資格を認められていなかったために、イギリス行政府の保護を受ける権利をもっていたのである。実際、彼らは確かに人間だった、この清掃人兼便器取換え人たちは。彼らはこの二重の役目のために、一日じゅう蹲《うずくま》り、柄《え》のない小箒《こほうき》を使って部屋の踏段のごみを取り、あるいは裏へ回って戸の下を拳《こぶし》で叩き、便所に入っている者に、早くこの奇怪な、イギリス人が「コモード」〔木製の箱形便器〕と呼んでいる器具で、用を済ませてしまうよう促すのである。まるで、彼らもまた、絶えず畏《かしこ》まり、蟹《かに》のように中庭を横切って走りながら、主人から大事な「もの」を奪い取ることによって彼らなりの特権を確保し、一つの地位を得る手段を見出しているかのようだ。

この隷従の習癖を消滅させるには、確かに、独立だけではない他の何かと、時とが必要であろう。私がそのことを納得したのは、カルカッタでの一夜、神話のテーマに取材した『ウルボシ』〔永遠に若さと美を誇る天女の名〕という題のベンガル芝居の上演を観《み》に行って、スター劇場を出た時のことである。前の日に着いたばかりのこの町のはずれに当るこの界隈で、私は道に迷いかけていた。通りかかった、ただ一台のタクシーを止めようとして私の前に出た、相当の有産階級らしいこの地方の一家族があった。しかし運転手は、その家族の言うことを聞き入れようとしなかった。彼と客のあいだに遣り取りされた昂奮した会話のあいだじゅう、「サーヒブ」〔旦那〕という言葉が執拗に繰り返され、運転手は、彼らが白人と競合する破目になることの不都合を強調しているらしかった。不機嫌を押し隠すようにして、その家族は夜の中を歩いて遠ざかって行き、タクシーは私を送り届けた。恐らく運転手は、割のいい心付けを当てにしたのであろう。しかし、私の乏しいベンガル語で理解し得たところでは、議論の中心はほかのことにあった。それは、守られるべき伝統的な順位ということだったのだ。

　この晩の芝居が、幾つかの障碍《しょうがい》は乗り越えられるという幻想を私に抱かせていたためになお、私はこの出来事に当惑させられた。劇場とも格納庫ともつかない破損した広いホールの中で、私一人だけ外国人という顔をしている訳にもゆかず、私はとにかくこの地方の人たちに混っていた。店の主《あるじ》、商人、使用人、官吏、みな相応の形《なり》をして、かなりの者が夫人を同伴していたが、夫人たちの事々しく装いを凝らした様は、彼女らがあまり外出の習慣をもっていないことを証拠立てているように見えた。彼らが私に対して示していた無関心は、日中の経験の後では、私には何かしらありがたいものだった。そして他ならぬその理由のために恐らく、彼らの態度は、私たちのあいだに、ある控えめな友好的雰囲気を作り出していたのである。

　芝居は、私には断片的にしか解らなかったが、ブロードウェイ物とシャトレ座〔パリにある軽演劇の大劇場〕の演目と「ベル・エレーヌ」〔時代錯誤を諷刺したオッフェンバック作曲の喜歌劇〕とをつき混ぜたようなものだった。滑稽な女中との色恋沙汰の場面や悲壮な恋愛の場面があり、ヒマラヤ、恋を失って遁世した青年、三叉槍《みつまたやり》を持ち、恐ろしい目付で青年を大髭《おおひげ》の将軍から護っている神などが登場した。そして、半分は駐屯部隊に群がる街の女のような、他の半分はチベットの有難い偶像のような一団のコーラス・ガール。幕間に、ハラッパで四千年前に作られ、今も破片を拾うことができるような使い捨ての土器のコップで、お茶とソーダ水が出た。そのあいだ、拡声器は中国の唄とパソ・ドブレ（スペインの急調子の舞踏音楽）の中間のような下卑た熱っぽい音楽を流していた。

軽い衣裳を着けているので、縮らせた髪や二重顎《ふたえあご》、でっぷりした身体つきがよく見える二枚目役者の身のこなしを眺めながら、私は、或る地方新聞の文芸欄で、数日前に読んだ一節を思い出していた。今それを、インド英語の微妙な味わいを逃さないために翻訳しないで書き写してみよう。「……そして、空の広大な紺青《こんじょう》に見入りつつ嘆息するうら若き処女《むすめ》たち、彼女らは何を想っているのであろうか？　肥満し、すべてに恵まれた求愛者をである……」。この、「肥満した求愛者」がここで持ち出されていることは、私を驚かした。しかし、舞台の上で腹のたるみを波打たせている、この自惚《うぬぼれ》の強い主人公を見、入口のところでまた私が出逢うであろう飢えた乞食たちのことを思ってみて、私は悪夢のように飢餓と馴染み合って生きている社会における肥満の詩的価値を、よりよく認識することができた。イギリス人たちもまた、普通の人間にとって十分な量より、遥かに多くの食物がイギリス人には必要だということを先住民の頭に植え付けるのが、ここで超人らしく見せる一番確かな遣り方だということを理解していたのである。

ビルマとの国境に近いチッタゴンの丘陵地帯を、この地方の王侯の弟で官吏になった男と一緒に旅行したとき、私は、彼が召使に言いつけて無暗《むやみ》と私に飲食させようとするその配慮に、たちまち辟易《へきえき》してしまった。夜明けには「パランチャ」、つまり「ベッドで飲む紅茶」（仮にベッドという言葉が、現地人の小屋で私たちが寝た、竹を編んだしなやかな板にも当てはまるとすれば）が出る。二時間後には、したたかな「ブレックファースト」。正午の食事。五時のたっぷりしたお茶。最後に夕食。これらすべては、住民が日に二度だけ、米と南瓜《かぼちゃ》の粥――最も富裕な人たちは、これに発酵させた魚の汁をほんの少し入れて味をつける――を食べて生きている小集落の中でのことなのである。私は、生理的な理由からも道徳的な理由からも、たちまちこの食事に耐えられなくなった。インドのイギリス系中学校で教育された、仏教徒の貴族である私のこの連れ合い――彼は、四十六世代遡《さかのぼ》る祖先の系譜を自慢にしており、貴族の住居は「宮殿」と呼ぶのだと学校で教わったというので、彼の慎ましい田舎小屋を指すのに「私の宮殿」と言っていた――は私の節食に呆れ、幾らか衝撃を受けさえしたという様子をした。「あなたは日に五回食事をなさらないのですか？」いいえ、私は日に五回も食事をしません。とくに飢え死にしそうな人たちの直中《ただなか》では。イギリス人以外に白人を一度も見たことのなかったこの男の口から、矢継ぎ早に質問が飛び出した――フランスでは、人は何を食べているのですか？　食事の内容はどんな風ですか？　食事の間隔は？　私は、民族学者の質問に答える几帳面な現地人のように、彼に分からせようと努めた。そして私の言葉の一つ一つに、彼の心のうちで混乱が起こるのを私は見て取った。世の中についての彼の概念は一変した。――とどのつまり、白人も唯の人間であり得るのだ。

しかしながら、ここで人間らしさを作り出すのには、何と僅かのもので済むことだろう！　見給え、唯ひとり、金物の幾かけらかと彼の道具を並べて、歩道に店開きしている職人がいる。彼は、このささやかな職に精出し、そこから彼と家族の生計を得ている。だが、どんな生計だろう？　吹き曝《さら》しの炊事場では、棒の周りに固められた肉片が、熾《おき》火の上で焙《あぶ》られている。乳飲料は円錐形の手鍋の中で煮詰まっている。輪切りにした木の葉が、蒟《きん》醬《ま》を包むのに使うために螺旋形《らせんけい》に置かれている。ひよこ豆の金色の粒が熱い砂の中で焦げている。大匙一杯分ずつ大人が買って来るひよこ豆の幾粒かを、子供が一人、鉢の中で玩《もてあそ》んでいる。子供はやがて、しゃがんで食べ始めるが、すぐあとでは、同じ恰好で、通行人にはお構いなく小便をするのである。板造りの茶店では、することもない人たちが、乳で割った茶を飲んで何時間も過ごしている。

生きてゆくのには、ほんの僅かのものがあれば足りる。なけなしの空間と、食物と、娯楽と、器具や道具。これはハンケチの中の人生だ。その代り、そこには魂はたっぷりとある。そのことは、通りの賑わいにも目差しの強さにも、取るに足らぬ議論の激しさにも感じられる。そのことは、外国人が通りかかった時に見せる、イスラム圏ではよく「サラーム」という、手を額にやる仕草を伴う微笑の慇懃《いんぎん》さにも表われている。ほかにどうしたら、これらの人々が宇宙に座を占めているその気楽さを解釈することができよう？　まさしくここに、祈禱用の絨緞《じゅうたん》が世界を表象する文明が、地面に描かれた四角形が礼拝の場所を設定する文明がある。彼らはそこにいる。道の真ん中に、めいめいが自分の小さな店を拡げ、蝿と通行人と喧騒の中で、落ち着いてめいめいの仕事に精出している。髭剃《ひげそ》り、代書屋、髪結い、細工師。耐えていられるためには、超自然との、極めて強く、極めて個人的な結び付きが必要であろう。そして世界のこの地域の、イスラムや他の宗教の秘密の一つも、恐らくは、めいめいがその神の前にいることを、絶えず自覚していることのうちに存しているのであろう。

カラチに近い、インド洋に面したクリフトン・ビーチを散歩した時のことを私は思い出す。一キロも続く砂丘や沼の果てに、暗い色の砂の、長い浜に出る。その日は人影もなかったが、祭りの日には、主人たちより派手に着飾った駱駝《らくだ》の牽《ひ》く車で、大群集が押し寄せるという。大洋は白っぽい緑色をしていた。太陽が沈もうとしていた。逆光を受けている空の下で、砂と海から光が来るように思われた。ターバンを巻いた老爺《ろうや》がひとり、串焼肉《ケバブ》を焼いている近くの店から借りて来た鉄の椅子を二つ使って、即席で自分用の小さなモスクを拵《こしら》えた。砂浜に唯ひとり、彼は祈っていた。

16　市　場

あらかじめ企てた訳でもないのに、一種の知的「移動撮影《トラベリング》」が、私をブラジル中央部から南アジアに連れて行った。それは、最も遅く発見された土地から最初に文明が姿を現わした土地への旅であり、もしベンガル州がマト・グロッソ州やゴイアス州の三千倍の人口密度をもっているというのが本当なら、人間の最も疎《まばら》な土地から最も充満した土地への移動である。自分で書いたことを読み返してみて、私は、二つの土地の差異は更に深いと思わずにいられない。アメリカで私の考察の対象になっていたものは、第一に、自然や都市の景観であった。どちらの場合も、形や色や独自の構造によって輪郭の定まった客体が、それを占めている人間から独立した存在を、それらの景観に与えているのである。インドでは、こうした大きな対象は、歴史に滅ぼされて消え失せ、物や人間の埃《ほこり》に還元され、それが唯一の実在になってしまっている。一方では、私がまず見たのは「事物」だったのに、ここでは「人間」しか認められない。数千年という歳月の働きによって蝕《むしば》まれて来た一つの社会学が崩壊し、人と人とのあいだの夥《おびただ》しい関係に席を譲る。それほど人間の密度の高さが、観察者と、溶解しつつある対象とのあいだに入り込んで来るのだ。世界のこの部分を指すのに、あの地で極めてよく用いられる表現、「亜大陸」という言葉は、そのとき新しい意味を帯びてくる。この表現はもはや、単にアジア大陸の一部分という意味ではなく、むしろ一つの世界を、辛うじて大陸の名に値するかどうかという一つの世界を指すのに、ぴったりするように見える。それくらい、循環過程の極限にまで推し進められた分解が、かつては数億の人間を組織された枠組の中に収めていた構造を、破壊してしまっているのである。今日では、これらの人々は、歴史が生み出した虚空の中に放たれ、怖れや苦しみや飢えといった最も基本的な動機によって、あらゆる方向へ衝き動かされている。

熱帯アメリカでは、人間はまず、稀少であるために隠蔽《いんぺい》されている。しかし、より密な形に人間が集まっているところでさえも、個人個人は、彼らの集合の真新しさが目立つ起伏の中に、こう言ってよければ、捉えられている。内陸部あるいは都市でさえも、生活水準が低いとはいえ、人間が泣き叫ぶのを聞くほどまでに水準が低下することは例外的である。それくらい、まだやっと四百五十年このかた、人間が掘り返すことを——それも幾つかの場所で——企てて来た土地で、僅かのもので生存してゆける可能性は変っていないのである。しかし、五千年あるいは一万年も前から農業や手工業の営まれて来たインドでは、ほかならぬ土台が姿を消しつつあるのだ。森林は消滅した。薪《たきぎ》がないので、食物を煮炊きするのに、肥《こや》しは畑にやらずに燃料に使わなければならない。耕作可能な土は雨に洗われて海へ逃げている。飢えた家畜の群れは人間より増殖の速度が低く、彼らが生き永らえているのは、人間がそれを食うことを禁じているお蔭なのである。

　がら空きの熱帯と満員の熱帯のこの極端な対照、二つの地域の大小さまざまな市《いち》の比較ほど、それを明かに見せてくれるものはあるまい。ブラジルでもボリビアでもあるいはパラグァイでも、この集落生活の晴れの機会は、まだ個人個人のものに留まっている生産方式を、はっきりと見せてくれる。物が並べてある平籠の各々が、その持ち主の工夫を反映している。アフリカでのように、女の売り手が、自分の家庭生活のちょっとした余りものを買い手に勧めている。卵二個、一《ひと》摑《つか》みの唐辛子、一束《ひとたば》の野菜、そしてこちらの一束は花の束だ。野生の植物の実から造った首飾りの二、三列――「山羊の眼」というのは黒い斑点《はんてん》のついた赤い実であり、「マリアの涙」は灰色で艶のあるものだ。これらは、暇なとき摘み取って糸に通しておく。売り手の女が自分で拵《こしら》えた籠や土器。そしてあそこでは、何かの古いお守りをめぐって、ややこしい取引が行なわれている。一つ一つが慎ましい芸術作品である人形を並べて売っている店には、好みと技巧の多様さと共に、それぞれの店なりの調和が示されている。それはまた、すべての人によって自由が守られていることを証拠立ててもいるのである。そして通行人を呼び止めるのも、彼に、骸骨のような、あるいは障害を受けた人体を見せつけて衝撃を与えるためでは少しもなく、誰かを死から救ってくれるように、彼に哀願するためでもない。彼に「トマール・ア・ボルボレータ」、つまり蝶を捕まえないかと勧めるためなのである。蝶でなくほかの動物のこともあるが、「ビショ」、動物の賭け、と呼ばれるこの福引では、数字が優雅な動物物語の人形に結び合わされているのである。

　東洋のバザールについては、訪れてみる前から人はもうすべてを知っている——ただ二つのこと、人の混雑と不潔さを除いては。どちらも想像のつくものではない。それを知るためには体験しなければならない。なぜなら、たった一度だけで、この体験は、それがどんなものかという見当をつけさせてくれるからである。蠅で黒い斑点のついたあの空気、あの雑沓《ざっとう》。それらのもののうちに、人間にとっての自然の枠——〔メソポタミアの〕カルデアに〔紀元前一千年紀に栄えた〕ウルの都から、帝政ローマを経てフィリップ美王〔フランス国王。在位一二八五〜一三一四〕のパリ〔この時代、パリはキリスト教西洋最大の都市として繁栄〕まで、われわれが文明と呼ぶものが、その中で徐々に繭《まゆ》のように形作られて来た枠——が、認知できるのである。

　カルカッタでは私は、新しいのも古いのも、あらゆる市場を歩き回ってみた。カラチではボンベイ・バザールも、サダールやクナリといったデリーやアーグラの市場も。ダッカは、町そのものが一連のスーク〔市場〕であり、店や職人の仕事場の隙間に、家族が屈《かが》み込むようにして暮らしている。チッタゴンのリアズディン・バザールやハトゥンガンジ、ラホールの様々な門にある市場のすべて——アナルカリ・バザール、デリー、シャー、アルミ、アクバリ。そしてペシャワールのサドル、ダブガリ、シルキ、バジョリ、ガンジ、カラン。ハイベール峡谷からアフガニスタンの国境へかけての田舎市や、ビルマに近いランガマティの田舎市では、私は果物や野菜の市を訪れた。茄子や赤玉葱の山。ばんじろう〔熱帯産の果実。黄色で西洋梨形か丸い。酸味と香りがあり、ジャムなどにする〕のような、眩暈《めまい》を起こさせる匂いを放って口を開けている柘榴《ざくろ》。花屋の市では、薔薇《ばら》やジャスミンが金箔やモールで飾れている。干した果物の商人の店先は、銀紙の下敷の上の灰褐色や茶色の堆積だ。赤・橙・黄の粉末のピラミッドになった香料やカレーを、私は眺め、そして嗅ぐ。干杏《ほしあんず》とラヴェンダーを混ぜたような強烈な匂いを放射している唐辛子の山——快感で気が遠くなりそうだ。焼肉屋、酸乳を煮ながら売っている商人、「ナーン」とか「チャパーティー」とか呼ばれる薄焼きパンを拵えている店も、私は見た。茶やソーダ水売り。棗椰子《なつめやし》の卸売りをしている店では、積まれた実が果肉と核のねばねばする幾つもの小山になっていて、恐竜か何かの排泄物を想わせた。菓子屋はむしろ、菓子ケースに貼り付いた蠅を商ってでもいるようだ。金物屋は、その大金槌のよく響く連打のために、百メートルも手前から耳でそれと知ることができた。淡黄色や緑の藁に埋った籠屋と紐屋。帽子屋には、ササン朝ペルシアの王侯の尖り帽と同じ「カラ」の金色の円錐形が、タ一バンの布のあいだに並んでいる。反物《たんもの》の店では、青や黄に染めたばかりの布や、人絹で織ったブハラ〔旧ソ連ウズベク共和国の町。織物の名産地〕風の鮮黄色や桃色のスカーフが揺らめいている。寝台の木を彫ったり塗ったりしている指物師。研屋《とぎや》は研臼《とぎうす》の綱を引っ張っている。そこだけ離れていて陰気くさい屑鉄売場。タバコ屋では、水煙管《みずぎせる》の管を交叉させて何本も立てて並べてある傍に、淡黄色の葉が、赤っぽい糖蜜を混ぜた「タンバークー」〔字義通りにはタバコ。水煙管で吸うために、糖蜜を加えて煉ったもの〕と交互に山積みにされている。酒倉の酒甕のように幾百と並べたサンダルを売る商人。腹の裂けた体から飛び出してあらゆる方向に崩れた、青、桃色のガラスの腸《はらわた》さながらの腕輪「バングル」を売る者。土器の小店には、釉《うわぐすり》のかかった細長い水煙管の壺が並んでいる。大甕《おおがめ》には雲母で輝いている粘土のものもあり、灰褐色の土の地肌に茶、白、赤を彩り、細い線の模様を描いたものもある。水煙管の火皿が房になって数珠《じゅず》のように糸に通してある。日がな一日篩《ふるい》を動かしている粉屋。金銀細工師は、天秤《てんびん》で貴金属の紐の細かい切れ端を量っている。だが、その陳列箱にもまして煌《きら》びやかなのは隣のブリキ屋の店先だ。布に型染めする職人は、白い綿布を軽い単調な仕草で叩いては、あとに彩色された繊細な押型文を残してゆく。吹き曝《さら》しで仕事をする鍛冶屋――騒々しく、しかも秩序正しい世界だ。その上には、微風《そよかぜ》に葉を揺すられている木のように、子供向けの多彩色の小さな風車の竿がざわざわ鳴っている。

　田舎でさえも、市場の光景には人の心を捉えるものがある。私は、発動機をつけた舟でベンガル地方のいろいろな河を旅行した。川面《かわづら》すれすれに漂っているような白い陶器のモスクを囲んで、バナナや椰子の木が立っている。それらの木に縁取られたブリガンガ河の中流で、私たちは「ハット」と呼ばれる田舎市を見に、と或る小島に上陸した。そこに舫《もや》っている夥《おびただ》しい小舟やサンパン〔中国風小舟〕が、私たちの注意を引いたのだった。建物など一軒も見当たらないにもかかわらず、そこには、泥の中に陣取った人々の群れで埋まった、一日だけの、だがまさしく町というべきものが出現していた。はっきり分かれた区画のそれぞれが一つの商売に当てられている。籾《もみ》付きの米、家畜、小舟、竹竿、板、土器、布、果物、蒟醤《きんま》の核、筌《うけ》。流れの枝分れした部分では、舟の行き交いがあまり頻繁なので、流れは液体の道かとも思われた。買い取られたばかりの牝牛が一頭ずつ小舟の中に佇《たたず》んだまま運搬されており、牛たちを眺めている風景の前を、順に過ぎて行くのだった。

この土地のすべては、異常な甘美さに包まれている。ヒヤシンスで青味を帯びたこの植物の緑の中や、サンパンの行き交う沼や流れの水の中には、人の心を鎮め、眠り込ませるような何かがある。インド菩提樹《ぼだいじゅ》が蔓延《はびこ》ったために崩れてゆく赤煉瓦の古壁のように、人は喜んで自分を腐るに委せるかもしれない。

しかし同時に、この甘美さには不安の影が付き添っている。この風景は正常ではない——水が多すぎるのだ。年ごとの洪水が、ほかに類のないような人間の生活をつくり出している。洪水が来ると、野菜の生産と漁獲が激減するからである。増水の時は飢餓の時でもある。家畜さえも、水生のじくじくしたヒヤシンスだけでは十分な飼料にならず、骸骨のようになって死んでゆく。空気よりも、もっと水に浸されて生きている不思議な人間——その子供たちは、歩くのを覚えるのとほとんど同じ頃から、小舟《ディンギ》を操ることを覚えるのだ。ほかに燃料がないので、水に浸して繊維を採ったあと干した黄麻《ジュート》が、増水期には、二百本、二百五十フランの値段で、月三千フラン足らずの収入しかない人たちに売られるのだ。

しかしながら、習俗や住居や生活様式から見ると最も未開な民族に近いようでいながら、百貨店と同じくらい込み入った市《いち》を立てるこれらの民族が置かれている、悲劇的な状況を理解するためには、村落の中に入って見なければならなかった。つい一世紀前になるかどうかという頃にも、彼らの死骸が田野を覆ったことがあった。大部分が機織りだった彼らは、植民地支配者がマンチェスターに綿織物市場を開こうとして、彼らに祖先伝来の職を行なうことを禁じたために、飢えと死に追いやられたのだ。今日では、一年の半分は水浸しになるとはいえ、耕作可能な土地は隅々まで黄麻《ジュート》の栽培に当てられているが、この黄麻は水に浸したあと、ナラヤンガンジとカルカッタの工場に送られ、あるいはヨーロッパやアメリカに直送されさえする。だから、先に述べた場合と同じくらいの必然性で、だが前の例とは違った遣り方で、これら文字を知らない半裸の百姓たちは、日々の生計を世界市場の相場変動に左右されているのだ。魚は獲るにしても、彼らが命をつないでいる米はほとんどすべて輸入されている。そして、農業――少数の者だけが耕地の所有者だ――の細々とした収入を補おうとして、彼らは哀れな手工業に精を出すのである。

デムラは、ほとんど湖に浸された小さな村だ。小屋が茂みのあいだに集り、水面から浮き出た傾斜地が作り出している部分は、それほど果敢《はか》ないものに見える。私はそこの住民が、年端のゆかない子供に至るまで、かつてはダッカ名物だったあの寒冷紗《かんれいしゃ》のヴェールを、夜の明け方から精出して織っているのを見た。少し離れたところにあるランガルブンドでは、その地方全体が、西洋の男性用下着に用いられている貝ボタンの製造に従事している。サンパン船の藁《わら》小屋にいつも暮らしている船上生活者のカーストであるビディヤヤまたはバディアが、この細工用の貝の原料になる、河の貽貝《いがい》を獲って売るのである。泥まみれの貝の堆積は、村に砂金鉱床のような外観を与えている。酸の液に浸して汚れを落としたあと、貝は槌で細かに砕かれ、その後、手回しの砥臼《ときうす》で円く削られる。それから、この円盤の一つ一つは台の上に置かれ、弓で回転させる錐揉《きりもみ》の先についた、刻み目のある鑢《やすり》で加工されるのである。これに似た、しかし先の尖った道具が、最後に穴を四つあけるのに用いられる。子供たちは、出来上がったボタンを十二個ずつ、フランスの田舎の小間物屋が売っているような、金ぴかに飾られた厚紙に縫い付ける。

　アジアの諸国の独立に伴う政治上の大変動が起こる前には、インド市場と太平洋に製品が出荷されていたこのささやかな手工業は、それに従事する者が、原料や加工用の薬品の代金を立て替える「マハジャン」という高利貸で仲買人である階級の犠牲にされていたし、今でもされていはするが、ともかく彼らの生計を成り立たせていた。加工用薬品の価格は五倍にも六倍にもなったが、市場が閉ざされたために、この地方の生産は、週六万グロス〔一グロスは十二ダース〕から月五万グロス以下にまで落ちた。結局、同じ期間に、生産者に支払われる代金は七十五パーセント低下したのである。極めて僅かのあいだに、五万人もの人間が、もともと法外に少なかった収入が百分の一に減ったことに気付いたのである。しかし、生活形態の未開さにもかかわらず、人口規模、生産量、そして製品の体裁などからして、これをいわゆる民芸品と呼ぶことは不当である。熱帯アメリカでは——ブラジルでもボリビアでもメキシコでも——民芸という言葉は、金属やガラスや羊毛や木綿や藁の細工に依然として当てはめられうる。原料は地方産のものであり、技術は伝統的なものであり、生産の行われ方は家族的である。用途とか形は、何よりもまず、作る者の好みや習慣や必要に支配されている。

ここでは、中世の住民が、工場制手工業時代の直中《ただなか》に一足跳びに追いやられ、世界市場に餌食として投げ与えられたのだ。出発点から到達点まで、この住民は疎外の体制のもとで生きてきた。原料は、イギリスやイタリアから輸入される紡績用の糸を使うデムラの機織りたちにとっては完全に、ランガルブンドの細工師——彼らの貝は地方産だが、加工に不可欠の化学薬品や厚紙や金属の薄片などはそうではない——にとっては一部分、外国製のものである。そしてどこでも、製品は「外国の規格によって」形を決められる。これらの不幸な人たちは、着るだけ稼ぐのがやっとで、ボタンなどかけるどころではないからだ。青々とした田園と、草葺小屋が岸に並ぶ穏やかな運河とが作り出す風景の中に、製造工場のぞっとするような姿が、透《す》し絵《か》のように浮かんでいる。あたかも、歴史と経済の進化が、その最も悲劇的な諸相——中世の貧窮と疫病、産業時代初期に行なわれたような狂暴な搾取、現代資本主義が惹き起こす失業や投機――を、この哀れな被害者たちの犠牲において固定させ、重ね合わせるのに成功したかのように。十四世紀、十八世紀、そして二十世紀が、自然によってまだ背景の装飾は保たれている田園詩を嘲弄《ちょうろう》しようと、ここに集合したのだ。

熱帯アメリカに（そして、或る点まではアメリカ大陸全体に）まだ付与されている、住民がまったくいないか比較的少ない儘でいるという歴史上の特権を、私が十分に商量することができたのも、人口密度が時として一平方キロ当り千人を超すこの地方に居てのことであった。自由というものは、法律上の発明でも哲学の宝でもなく、文明に慈《いつく》しまれた、他の何ものにも増して尊ぶべき、文明に固有の財産なのである。なぜなら、文明だけが自由を生み出し、あるいはそれを保持することができるのだから。それは個人と彼の占める空間とのあいだの、消費する者と彼が利用できる資源とのあいだの、一つの客観的な関係から生まれる。それでいて、後者が前者を償うかどうかは確かでなく、豊かだがあまりに人口稠密《ちゅうみつ》な社会は、小麦粉に寄生する或る種の虫が、その毒素のために、食料が不足する前に、互いに離れた儘で滅ぼし合うことがあり得るように、自らを毒することにならないとも限らないのである。

人間がその生存条件とは独立に信条を選び取ると考えるためには、よほどの単純さか作為が必要だ。政治組織が社会の生存形態を決定するどころか、生存形態が、その表現であるイデオロギーに意味を与えるのである。これらの記号は、それが関っている事物を前にして、初めて一つの言葉を構成するのである。ここにおいて、西洋と東洋のあいだの誤解は、まず意味論的なものである。東洋に出向いてわれわれが吹聴《ふいちょう》する公式は、そこでは意味されているものが存在しないか、あるいは異なっているかもしれない。もし事態が変り得たとしても、われわれが耐え難いと判断する枠組の中における変化であるかどうかは、事態の犠牲者にとって、たいして重要でないことかも知れない。彼らは自分たちが奴隷になったとは感じず、それどころか反対に、強制労働や配給食や指導された思想を受け容れることによって、解放されたと感じるかもしれない。なぜなら、それは彼らにとって、仕事や食物を獲得するために、精神生活を享受するために、昔から採って来た手段であるかも知れないからである。われわれにとって否定されるべきであるように見える状況は、示された一つの現実、その外観の故にわれわれがその時まで拒否してきた一つの現実が紛れもなくもたらすものを前にして、霧消《むしよう》してしまうことであろう。

アジアと熱帯アメリカの対比が、政治・経済上とりうる対策のかなたに提起する問題は、依然、限られた空間における人間の増加の問題である。この点でヨーロッパが二つの世界の中間的位置を占めているということを、どうして忘れられよう？　数というこの問題に、インドはおよそ三千年も前に直面し、カースト制度によって量を質に変換する方法を求めたのだった。それはつまり、人間集団を、彼らが並び合って生きてゆくことが出来るように分化させるのである。インドはこの問題を、もっと広い視野で、つまり、人間を超えて生命のすべての形態にまで問題を拡大して考えてさえいたのである。菜食の規則は、カースト制と同じ配慮から想を得ている。すなわち、社会集団や動物の種《しゅ》が互いに侵害し合うのを防ぎ、他の者が敵対的な自由の行使を放棄することによって、各々に固有の自由を保っておこうとするのである。人間にとって、この大実験が失敗したことは悲劇だった。私が言おうとしているのは、カーストが異なっているが故に平等であり続ける、つまり、共通に測り得るものを持たないという意味で平等であり続けるという状態に、歴史の流れの中でカーストが到達できなかったということであり、カーストの中に等質性という、比較を可能にし、それゆえ身分制度が生まれるのを可能にする、あの人を裏切る薬の一匙《さじ》が盛り込まれたということなのである。なぜなら、もし人間が、みな人間として、だが違ったものとして、互いに認知し合いながら共存することに成功できるものならば、人間は、人間性という比較可能な一目盛りを互いに拒み合うことによって、それゆえ従属関係の中に自分たちを位置づけることによってもまた、同じことを達成できるからである。

インドのこの大失敗は一つの教訓をもたらす。つまり、あまりに多くの人口を抱え過ぎたことによって、その思想家たちの天才にもかかわらず、一つの社会が隷従というものを分泌しながらでなければ存続できなくなったのである。人間が彼らの地理的・社会的・知的空間の中で窮屈に感じ始めたとき、一つの単純な解決策が人間を誘惑する怖れがある。その解決策は、人間という種の一部に人間性を認めないということに存している。何十年かのあいだは、それ以外の者たちは好き勝手に振舞えるだろう。それからまた、新しい追放に取り掛からなければなるまい。こうした展望のもとでは、ヨーロッパが二十年来〔一九三五～五五年の時期を指す〕、その舞台になって来た一連の出来事——それはヨーロッパの人口が二倍になった過去一世紀を要約している——は、私にはもはや一民族、一政策、一集団の錯誤の結果とは思えないのである。私はそこに、むしろ終末世界へ向かう一つの進化の予兆を見る。その進化は、南アジアが一千年か二千年、われわれより早く経験したものであり、われわれも余程の決意をしない限り、恐らくそこから逃れられないだろうと思われるものである。なぜなら、この人間による人間の価値剝奪は蔓延《まんえん》しつつあるからだ。それに感染する危険は一時的なものに過ぎないといって問題を遠ざけることは、あまりに偽善的で無自覚なことと言わなければならないであろう。

アジアで私を怖れさせたものは、アジアが先行して示している、われわれの未来の姿であった。インディオのアメリカでは、私は、人間という種《しゅ》がその世界に対してまだ節度を保っており、自由を行使することと自由を表す標《しるし》とのあいだに適切な関係が存在していた一時代の残照、インディオのアメリカにおいてすら果敢《はか》ない残照を、慈《いつく》しむのである。

第五部　カデュヴェオ族

17　パラナ

キャンプをする人たち、パラナにキャンプをしたまえ。いや、むしろ——否《ノン》だ。やめたまえ。君たちの脂《あぶら》じみた紙や、堅い空壜《あきびん》や、腹を裂かれた缶などは、ヨーロッパに僅かに残っている景勝地のために取っておくがいい。そこでなら、君たちのテントの錆《さび》を落とすのもいいだろう。だが開拓の「縁《へり》」の彼方《かなた》では、そして、決定的な荒廃からわれわれを隔てている束の間の猶予が終わるまでは、若やいだ泡の沸き立つ奔流が、紫の脇腹を見せた玄武岩《げんぶがん》の階段を飛び跳ねながら下ってゆくのを、そっと大切にして置こうではないか。染《し》みるように新鮮な火山地の苔《こけ》を踏みつけたりしないように。そして、人ひとり住んでいない草原や、湿気の立ち籠めた針葉樹の大森林に足を入れようとして、君たちの歩みが躊躇《ためら》わんことを。針葉樹は、葛《かずら》や羊歯《しだ》の縺《もつ》れを突き破って、ヨーロッパの樅《もみ》の木とは逆の形を空に高くあげている。それは、梢《こずえ》に向かって先の細くなった紡錘形ではなく、むしろ反対に——ボードレール好みの規則正しい植物だ——、幹のまわりに枝で六角形の平板を作って重ねながら、それを巨大な繖形花序《さんけいかじょ》に開いた最も上のものまで順に拡げて

①パラナの処女林

カデュヴェオ族　CADUVEO

②パンタナル
③カデュヴェオ族のくにの首都ナリーケ

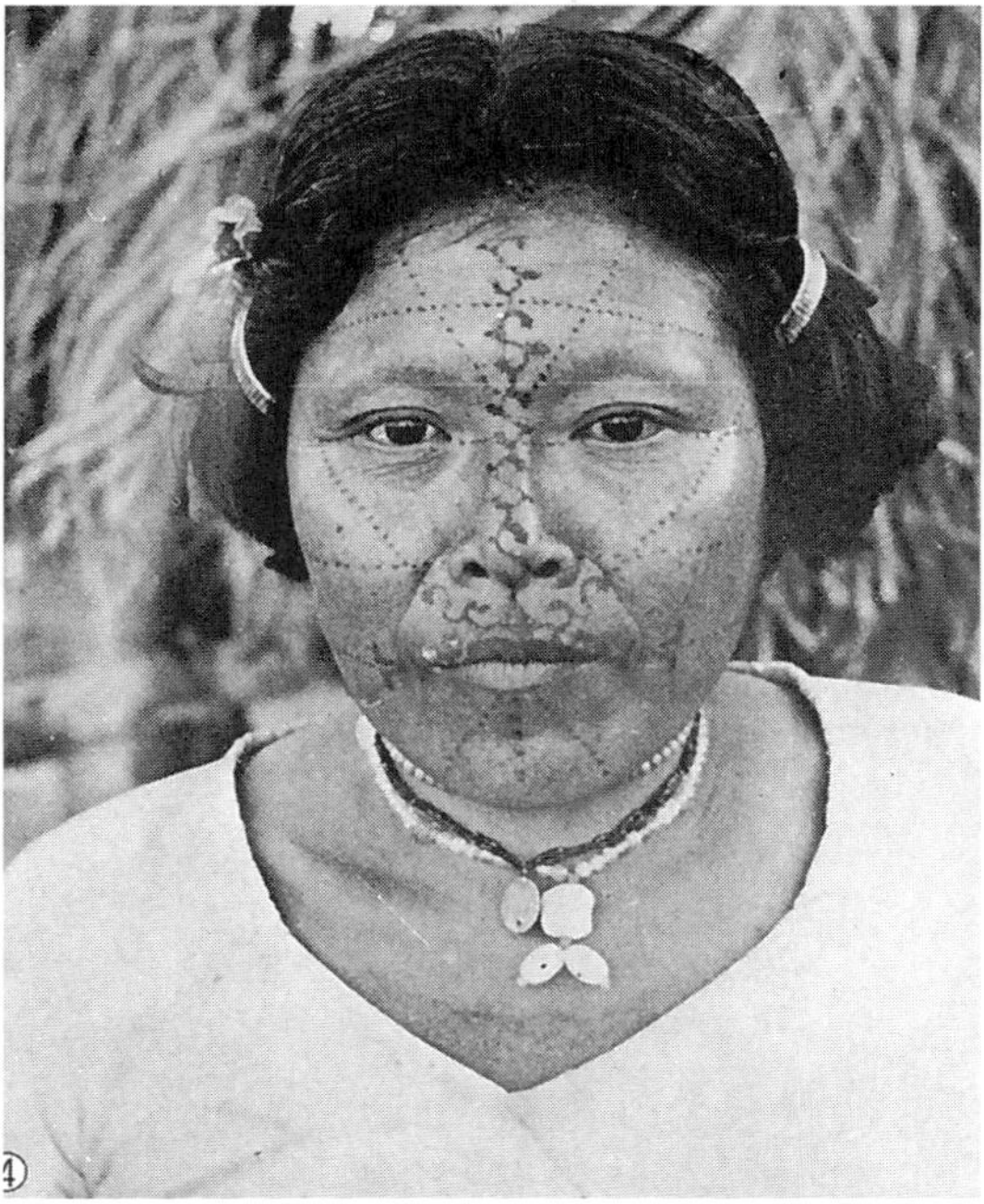

④顔面塗飾を施したカデュヴェオ族の女
（次ページ⑤も）

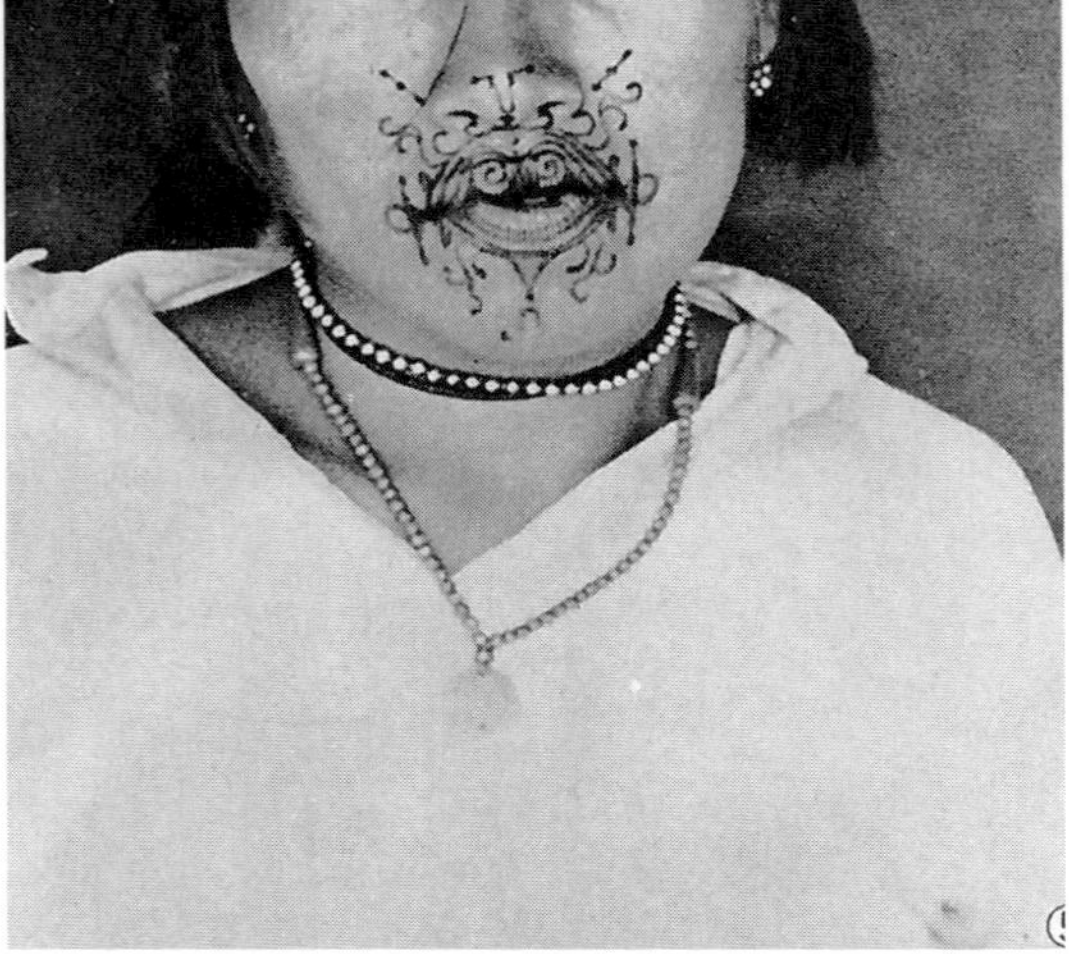

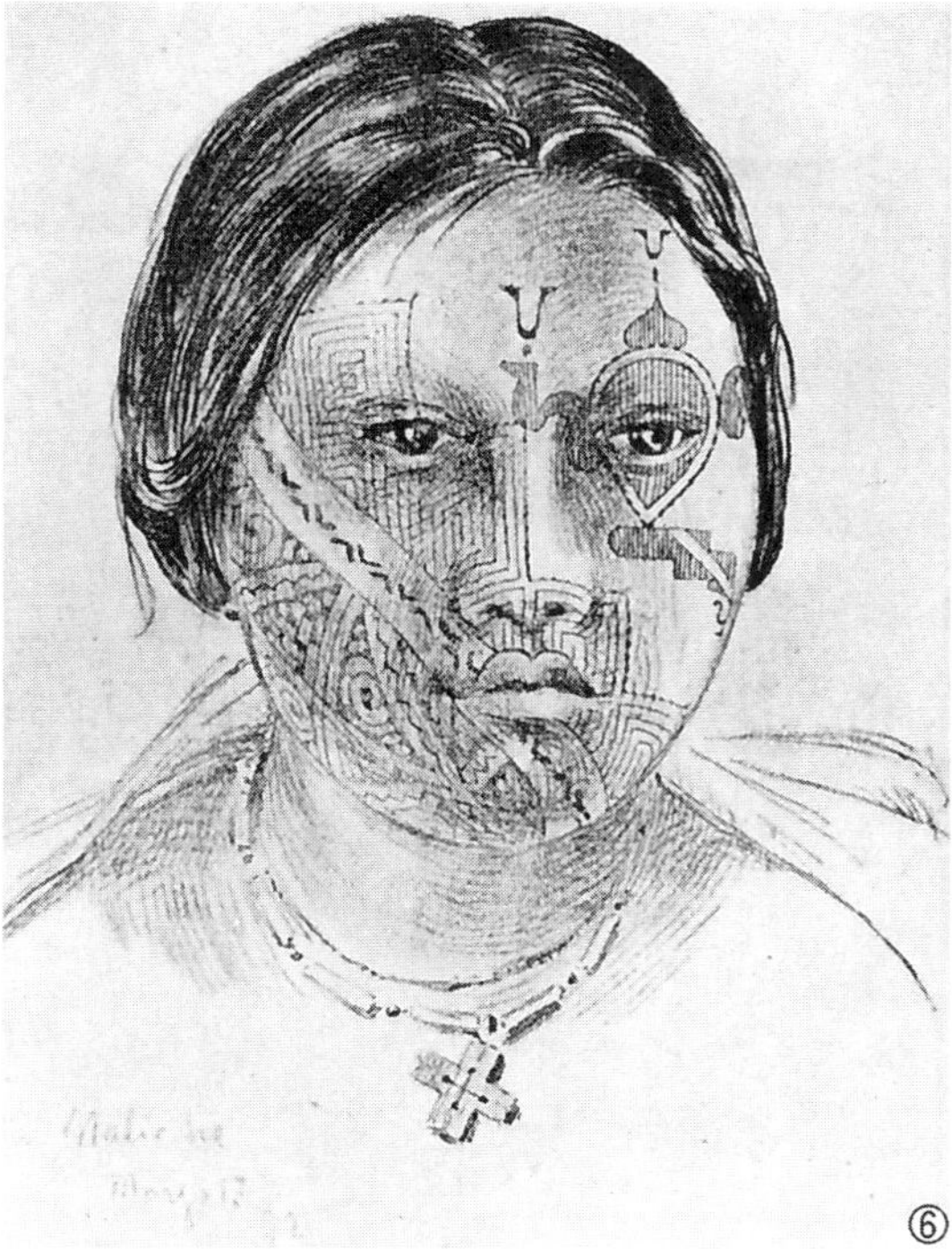

⑥カデュヴェオ族の美女，1895年（ボジアーニによる）

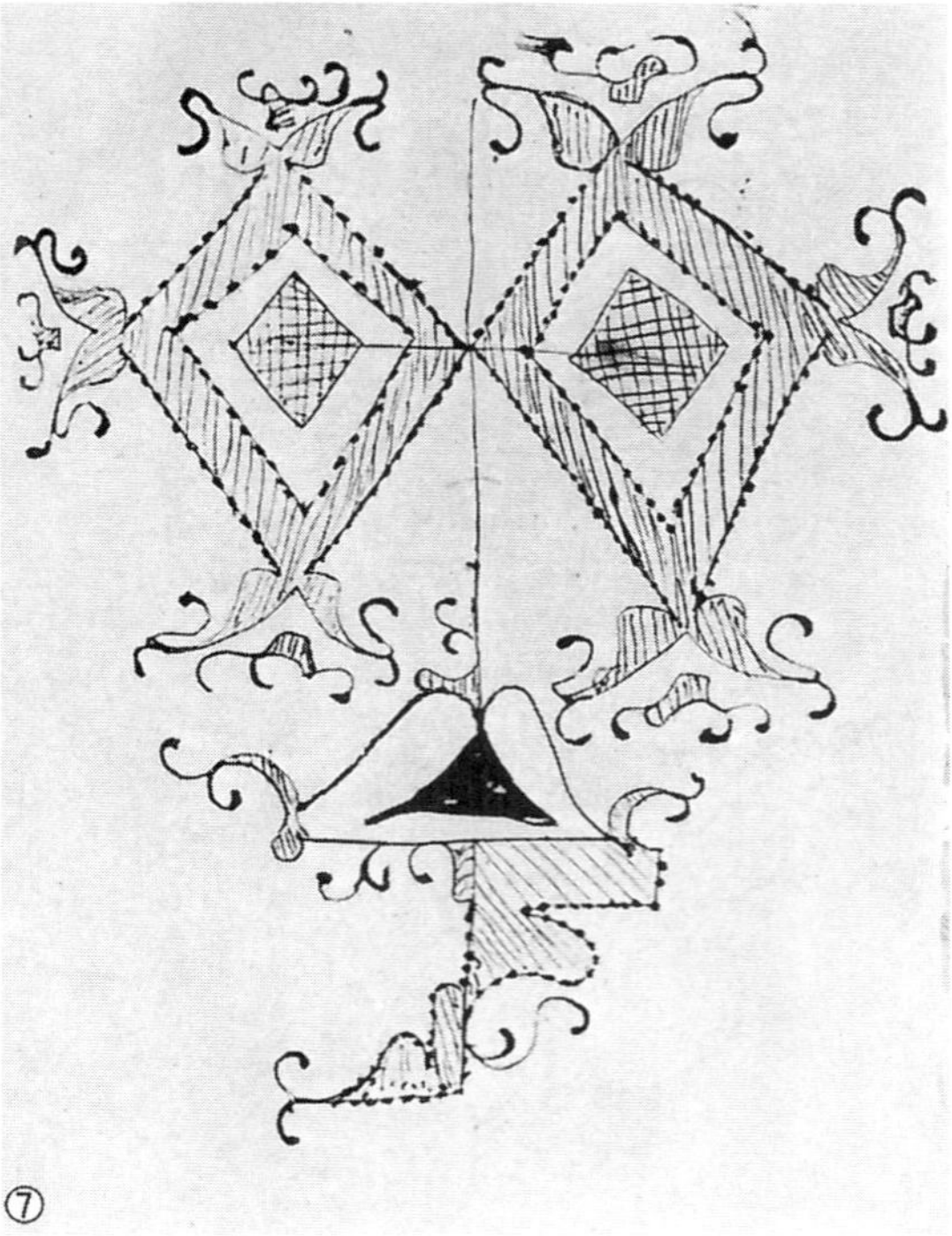

⑦或るカデュヴェオ族の女が描いた顔面塗飾の図案

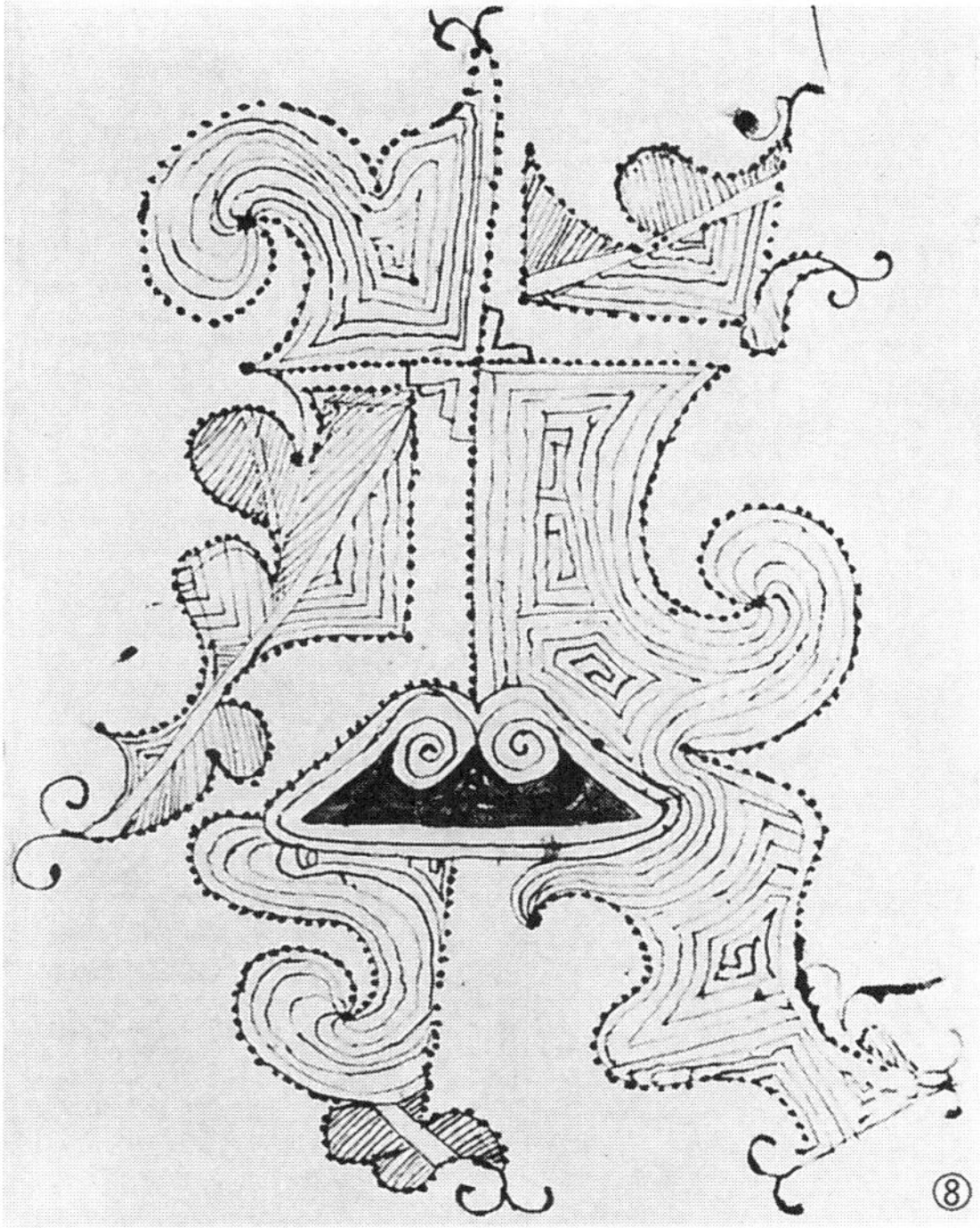

⑧他の図案（現地人が描いたもの）

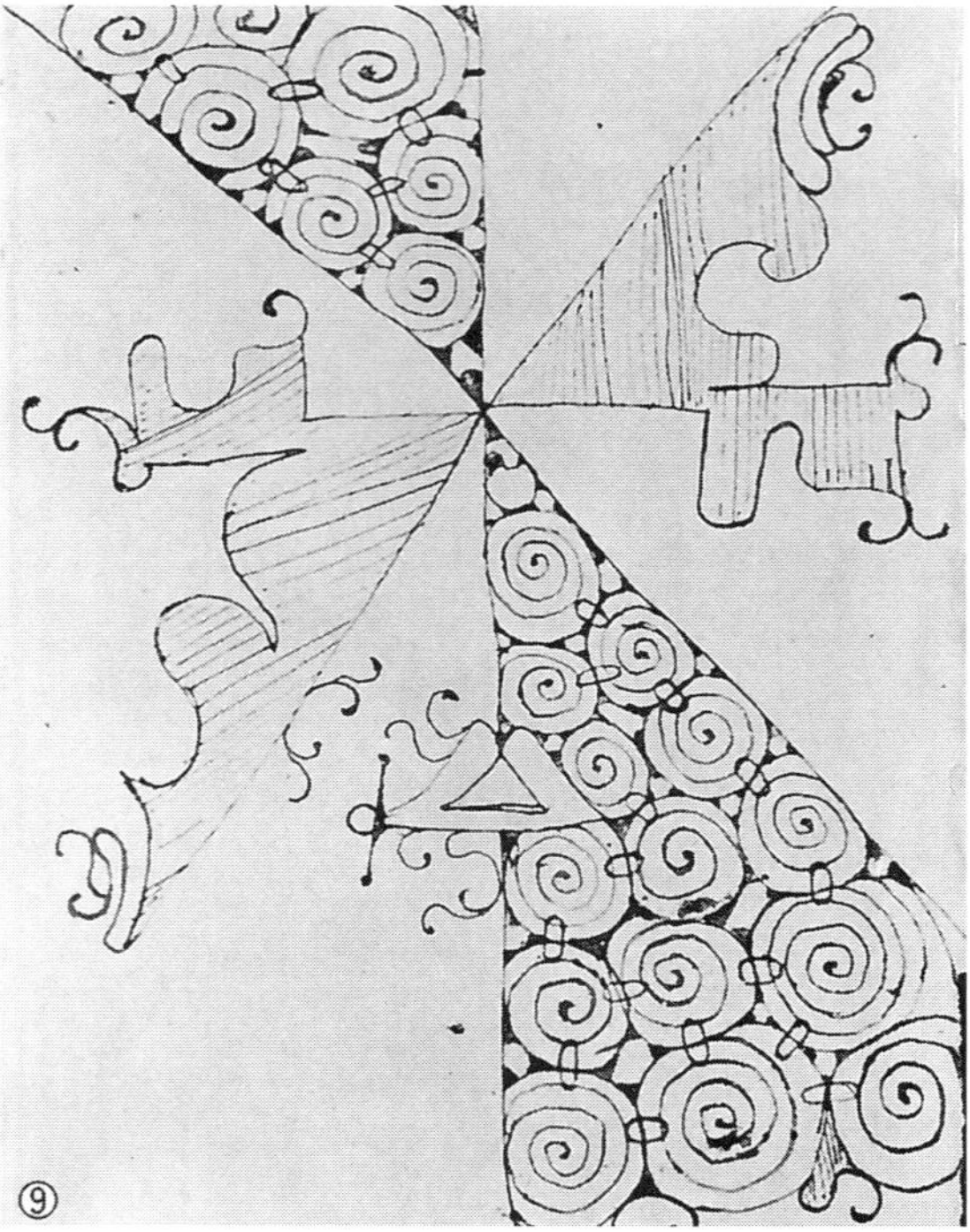

⑨他の図案（現地人が描いたもの）

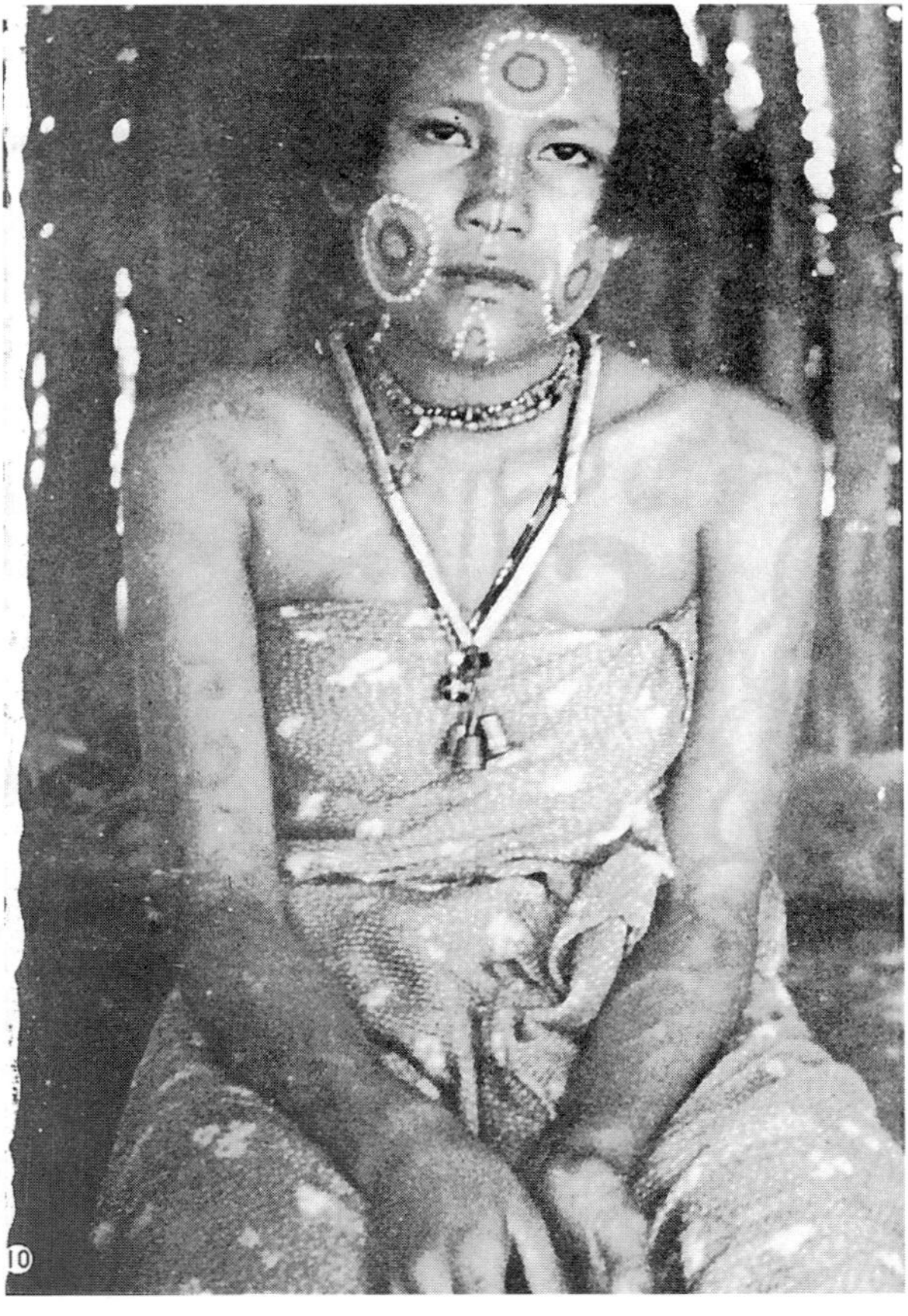

⑩成女式の装いをしたカデュヴェオ族の娘

いるのである。数百万年のあいだ、石炭紀〔古生代のデボン紀と二畳紀の中間に位する地質学上の一時代〕の表情を保ち続けて来たかのような、人間に汚《けが》されていない荘厳な風景がそこにはある。海抜の高さが、この風景を、熱帯のはずれにあることと相俟《あいま》って、アマゾン地方のような乱雑さから免れさせており、人類よりもっと聡明《そうめい》で、もっと強力な生物が太古に利用した跡をそこに見るのでなければ、とうてい説明できないような威厳と秩序とをその風景に与えている。そしてこの太古の生物が姿を消したために、われわれは崇高な、今は放棄され静寂のうちに落ち込んだこの公園に入って行くことができるのであろう。

ティバジー河の両岸を見下ろす、海抜およそ一千メートルのこの土地で、私は初めて野蛮人と接触した。インディオ保護局[1]の地区長の巡回に私が同行していた時であった。

発見された当時、ブラジルの南部全体は、ジェという名で類別されている、言語・文化上の類縁関係をもつ諸集団の居住地になっていた。彼らは恐らく、その頃すでに沿岸地方全域を占拠していたトゥピ語族の住民の、そう古いことではない侵入によって、防戦しながらも圧迫されて行ったものと思われる。外部から近づきにくい地域に逃げ込んだために安全になったブラジル南部のジェ族は、植民者たちにたちまち殲滅《せんめつ》されてしまったトゥピ族より、何世紀も後まで生き残った。パラナ、サンタ・カタリーナなど南部の州の森林では、原始的なままの小さな群れが二十世紀まで維持されていた。その幾つかは、一九三五年まで恐らく存続していたのだが、過去百年のあいだあまり残酷に迫害されたために、姿を隠してしまっていた。しかし大部分のものは、一九一四年頃、ブラジル政府によって数を減らされた上に、幾つかの地域に定住させられていた。初め人々は、彼らを現代式の生活にむりやり適合させようとした。私が調査基地にしたサン・ジェロニモ村には、金物屋や製材所や学校や薬局がつくられた。駐在所には、定期的に斧《おの》、ナイフ、釘などの道具が届き、衣類や毛布が配られた。二十年後に、この試みは放棄された。インディオを彼ら自身の資材だけで暮らさせることによって、インディオ保護局は、自分たちもいかに当局からいい加減に扱われているかを示したのである(その後、保護局は若干の権威を取り戻した)。このようにして保護局は、不本意ながら他の方法を試みざるを得なくなった。それは、インディオたちに或る程度の自主性を回復させ、彼らが再び自分たちの生活の方向を決めなければならないように仕向けることであった。

束の間の文明の経験の中から、インディオたちは、ブラジル式の衣服、斧、ナイフ、縫い針だけを生活に採り入れた。他のすべては顧みられなかった。当局はインディオのために家を建ててやったが、彼らは外で暮らした。村に定住させようと骨折ってみたが、彼らは遊動的な生活を続けた。寝台を壊して火を焚くのに使ってしまい、地面にじかに寝た。先住民は牛肉や牛乳を毛嫌いして受け付けず、政府から送られてきた牝牛の群れは当てどもなく彷徨《さまよ》い歩いた。梃《てこ》の腕に取り付けられた一個の容器《いれもの》が、満ちたり空《から》になったりすることによって機械的に動く木の杵《きね》(ブラジルでは、「モンジョーロ」という名で知られている、よく見かける装置であり、ポルトガル人はそれを、恐らく東洋から採り入れたのであろう）は使われないまま腐り、一般には依然として、手で搗《つ》くことが行なわれていた。

私はひどく失望したのだが、こういった訳で、ティバジー河のインディオは、完全に「真のインディオ」でもなく、まして「野蛮人」どころではなかった。しかし、民族学の初心者が将来の体験について思い描く素朴《そぼく》な想像図から詩情を剝《は》ぎ取って見せることによって、インディオたちは私に、用心深くあるべきこと、客観的であるべきことを教えてくれたのだった。私が願っていたほどに無瑕《むきず》ではなかったインディオの姿を見出しはしたものの、私は、外見から人が思う以上に、彼らが隠れた面をもっているのを発見しようとしていた。このインディオたちは、二十世紀後半の観察者が専ら向かい合わせられることになるあの社会学的状況、つまり「未開人《プリミティフ》」の状況を余すところなく示していた。「未開人」たちに文明が荒々しく押し付けられ、そして彼らが表わしていると思われた危機がひとたび乗り超えられると、当局はもはや「未開人」に関心をもたなくなってしまった。一方では、白人の影響によって変えられなかった古来の伝統（彼らのあいだにまだあれほど頻繁に行なわれている、歯を鑢《やすり》でこすって尖らせたり、歯にものを嵌《は》め込んだりする習俗のように）から成り、他方では現代文明から借用したもので作られている彼らの文化は、或る独特の総合体を形作っている。この文化を研究することは、華やかさといったものはないにしても、後に私が接近することになった純粋なインディオの場合よりも、もっと教育的な研究状況に私を直面させたのである。

しかしとりわけ、これらのインディオが彼ら自身の生活資材に頼る状態に置かれてからは、現代文化と未開文化のあいだの表面的な釣合いが、奇妙な形で覆《くつがえ》されるのが見られた。一つの過去——それがまだ、生きている近さにあることを忘れるべきではない——から、かつての生活様式や伝統的な技術が再び姿を現わした。インディオの家の中で、琺瑯《ほうろう》びきの鉄の皿や、市場で買った匙《さじ》や、時にはミシンの残骸《ざんがい》にすら混っているのを私が見た、あの称嘆すべき見事さで磨かれた石の杵はどこから来るのであろうか。同じ種族に属しながら相変わらず野蛮な生活を営み、その好戦的な活動によってパラナ州の幾つかの地方を開拓者たちから守り続けて来た住民を相手に、森の沈黙《しじま》の中で行なわれる交換によるのであろうか。この疑問に答えるためには、当時政府の直轄地に隠棲《いんせい》してしまっていた、あの「向う見ず」と綽名《あだな》されていた老インディオの放浪奇譚を逐一聞かなければならないだろう。

われわれを物想いに耽らせるこれらのものは、インディオがまだ、家屋も衣服も金属の道具も知らなかった時代の証《あかし》として、部族の生活の中に存続している。更にまた人々の半ば無意識の記憶のうちにも、古い技術は保たれている。よく知られてはいるが高価で手に入りにくいマッチよりも、インディオは、椰子の木の芯《しん》の柔らかい部分を二つ、回転させたり擦《こす》り合わせたりする遺り方を、相変わらず選ぶのである。かつて政府が配った老朽した小銃やピストルが、捨てられて空になった家の中に懸けられているのをよく見かけるが、一方森の中では、インディオは火器をまだ一度も見たことがない人々のものと同じ確かさの技巧で、弓矢を使って狩猟をする。かくて、当局の努力で上辺《うわべ》だけは覆い隠されていた古い生活様式は、私も出逢ったことがある、あの森の中の微かな道を糸のように進んで行くインディオの縦列と同じ緩やかさと確かさで、再び自分自身の道を辿るようになった。そして人気《ひとけ》のなくなった村々では、家の屋根が崩れていった。

およそ二週間というもの、私たちは馬で、森の広大な拡がりを突っ切って、ほとんど目に見えないような道を旅した。森は極めて広く、宿営をするはずの小屋に辿り着くために、夜のあいだにかなり進まなければならないこともしばしばであった。私たちの頭上三十メートルのところで閉じていた植物の繁茂が、外からの光を遮《さえぎ》って作り出している暗さにもかかわらず、馬が一体どのようにして蹄《ひづめ》を下ろすことができたのか、私には解らない。私はただ、馬に片側ずつ足を上げさせるようにして、ぎくしゃくした騎行を続けた時間の数々を思い出す。時として、急な傾斜を降りながら、馬が私たちを前に投げ出してしまいそうになることがある。そんなとき、落ちないために、手は、田舎《いなか》式の鞍の高い前輪に、いつでもしがみ付ける用意をしていなければならなかった。下から伝わってくる冷気と、はっきりと聞こえる水音から、私たちは浅瀬を渡っているのを感じ取るのだった。次いで、揺さぶりが逆になって、馬は対岸の崖をよろめきながら登って行くのだが、その乱脈な、夜でよくは分からない動きによって、馬は、鞍と乗り手とから逃れようとしているらしく思われた。平衡が一旦回復された後では、もはやあの奇妙な予感の恩恵を受け損わないように、眠らずにいるだけでよかった。あの予感のお蔭で、少なくとも二度に一度は、目には見えないながら、低い枝でひどく殴りつけられるのを避けるために、うまく首を竦《すく》めることができるのだ。

やがて遠くの方で、一つの音が次第にはっきりして来る。もう、夕暮れに、ほんの短い時間私たちが聞いたジャガーの唸り声ではない。こんどは、それは吠えている犬だ。宿営地が近いのである。数分後に私たちの案内人が方向を変える。彼に従《つ》いて、私たちは休耕地に入って行く。そこは木の幹を裂いて柵が作られ、家畜囲いになっている。ばらされた椰子の木で作られ、藁の屋根が被せられた小屋の前に、僅かの白い綿布を纏った二つの影が動いている。私たちの宿泊の世話をしてくれる人々で、夫はたいていポルトガル系で、妻はインディオだ。石油に浸された灯心の光で、彼らの財産はひと目で見渡せる。土を叩いて均《な》らした床《ゆか》、テーブルが一脚、板の寝床、腰掛に使っている箱が幾つか、そして、粘土を固めた竈《かまど》の床面には、石油缶や廃物利用の缶詰の空缶などで作った炊事用具一式。壁の隙間に綱を通して手早くハンモックが吊られる。さもなければ、私たちは小屋を出て、収穫された玉蜀黍《とうもろこし》が雨を避けて詰め込まれているパイオル〔差掛《けか》〕へ眠りに行く。不思議に思われるかもしれないが、まだ皮の付いたままの乾いた玉蜀黍の穂の堆積は、快適な寝床になるのである。この細長い物はみな互いに滑り合って、全体としては眠る人の形に合うようになる。乾いた玉蜀黍の、草のような甘さの入り混った繊細な匂いには、素晴しい鎮静作用がある。それでも、冷気と湿気が明け方に目を覚まさせる。乳のような霧が森の中の空地から立ち昇る。急いで小屋に戻るが、そこでは竈が、窓のない、壁はむしろ隙間のある囲いと言ったほうがいいこの住居の、変わることのない光の濃淡の中で輝いている。女主人は〔ブラジル奥地式に〕砂糖の上で黒光りするほど黒く炒《い》ったコーヒーと、綿毛のように弾けた玉蜀黍の粒に脂肉《あぶら》を混ぜたピポカを用意する。馬を集め鞍を置き、そして出発だ。まもなく、ぎらぎら輝く森が、この置き去りにされた小屋の周りに再び閉じてしまう。

サン・ジェロニモのインディオ居住地区は、およそ十万ヘクタールにわたって拡がり、五つないし六つの小集落に分かれた四百五十人の先住民が住んでいる。出発前に、駐在所の統計で、マラリアと結核とアルコール中毒によって惹き起こされた荒廃の程度を知ることができた。十年来、出生の合計は百七十人を越えていないのに、幼児死亡だけでも百四十人に達しているのだ。

私たちは、連邦政府が建てた木造の家を訪ねた。これらの家は、水の流れに沿って五世帯から十世帯の村にまとめられている。私たちは、よくインディオが建てる、さらに離れたところにある家々も見た。パルミート〔ヤシ科ビンロウ目の木。芽が食用になる〕の幹を蔓《つる》で縛《しば》って組み立てた四角い柵の上に、四隅で壁に取り付けただけの葉の屋根が載っている。私たちはまた、木の枝で作った差掛けの下にも入ってみたが、そこには時折、一家族が、傍にある家は使わずに暮らしているのである。

住民は、昼も燃え続ける火の周りに集まっている。男たちは普通、ぼろのシャツを着て古いズボンをはき、女たちは木綿の服を膚にじかに着るか、時には一枚の布を腋《わき》の下に巻いており、子どもたちは全くの裸である。みな私たちが旅行する時のように大きな藁の帽子をかぶっているが、藁帽子作りは彼らの唯一の産業であり、それが唯ひとつの収入源を成しているのである。男女、年齢にかかわりなく、黄色人種の特徴が明らかだ。つまり体軀《たいく》は小さく、顔は広く平らで顴骨《かんこつ》が突き出し、目は引き締り、皮膚は黄色で、毛髪は黒く真直で――女は毛髪を全く無造作に、長くあるいは短くしている――、体毛は少なく、欠如していることも稀ではない。一間《ひとま》きりの部屋に彼らは住んでいる。そこで彼らは、灰に埋めて焼いた甘藷《かんしょ》を長い竹の挟み棒で取って、時間に構わず食べるのである。その部屋でまた、彼らは、羊歯《しだ》の薄い寝床や玉蜀黍殻《がら》の筵《むしろ》の上で、めいめいが火の方へ足を向け、体を伸ばして眠る。夜のあいだ、残っている燠《おき》と、あまりしっかりとは継ぎ合わされていない木の幹の壁とが、標高一千メートルの凍るような寒さから、辛うじて彼らを守っているのだ。

先住民が建てる家というのは、結局こうした一間《ひとま》のことなのである。政府が建てた家でも、やはり一部屋だけしか使われていない。地べたに、インディオの財産のすべてが、私たちの案内人であった近くの荒野《セルタウン》に住むカボクロ〔古くはインディオそのものを指したこともあるが、現在では、混血の地方農民を意味している〕を憤慨させた乱雑さで拡げられているのも、そこなのである。この一間《ひとま》に、ブラジル起源の物も、この地方で作られたものも、ほとんど区別できない状態で入り混っている。ブラジル起源のものとしては、よく見かけるものに、斧、ナイフ、琺瑯《ほうろう》びきの皿や金物の容器、ぼろ布、縫い針と糸があり、時には何本かの壜や、雨傘さえもある。家具もまた、ごく限られたものだ。グアラニ族のところから来る低い木の腰掛け、これはカボクロも使っている。大きさも用途もまちまちな籠。籠は、南アメリカに極めて多く見られる「十字目編み」〔十字形の荒い目を組み合わせたような籠編みの技法〕の技法を示している。粉篩《こなふるい》、木の臼、木または石の杵、幾つかの土器。そして最後に、アボーブラ――つまり中身を抜いて干した瓢《ひょう》箪《たん》――で作った、形も用途も多様な夥《おびただ》しい数の容器。こうした粗末な品物を手に入れるのは、何とむずかしいことか！　私たちが持っていた指輪や首飾りやガラス細工《ざいく》のブローチなどを、前もって家族全員に配っておいても、最低限必要な友好関係をつくり出すのにさえ不十分なこともあるのだ。道具類の貧弱さとは途轍《とてつ》もなく不釣合いな多額のミルレイス〔ブラジルの貨幣単位〕を贈ろうと申し出ても、道具の持ち主は無関心なままだ。「あの男は、売ることはできないと言っています」「もしこれがあの男の作ったものなら、喜んで譲ってくれたでしょう。けれども、あの男自身、もうずっと前に、或る老婆から手に入れたのですが、この老婆というのが、こういうものの作り方を知っている唯ひとりの人間なのです。もしあの男がそれをあなた方にあげてしまったら、どうしてその代りを見つけたらいいでしょう」。もちろん、その老婆はそこに居はしない。どこにいるのか？ 「あの男は知らないと言っています」――曖昧な身振り――「森の中かもしれません」……。第一、私たちの持っているミルレイス全部を与えたとしても、それが、この年老いたインディオの男にとって、一番近い白人の店から百キロ離れたこの土地で熱で震えているこの老人にとって、どれだけの価値があるというのだ？ こんなにも乏しい資材で暮らしているこの人たちから、小さな道具を取り上げようとしていることを、私たちは恥ずかしく思った。その道具を手放すことは、この男にとって掛け替えのない財産の減少になるというのに……。

しかし、しばしば話は違った経過を辿る。このインディオの女は、私にこの壺を売りたいと思っているのだろうか。「そうですとも、あの女は売りたがっています」。生憎《あいにく》その壺は彼女のものではない。それでは誰のものかね――答えがない。ご主人のかね――否《いな》。彼女の兄弟のか――そうでもない。息子《むすこ》の？――いや、いや。その壺は孫娘のものだった。孫娘が、どうしようもないことだが、私たちが買いたいと思うすべてのものの所有者なのだ。私たちは孫娘を見やる――彼女は三、四歳で、火の傍に蹲《うずくま》り、つい先刻、私が彼女の指に嵌《は》めてやった指輪にすっかり心を奪われている。それから先の長々とした交渉は、このお嬢さんを相手に行なわれることになるが、両親はそれにはまったく口を挿まない。五百レイスの指輪では彼女は知らぬ顔のままだ。ブローチ一個と四百レイスで、彼女の心が決まる。

カインガング族は、少しは土地も耕しているが、魚獲りと狩りと採集が、彼らの最も重要な仕事である。漁獲りの方法は白人を極めて貧弱に模倣したものなので、その効率も低いに違いない。よく撓《しな》う木の枝、糸の先に僅かの樹脂で付けられたブラジル製の釣針、場合によって、網のようにして用いられるただの布切れ。狩りと採集は、森のこの遊動生活の中心になっている。森の中で、家族は何週間ものあいだ姿を消してしまう。彼らがひっそりと隠れている場所も、彼らが通った込み入った道筋も、誰ひとり跡をつけたものはいない。私たちも時折、彼らの小さな群れが曲りくねった小径《こみち》を通って森から出てくるのに出逢ったことがあるが、彼らはそこから直ぐ、また姿を消してしまうのであった。男たちが先頭に立ち、彼らは、ボドケと呼ばれる鳥の猟に使う、小さな球を発射する弓で武装し、干した粘土の弾丸《たま》を入れた編み籠を負い紐《ひも》で掛けている。その後《あと》から女たちが、家族の全財産を、布の帯や樹皮で作った幅の広い帯で、額から背中へ吊るした籠に入れて運んで行く。子供や日常用品もこのようにして運ばれる。幾言《こと》かが交わされ、私たちは馬をそこまでで止め、彼らはその歩みをほとんどゆるめず、森はすぐに静寂を取り戻す。私たちに分かっていることは、ただ、次に訪ねる家も――それまでの多くの家と同様に――空《から》だろうということだ。だが、どれだけのあいだ？

　こうした遊動生活は、何日も何週間も続くことがある。狩りの季節や、木の実――ジャボティカーバ〔桜桃に似た木の実〕、オレンジ、リマ〔ライム〕――の季節になると、すべての住民が大規模に移動する。森の奥では、彼らはどんな小屋で暮らすのだろうか？　どんな場所に、彼らは弓矢を隠しておくのだろうか？　弓矢といえば、家の片隅に忘れ去られたものが、偶《たま》に見当たるだけなのに。どんな伝承や儀礼や信仰で、彼らは互いに結び合わされているのであろうか？

　畑仕事は、この未開経済の中では最も目につき易い位置を占めている。(2)森の奥で時折、原住民の開墾地を横切ることがある。木で作った高い柵のあいだに、惨めな緑が数十平方メートルの土地を占めている。バナナ、甘藷、マンジョーカ(3)、玉蜀黍など。穀物はまず火で乾かしてから、女が、一人または二人して臼で搗《つ》く。粉は、そのまま食べるか、あるいは脂《あぶら》で捏《こ》ねて堅い団子にする。これには黒隠元を添える。狩りの獲物や半野生の豚が動物性の食料源だ。肉は、決って、木の枝に突き刺し、火の上で焙《あぶ》る。

　コロという、或る種の木の腐りかけた幹の中にうようよしている、青白い蛆虫《うじむし》のことも書いておかなければなるまい。白人にさんざん嘲笑されて傷付いたインディオたちは、この小さな生き物が好物だということをもう口に出さなくなり、コロを食べていることを頑強に否定する。嵐で倒れたピニェイロの大木が切り刻まれ、地面に二、三十メートルにわたって、まるで木の幽霊のようになっている様を見るには、森の中を歩き回るだけで十分である。コロ探しの連中がそこを通ったのだ。あるいは、インディオの家に前触れなしに入って行ったとき、手が素早く隠す前に、この珍味が群れて蠢《うごめ》いている鉢を目撃することもある。

　そういうわけだから、コロを取っているところに居合わせるのは、容易なことではない。私たちはまるで陰謀でもめぐらすように、長いことかかって計画を練る。放棄された村に唯ひとり残された熱病のインディオが、恰好の獲物であるように思われる。彼の手に斧を握らせ、彼を揺さぶり、押し出す。骨折りの甲斐もなく、彼は私たちが何を求めているのか皆目わからないといった顔をしている。また、やり損なうのではないか？　仕方がない！　私たちは奥の手を使うことにする――俺たちはコロが食べたいんだよ。とうとう、この犠牲者を一本の幹の前に引っ張って行くことに成功する。斧の一撃が、木の最も深い部分まで穿《うが》たれた数千もの穴を暴《あば》き出す。穴の一つ一つに、太ってクリーム色をした、蚕によく似た生き物がいる。いよいよ思い切ってやるのだ。インディオの無表情な目差しを受けながら、私は獲物の頭をちぎる。胴体から白っぽい脂が出る。それを私は、やはり躊躇《ためら》いながらも味わう。脂はバターのようにねっとりとして細やかであり、ココ椰子の核の乳液のような風味がある。

〔1〕ブラジルでは、白人の侵入がもたらす様々な圧迫からインディオを保護するために、各地に一定の保護地区が設けられ、政府から監督官が派遣されている。

〔2〕原文 Le jardinage tient la première place dans cette économie primitive. の下線の部分を、著者の了解を得て、“la place la plus visible” と変えた上で訳出。

〔3〕熱帯降雨林地帯に広く栽培されている根茎植物。焼いたり、粥にして食べるが、下ろしてから干し、粉にして貯蔵することもできる。有毒と無毒の二種があり、前者は水にさらしてから調理する。マニ

オック、キャッサバともいう。

18　パンタナル

こうした洗礼を受けた後で、私には本物の冒険に向かう準備ができた。その機会は、ブラジルでは十一月から三月までの大学の休暇期間、つまり雨季のあいだに到来する筈であった。雨季という不利な条件にもかかわらず、私は二つの先住民の集団と接触する計画を練っていた。一つは、極めて不十分にしか研究されていず、しかも恐らく四分の三は既に消滅してしまった集団、すなわちパラグアイとの国境地方に住むカデュヴェオ族、もう一つは、カデュヴェオ族よりはよく知られているが、なお多くの興味ある問題を残している、マト・グロッソ州中部のボロロ族である。さらに、リオ・デ・ジャネイロの国立博物館が、私の行程の途中にある考古学上の遺跡を見届けて来て欲しいと言ってきた。この遺跡は、古い記録の中に散見されるだけで、誰もこれを研究する機会のないまま放置されていたものである。

その時以来、私は頻繁にサン・パウロとマト・グロッソ州のあいだを往来した。或る時は飛行機で、或る時は貨物トラックで、さらに或る時は汽車と船で。私が一九三五年から三六年にかけて利用した交通機関は汽車と船だった。事実、私がいま述べた遺跡は、鉄道の近くに、パラグアイ河の左岸にあるポルト・エスペランサまで達する線の終点から遠くないところにあった。

　このうんざりする旅については語るべきことは殆どない。西北《ノロエステ》鉄道会社が、まず、開拓地の直中《ただなか》にあるバウルまで運んでくれる。そこで、この州の南部を横断するマト・グロッソ行きの「夜行」に乗り換える。合計三日間、薪を焚《た》いて走る汽車の旅が続く。汽車はのろのろと走り、燃料補給のため頻繁に、しかも長時間停車する。客車も木製で、どうやら形を保っているといった代物《しろもの》だった。目が覚めてみると、顔が強張《こわば》った粘度の膜で覆われている。これは荒野《セルタウン》の赤い埃で、それが顔の皺《しわ》という皺、毛穴という毛穴に入り込んでいるのである。食堂車ではもう、料理はすべて奥地式だった。肉は時によって生鮮であったり、干肉であったりする。米と黒隠元。それに、煮汁を吸い取らせるためのファリーニャ――生《なま》の玉蜀黍かマンジョーカを粥にし、熱で水気を取り、粗い粉に挽《ひ》いたもの――がそれである。そして、あの永遠に変わることのないブラジルのデザート――マルメロ〔ヨーロッパ主産の果実。黄色で西洋梨形、芳香がある。砂糖漬、ジャムなどにする〕か、ばんじろう〔二四二ページ割注参照〕の砂糖煮を添えたチーズ。汽車が止まるたびに、子供たちが、多汁で果肉の黄色いパイナップルを、幾らでもない値で旅客に売りに来る。パイナップルは、天の恵みとも思える清涼をもたらしてくれる。

　トレス・ラゴアス駅の少し手前でパラナ河を横切ると、マト・グロッソ州に入る。パラナ河はあまり幅が広いので、もう雨季が始まっているにもかかわらず、川底があちこちで露出している。

これに続いて始まる景観は、奥地への私の旅の数年のあいだ、私にとっては馴染み深く、耐え難く、しかも避けられないものになった。その景観は、パラナ河からアマゾン流域の低地に至るブラジル中央部の特徴を表わしている。盛り上りがないか、あるいは微かに起伏している台地。地平線は遠く、藪の多い荒れた草原が続き、時折ゼブ牛〔肩の上に大きな瘤（こぶ）のある牛。南アメリカ、アフリカで多く飼育〕の群れが汽車の通路からあわてて散って行く。多くの旅行者が、マト・グロッソを「巨大な森」と訳すことによって誤解をしている。森は女性形の「マタ」という言葉に訳されるが、男性形の「マト」は、南アメリカの景観において森林を補う部分を表わしている。「マト・グロッソ」はそれゆえ、正しくは「巨大なブルース〔灌木のはびこった草原〕」である。「マト・グロッソ」という言葉以上に、この野性的で悲しい土地、それでいてその単調さが、雄大な、人の心を昂揚させる何かを発散している土地に、似つかわしい言葉はあるまい。

「セルタウン」という言葉も、事実、私は「ブルース」というフランス語に訳している。しかし、この言葉には、やや異なった意味も含まれている。「マト」は景観の客観的な性格にかかわりをもっている。つまり、森林との対照における「ブルース」なのである。ところが「セルタウン」は、その主観的な側面、つまり人間とのかかわりにおける景観なのである。したがって「セルタウン」は、「ブルース」を示すものではあるが、人が住んでいる土地、あるいは耕された土地とは反対のものを指している。それは、人間が持続性のある施設を持たない地域なのである。

植民地の俗語なら、さしづめ「ブレッド」〔「荒野」という意味の北アメリカの俗語〕という言葉が、ぴったりこれに対応するであろう。

時折、台地は途切れ、木が茂って草の豊かな、軽快な空の下でほとんど微笑《ほほえ》みかけているような谷間に場所を譲る。カンポ・グランデとアキダウアナのあいだでは、更に深い切れ目が、マラカジュー山脈の燦爛《さんらん》たる断崖を出現させる。この山地の峡谷はすでに、コリエンテスでガリンポ——ダイヤモンド探鉱者の拠点——を隠している。そして今や、すべては変わってしまう。アキダウアナを通過するや否や、われわれはパンタナルに、パラグアイ河中流の低地を占める世界最大の沼沢地に入るのである。

飛行機から見ると平坦な土地を横切って数々の河が蛇行しているこの地域は、水の停滞した、弓形とうねりから成る景観を示している。河床《かしょう》そのものが、蒼《あお》ざめた曲線で縁取られているように見える。まるで自然が、現在見られる仮初《かりそめ》の流れ方を河に与えようとして、逡巡《しゅんじゅん》したかのようだ。地上に降りてみると、パンタナルは夢の風景になる。ゼブ牛の群れが、水に漂う方舟《はこぶね》の上に避難してでもいるように、沈んだ丘の頂きに待避している。他方、水に没している沼の中には、群れをなした大きな鳥たち——紅鶴《べにづる》、冠毛鷺、青鷺——が、密度の高い、白色や薔薇《ばら》色の島々を形作っている。しかし、水鳥の島よりも更に羽毛豊かなのは、葉のあいだに貴い蠟《ろう》を分泌しているカランダ椰子の羽扇《はねおうぎ》のような葉である。そして点在するカランダ椰子の茂みだけが、この水性の砂漠の、上べだけ愛らしい眺めを、ところどころで断ち切っているのである。

傷《いた》ましいポルト・エスペランサ〔希望の港〕――かくも不相応な名を付けられたこの町は、恐らくニューヨーク州のファイア・アイランドを別にすれば、地球上に見出し得る最も奇妙な場所として、私の記憶のうちに留まっている。いま考えてみると、私はファイア・アイランドをポルト・エスペランサと並べてみたい気がする。二つの場所は、この上なく矛盾したものを、それぞれ別の音部記号を使ってまとめあげている点で類似しているからである。地理上の、生活上の同じ不条理が二つの土地に現われているが、ファイア・アイランドでは滑稽《こっけい》で、ポルト・エスペランサでは悲惨だ。

いったい、スウィフト〔一六六七～一七四五。アイルランドの作家。『ガリヴァー旅行記』の著者〕がファイア・アイランドを発明したのであろうか。それは植物の生えていない砂洲で、ロング・アイランドの沖に横たわっている。この島は、長さはたっぷりあるが幅はない。一方向に八十キロの長さがあるが、それに対する幅は二、三百メートルなのだ。大西洋側では海が豊かに打ち寄せているが、あまり波が荒いので海水浴をしようとする人はいない。大陸側では海はいつも穏やかだが、人が浸れないくらいに浅い。それゆえ、人は暇潰しに魚を、それも食用にならない魚を釣るのである。砂浜に一定の間隔で立てられた掲示には、魚が腐るのを防ぐために、水から揚げたらすぐ砂の中に魚を埋めるようにという、釣り人たちへの通告が記されている。ファイア・アイランドの砂丘は極めて不安定で、水の上を仮に占めているに過ぎないので、別の掲示には、砂丘の上を歩いてはいけない、砂丘がその下にある波に沈むかもしれないから、と書いてある。それは逆にしたヴェネチアだ。つまりここでは流動的なのは土地で、確固としているのは運河なのである。島の中央部を占める一郭、チェリー・グローヴの住民は、往来するためには否応なしに、杭の上に作られた道である、木の小橋の通路網を利用しなければならない。

この戯画の仕上げに念を入れるかのように、チェリー・グローヴには、おもに男同士の同棲者が暮している。一切のものの倒錯が、恐らく彼らをここに惹き付けたのであろう。大きな敷物のようにあちこちに蔓延《はびこ》っている毒木蔦《きづた》のほか、砂の中には何も生えないので、人々は日に一度、船着場の脇に店を出している、ただ一軒の店で食料を買い込むのである。砂丘よりも高く安定した木の小路を、子を産むはずのないこれらの夫婦が、赤ん坊の乗っていない乳母車（道の狭さに見合った唯一の車だ）を押して小屋に帰って行くのが見られる。乳母車に乗っているのは、うちで赤ん坊が飲むわけでもない週末用の牛乳壜だけだ。

ファイア・アイランドは痛快な茶番といった印象を与えるが、ポルト・エスペランサで見られるのは、もっと呪われた連中に向いた、その複製版だ。四分の三は人が住んでいない土地を横切って千五百キロ延びている鉄道を川縁《かわぶち》で受け止めているという以外、この町の存在を正当化するものは何もない。そこから先は、奥地との連絡はもはや船でするほかはなく、線路は、河を上下する小さな蒸気船の発着場に使われている、板で辛うじて補強された泥の堤防の上で立ち消えになっている。

鉄道に雇われている者以外住民というものはなく、彼らの住居以外に家はない。家というのは沼地の真ん中に建てられた木造バラックだ。家に辿り着くのには、ぐらぐらする木の板を渡って行くのだが、そうした板が、この人家のある地域のあいだを縫っている。私たちが泊まることになったのは、鉄道会社が提供してくれた山小屋めいたところだった。それは、高い杭の上に乗っかった、小さな一部屋だけの立方体の箱で、梯子《はしご》を伝って登ることができる。戸は、入れ換え用線路の上の、何もないところに開いていた。明け方に、車両を連結していない機関車——それが私たちの専用車になるはずであった——の汽笛が、私たちの目を覚ます。夜は苦痛だった。蒸し蒸しする暑さ、私たちの隠れ家に襲撃をかけてくる沼の大きな蚊、そして蚊屋——どういう蚊屋にすべきか、出発前私たちはあれほど物知り顔に討議を重ねたのだが、結局、不備が露呈された——に至るまで、すべてが挙《こぞ》って眠りを不可能にした。朝の五時に機関車が私たちの薄い床板の隙間から蒸気を吹き上げて来る時には、前の日の昼間の暑さがまだ小屋の中に残っていた。湿気は多いが霧はかかっていない。空は鉛をかぶせたようで、呼吸に適さないようにする何かの一成分が空気に加えられているかのように、大気は重苦しかった。幸い機関車は速く走った。坐って快い風に吹かれながら排障機の上で足をぶらつかせていると、夜の苦しさも振り落とすことができるのだった。

ただ一本の線路だけが、沼地を通って急拵えで敷設されていた（そこを週二回汽車が通った）。沼地の上に組まれた橋は危なっかしく、機関車は絶えず今にもそこから外れ落ちるかと思われた。線路の両側では、見ただけで胸がむかつくような泥水が、褪《あ》せた臭気を放っている。しかし、私たちがその後、何週間ものあいだ飲むことになったのは、この水だった。

右にも左にも灌木が果樹園のように間隔を置いて立っている。遠いところにあるものは暗い塊に溶け合って見え、ただ茂みの下で、水に反映した空が鏡のような明るい斑点を作っていた。すべてが、程よいなま暖かさの中でゆっくりと煮られて、徐々に熟《う》れて行くようであった。もし、この先史時代を思わせる風景の中に数千年のあいだ留まることができ、その移り変りを目のあたり見ることができたならば、人は恐らく、有機物質が泥炭や石炭や石油に変わって行く様を目撃することになったであろう。石油が地表に噴き出て、繊細な虹の色で水を彩るのを見ることさえできたろう、と私は思った。同行の人夫たちは、遺物の幾かけらかのために、こんなに私たち自身も苦労し、彼らにも労苦を強《し》いるのは馬鹿らしい、と言って嫌がった。人夫たちは、私たちが被っていた「技師」の標《しるし》であるコルクのヘルメットに、彼らが結び合せていた象徴的価値のお蔭で勇気づけられて、考古学はもっと重大な探鉱の口実なのだということで、自分たちを納得させていた。

時折、あまり人間を怖れない動物たちが静寂を乱した。きょとんとした白い尾のヴェアードゥ〔獐鹿（のろじか）〕、小型の駝鳥《だちょう》であるエマの群れ、水面すれすれに飛んでゆく白い冠毛鷺。

途中で労働者が新たに機関車に乗り込み、私たちの方によじ登って来る。やがて停止。あと十二キロのところである。支線はそこで途絶え、あとは歩いて仕事場に辿り着かなければならない。カパウン特有の景観を呈している仕事場が望見される。

見掛けとは反対に、パンタナルの水は少しずつだが流れている。水は貝や泥土《でいど》を運び、それが幾つかの地点に堆積され、植物はそこに根を下ろす。このようにしてパンタナルには、カパウンと呼ばれる針鼠《はりねずみ》のような恰好《かっこう》の緑地がちりばめられている。かつてのインディオは、そこに宿営地を造った。だからそこには、彼らの移動した跡が発見できるのである。

それゆえ私たちは、線路の傍に枕木を積み上げて自分たちで作った木の道を通って、毎日カパウンに出かけた。そして、そこで打ちひしがれるような日中の時間を過ごした。呼吸は苦しく、太陽で温くなった沼の水を飲んだ。日が落ちると、機関車が私たちを迎えに来た。あるいは、「悪魔」と呼ばれる運搬車がやって来ることもあった。この車は、四隅に立った労働者が、ゴンドラの船頭のように線路の砂利の上に竿を力まかせに突き立てて、車を進めるのである。疲れ、渇《かわ》ききって、私たちは荒涼たる希望《ボルト・エスペランサ》の港に、眠れない夜を過ごしに戻って来るのだった。

そこから百キロほどこちら側に、農場が一つあって、そこを、私たちはカデュヴェオ族に達するための前進基地として選んでおいた。沿線の人たちがフランス人農場《ファゼンダ・フランセーザ》と呼ぶこの農場は、およそ五万ヘクタールの細長い土地を占めており、汽車がその中を百二十キロ走っていた。この乾いた藪と草の拡がりの中に、七千頭の家畜が彷徨《さまよ》っていた（熱帯では、五ないし十ヘクタールが一頭を養うのに精一杯の面積である）。家畜は、この領地の中だけで二、三回も停車をする鉄道によって、定期的にサン・パウロに向かって積み出された。屋敷へ行くための停車場はグアイクルスと呼ばれていたが、これは、かつてこの地方に君臨していた好戦的な大部族群の名に因んだものである。これらの部族のうち、ブラジルの領土内では、カデュヴェオ族が最後の生き残りであった。

二人のフランス人の男が、牛飼いの数家族と一緒に、この農場を経営していた。年下の方の男の名前を私は思い出せない。もう一人の、四十に近くなっていた男はフェリックス・Rという名で、親しい人たちはドン・フェリックスと言っていた。彼は何年か前、一人のインディオに殺された。

私たちが世話になったこの農場の主人たちは、第一次大戦のあいだに成長したり兵役に就いたりしていた。彼らの気質や適性は、彼らをモロッコに入植させた。ナント[1]人流のどんな山気から、彼らがこの見放されたブラジルの一地方での、更に不確かな冒険に首を突っ込むことになったのか、私は知らない。いずれにせよ、創設して十年たった時には、このフランス人農場は左前になりかけていた。というのも、初めの資金が不十分で土地の買い取りに費用がかかり過ぎ、家畜や設備の改良に使う余裕がなくなったためであった。イギリス風の広々としたバンガローで、農場の主《あるじ》は、半ば畜産業者で半ば食料品屋の切り詰めた生活をしていた。確かに農場の帳場は、半径百キロ以内で唯ひとつ、乃至ほとんど唯ひとつと言っていい食料補給の場所であった。エンプレガードつまり使用人である労働者や家畜番は、彼らが一方の手で稼いだものを、もう一方の手でそこで使い果たしに来るのだった。ちょっと筆を加えれば借り証文を貸し証文にすることができたし、この観点からすれば、ここでの企業の一切は、ほぼ現金なしで運営されていたことになる。商品の値段は、慣例に従って一般の相場の二、三倍に定められていたので、もしこの商いの方が副業でなかったならば、事業は黒字になるはずであった。土曜日に、労働者が刈り取った砂糖黍の小さな束を運び込むのを見るのは、何かしら傷《いた》ましかった。彼らはその砂糖黍をすぐに農場のエンジェーニョ――ざっと四角に削った木の幹でできた機械で、この三本の木のローラーの回転によって砂糖黍の茎を砕くのである――で潰し、火にかけた大きな鉄鍋の中で汁から水分を蒸発させ、そのあと型に流し込む。すると煮汁は、粒々の堅い飴《あめ》色の塊、ラパドゥラに変わるのである。労働者たちはそこで、出来上がったものを隣の倉庫に納める。そして今度は買い手になって、その日の夕方にはもう、それをひどく高い値で買いに来るのだ。荒野《セルタウン》で唯ひとつのこのお菓子を、子供に持って行ってやるために。

農場の主《あるじ》たちは、この搾取者の仕事を思慮深く捌いていた。使用人とは仕事以外では接触せず、同じ階級の隣人もなく（なぜなら、最も近いパラグアイ国境の農場とのあいだには、インディオ保護地区が拡がっていたから）、彼らは極めて厳格な生活を自分たちに課していた。そして、それを守り続けることは、恐らく意気沮喪《そそう》を免れるための最善の防御策でもあった。彼らの、アメリカ大陸風への譲歩は、服装と飲み物に限られていた。ブラジル、パラグアイ、ボリビア、アルゼンチンの伝統が混り合っているこの辺境で、二人は大草原《パンパ》の服装を採り入れていた。焦げ茶色の藁を細かく編んで作った、つばが広くて反り返り、てっぺんの高いボリビア式の帽子。それに、大人のお襁褓《むつ》といった趣きのシリパ。シリパは柔らかい色の地に、赤紫や薔薇《ばら》色あるいは青の縞《しま》の入った木綿で出来ていて、腿《もも》や脚は剝《む》き出しのままだった。脹脛《ふくらはぎ》までは、厚ぼったい白い長靴がのぼってきている。涼しい日には彼らは、シリパを止めて、ボンバシャという、アルジェリア歩兵の服のような、両側に賑やかな刺繡《ししゅう》のある脹《ふく》らんだズボンをはいていた。

彼らの日中の時間はほとんどすべて、家畜囲いで動物たちを「かまう」ことで過ぎた。つまり、定期的に集めて売るために、家畜を検査したり選《よ》り分けたりするのである。砂埃の嵐の中を、動物たちは、牛飼い頭《カパタース》の喉《のど》から絞るような怒声に追い立てられて、幾つかの囲いに仕分けされるべく主人の目の前を列を成して通って行く。長い角のゼブ牛、太った牝牛、怯《おび》えた仔牛が板の通路の中で重なり合い、時にはそこに牡牛が立ち塞がる。すると細かく編まれた四十メートルからある革紐が、投縄者《ラソエイロ》の頭上で渦を巻きながら伸びたかと思うと牡牛は打ち倒され、ラソエイロの跨《またが》った馬は、勝ち誇って跳ね上がるのである。

しかし、一日に二回――朝の十一時半と夕方の七時に――、日課のシマラウンの儀式のために、つまり管でマテを飲むために、人々は住居を囲んだ蔓棚《つるだな》の下に集まって来る。周知のように、マテはヨーロッパのうばめ樫と同じ科の灌木で、その小枝を地下の竈《かまど》の煙で軽く焙《ほう》じてから粗い粉に挽《ひ》くのである。粉は灰緑色で、樽に入れて長いあいだ保存しておく。私はほんもののマテのことを言っているのである。というのは、ヨーロッパでマテと称して売っているものは、粗悪な加工を施されているので、元のマテとは似ても似つかないものだからである。

マテには幾通りかの飲み方がある。調査の長旅で疲れ果てているとき、マテのあの元気回復の速効が待ち遠しくて、私たちは、マテをひと摑み水の中に投げ込み、手早く沸騰させる遣り方で間に合せたものだった。煮立ったら直ぐ火から下ろす。これが肝心なことで、さもないとマテはその風味をすっかり失くしてしまう。これは煎《せん》じるのとは逆で、シャ・デ・マテ〔マテの茶〕と呼ばれ、暗緑色をしており、強いコーヒーのようにとろりとしてさえいる。時間がない時にはテレレで我慢するが、これは、ひと握りのマテの粉に冷い水を注いで、それを細い管で啜《すす》るのである。もし苦いのが嫌いならば、パラグアイのご婦人方の好むマテ・ドーセ〔甘いマテ〕にしてもよい。その時は、砂糖を混ぜたマテの粉を強火にかけて飴のようにし、煮立った湯に浸して漉《こ》さなければならない。

しかし、マテ茶の愛好者で、いま述べたどの方法よりもシマラウンのほうが劣るという人を、私は聞いたことがない。シマラウンは、農場《ファゼンダ》で盛んに行なわれているように、一種の社交儀礼であり、同時に秘やかな悪習〔マテには習慣性がある〕でもある。

人々はまず、一人の少女のまわりに輪になって腰を下ろす。シーナと呼ばれるこの少女は、湯沸しと焜炉《こんろ》とクイア――銀で丸く口を縁取った瓢簞《ひょうたん》のこともあり、グアイクルスでのように農夫が彫り物をしたゼブ牛の角のこともある――を持っている。容器は三分の二ほど粉末で満たされており、少女がそれに、沸騰した湯を少しずつ滲《し》み込ませてゆく。こうして混り合ったものが煉粉《ねりこ》のようになるとすぐ、彼女は、下の端がたくさんの穴のあいた球になっている銀の管で、注意深く空洞を作り、やがてそこに液が溜まる小さな窪みの一番奥に、管が止まるようにする。管は煉粉の平衡を乱さないだけの、遊びの余地を保っていなければならない。だが、それもほどよくであり、さもないと、水が混り合わないのである。シマラウンはこうして出来上がり、邸《やしき》の主人に勧める前に煉粉を液で飽和させさえすればよいのである。主人が二口三口啜《すす》って壺を戻すと、同じことが列席者すべてに行なわれる。まず男性、そして、もしいれば女性がその後で啜る。湯沸しが空《から》になるまで、この回し飲みが繰り返される。

初めの幾口かは甘美な味わいをもたらす。それも慣れた人の場合で、慣れないうちは口の中が焼けるように感じる。この味わいは、熱湯に浸された銀のいくぶん柔らかい感触と、濃《こく》のある泡を豊かに含んだ沸騰した湯によって生み出されるものである。苦く同時に強い芳香があり、まるで一つの森全部が幾滴かの液に濃縮されてでもいるようだ。マテには、コーヒーや茶やチョコレートに含まれているものと同じようなアルカロイドが含まれているが、この成分から（その媒質のかなりの渋味とともに）、鎮静作用も強壮作用もあることが分かる。何回かまわして飲んだ後では、マテは味が薄れる。しかしよく気をつけて探れば、まだ届いていなかった窪みに管で達することができる。その窪みは、同じような激しい苦味の小刻みな繰り返しによって、悦楽を引き延ばすのである。

確かにマテは、私が別のところで語ろうと思うアマゾン地方のグアラナに比べれば、遥かに好いものだ。さらに、ボリビア高地地帯の惨めなコカなどよりは、遥かにましである。コカときた日には、これは干凅《ひから》びた葉の味けない反芻《はんすう》であり、たちまち煎《せん》じ薬の味のする、筋だらけの小さな球のような状態になってしまう。そして粘膜を麻痺させ、嚙む者の舌を何か違った物体に変えてしまうのだ。マテと比較できる値打のあるものとしては、私は、香辛料をいっぱい詰めた蒟醬《きんま》〔二〇九ページ注〔1〕参照〕のあの豊かな嚙み心地しか知らない。蒟醬は、味と香りの恐ろしい一斉射撃で、それを予期していなかった口蓋《こうがい》を狂乱させせはするが。

カデュヴェオ・インディオはパラグアイ河左岸の低地に、フランス人農場からはボドケーナの丘によって隔てられて生活していた。私たちの宿主はカデュヴェオ族を、泥棒で飲んだくれで、怠け者で堕落した連中だと決め込んでいて、彼らが牧草地に入り込もうとでもすれば手荒く追い払った。私たちの調査行についても、二人の主《あるじ》は初めから、碌《ろく》な結果にはならないと決めてかかっていた。私たちに寛大な援助を与えてくれはしたが――それがなければ、私たちは計画を実現することはできなかったであろう――、二人はまるきり不賛成だった。何週間か後に、私たちが、キャラバンの一隊のように荷を一杯積んだ牛を連れて戻って来たのを見たとき、彼らが呆気《あっけ》にとられたのは言うまでもない。色を塗った彫りのある焼き物の大きな甕《かめ》、アラビア風模様〔動植物などのモティーフを直線や曲線の幾何学的な図柄に組み合わせたもの〕の彩色をした獐鹿《のろじか》の鞣皮《なめしがわ》、もう消滅してしまった万神殿《パンテオン》を表わしている木の彫り物などが持ち込まれたのだ……。これは天啓であった。それは彼らに、或る奇妙な変化をもたらした。二、三年後に、ドン・フェリックスが私をサン・パウロに訪ねて来た時、私は、彼自身もまた彼の相棒も、かつては土地の住民に対してあれほど尊大だったのが、イギリス人の言う、「土地者《ゴーン・ネイティヴ》になりきって」しまったのがわかるように思った。その頃はもう、農場《ファゼンダ》のブルジョア趣味の小さなサロンには彩色した皮が拡げられ、部屋のいたるところに先住民の土器が置かれていた。私たちの友は、彼らが成っていた方がよかったかもしれない気のいい植民地行政官のように、〔アフリカの〕スーダンやモロッコの市場の真似をして悦に入っていたのであった。そして、彼らが欲しがる物の供給者になったインディオを農場に迎え入れ、彼らの品物と引換えに家族ぐるみ農場に泊めてやったりした。こうした親密な関係はどこまで進んだのであろうか。インディオと近づきになることを覚えたこの独身男たちが、インディオ娘の魅惑に抗し遂《おお》せたと考えるのは大変にむずかしい。インディオ娘は、祭の日などには、半ば裸で体を黒や青の繊細な渦巻模様で入念に飾り、それが、高価なレースの衣裳を膚にぴったり纏《まと》っているような錯覚を与えるのだ。いずれにせよ、ドン・フェリックスが、彼が近づきになったばかりのインディオの一人に殺されたのは、確か一九四四年か四五年のことであった。彼は、インディオの犠牲になったというより、恐らくそれより十年前、新米の民族学者たちの訪問がフェリックスを落とし込んだ、あの動揺の犠牲だったのであろう。

農場《ファゼンダ》の店は私たちに食料を提供してくれた――干し肉、米、黒隠元、マンジョーカの粉、マテ、コーヒー、ラパドゥラ〔黒砂糖の塊〕など。農場では、私たちに運搬用の家畜も貸してくれた。騎乗用には馬を、荷物のためには牛を。私たちは収集品と交換するために、子供の玩具、ガラス細工の首飾り、鏡、腕輪、指輪、香水、さらに布地、毛布、衣類、道具類などを運んで行ったからである。農場で働いている人たちが私たちの案内人を勤めてくれたが、これも彼らの気が進まないのに頼み込んだのだ。なぜなら、そのために彼らは、クリスマスのあいだ、家族から引き離されることになるのだから。

私たちは村々で待ち受けられていた。私たちが農場に着いた時から、インディオの牛飼《ヴアケイロ》いたちが、贈物を持った外国人がやって来ることを触れ回っていたからである。こうした予想は、原住民たちに様々な不安を抱かせたようだ。なかでも最も強かったのは、私たちがトマール・コンタ、つまり彼らの土地を奪うために来るのではないかという不安であった。

〔1〕フランス西部の港町。ヨーロッパ人のアメリカ大陸到達以後、ヨーロッパ、西アフリカ、アメリカを結ぶ、いわゆる「三角貿易」の一拠点として栄えた。一攫千金を夢みて、アフリカやアメリカへ渡ったナント人も少なくなかった。

19　ナリーケ

カデュヴェオ地方の首府であるナリーケは、グアイクルスからおよそ百五十キロ、馬で三日の地点にある。荷物を積んだ牛の方は歩くのが遅いからというので先に出発させてあった。私たちは、セラ・ボドケーナの坂を登り、農場《ファゼンダ》の最後の小屋のある高原で夜を明かそうと考えていたのだった。ところが、たちまち狭い谷間に入り込んだ。そこは背の高い草が生い茂っており、馬は骨折って道を開きながら進んだ。前進は沼地の泥のために、なお一層骨が折れた。馬は足を取られ、もがき、堅い地面を探り当ててこれに取り付いた。するとまた、私たちは繁茂する植物に囲まれているのに気付くのだった。そんな時には、見掛けは何事もない一枚の葉の裏に、壁蝨《だに》の群れが作っている卵形のものが、蠢《うごめ》きながら垂れ下がっていないかどうかに気をつけなければならない。橙色の無数の小動物が、着ている物の下に潜り込み、流動する布のように体を包んでこびり付いてしまうのである。犠牲者にとって唯一の対策は、壁蝨の先を越して馬から飛び降り、着ているものをすっかり脱いでそれを力まかせに振るい、一方で、皮膚に虫が取り付いていないか、連れの者に調べてもらうことである。これほど大騒ぎにはならないが、一匹ずつ離れている太った鼠色の寄生虫が、皮膚に何の痛みも感じさせずに取り付いていることがある。手が触れて初めて虫がいたことに気づくのだが、何日か後には体全体が腫《は》れあがって、小刀で切開しなければならなくなる。

とうとう茂みが切れ、木とサボテンが混って生えている乾性林まで、ゆるやかな傾斜をなして通じている石だらけの道が開ける。私たちがおおづつ〔サボテン科の植物の一種〕の一面に生えた岩山を迂回《うかい》しているとき、朝から催していた雷雨が襲って来た。私たちは地上に降り立って、と或る岩の裂け目に待避場所を求める。それは湿った洞穴であることが分ったが、ともかく雷雨からは守ってくれそうであった。私たちが中に入り込むや否や、洞穴はモルセーゴ（蝙蝠《こうもり》）の羽音で一杯になった。蝙蝠は洞穴の壁を覆うように止まっていたのだが、私たちが入って来たために眠りを乱されたのだ。

雨が上るとすぐ、私たちは密生した暗い森の中を再び前進を続ける。森は新鮮な匂いと野生の果実に満ちていた。重い肉をつけた渋味のあるジェニパポ、森の開けたところに生え、永遠に冷いその果肉で旅人の渇きを癒すことで知られているグアヴィラ、あるいは、かつて先住民の栽培地があったことを示しているカジューなど。

高原に入ると、マト・グロッソ地方に特徴的な景観——高く茂った草の中に、木が疎《まば》らに生えている——が再び現われる。私たちは沼沢地帯を横切って宿営地に向かって行く。微風で泥がひび割れており、そこを小さな渉禽類《しょうきんるい》が走っている。家畜囲いがあり、小屋が一軒見える。ラルゴンの宿営地だ。そこでは、一家の人たちが総がかりで、殺したばかりの若い牡牛《ベーロ》を解体しているところだった。小舟を作るのに使う血だらけの骨格の中で、裸の子供が二、三人、歓声をあげて転げ回ったり骨を揺すったりしている。夕暮れの野天に明るく燃える火の上で牛の丸焼き《シュラスコー》が焙《あぶ》られ、脂《あぶら》がしたたり落ちる。そのあいだ、ウルブーすなわち禿鷲《はげわし》が幾百羽となくこの殺戮《さつりく》の場に舞い降り、血や屑肉を犬と争っている。

　ラルゴンから先は、私たちは「インディオの道」を辿って行った。山地は非常に急な下りにかかっていた。歩きにくい凹凸の多い道のせいで気が立っている馬を曳きながら、徒歩で進まなければならない。道の下の方には急流があるらしく、見えないながら、水が岩の上を跳ね、滝になって落ちている音が聞えた。濡れた石の上や、最近の雨で泥んこになった水溜りでは滑りやすかった。ついに山地を下りきって、私たちは谷が円形に開けているところに達した。それはカンポ・ドス・インディオス〔インディオの原〕で、そこで私たちは、馬と一緒に僅かのあいだ休憩した。それから沼地を横切っての道のりが始まった。

　午後四時になると野営の準備をしなければならない。私たちはハンモックと蚊屋を吊れそうな木を見つける。案内人が火を焚きつけ、米と干し肉の食事を準備する。私たちはあまり喉《のど》が渇くので、何の抵抗もなく、土と水と過マンガン酸塩の混った、この私たちにとっての飲料を、何リットルも夢中で飲んでしまう。日が落ちる。蚊屋の汚れた紗《しゃ》の中から、私たちは、いっとき、真赤に輝く空に眺め入る。ようやく眠りがやって来るか来ないかに、もう出発だ。すでに馬に鞍を置いた案内人が、真夜中に私たちを起す。この暑い季節には、馬を過度に疲れさせないために、夜の涼しさを利用しなければならない。月の光の下を、私たちはまだ眠りから覚めきらないままに、かじかんで身震いしながら再び道を続ける。馬がよろめきながら歩き、私たちは夜明けを待ち焦がれながら数時間が過ぎる。朝の四時頃私たちはピトコに着いたが、そこは、かつてインディオ保護局の重要な駐在所のあったところである。今ではもう廃屋になった三軒の家しかなく、そのあいだにハンモックを丁度うまく吊ることができた。ピトコ河が音もなく流れている。この河はパンタナルから流れ始めて、ここから数キロ先で消えている。沼地の中の、水源も河口もないこの流れには、獰猛《どうもう》な魚、ピラーニャ〔南アメリカ産、鯛に似た小魚。貪食で知られ、川を渡る動物を群がって喰い殺すこともある〕が群れをなして棲息している。この魚は、不注意な者にとっては脅威だが、注意深いインディオが、そこで沐浴をしたり水を汲んだりするのにはまったく差支えない。事実、ここにはまだ、インディオの数家族が沼地の中に散らばっているのである。

そこから先、私たちは見渡すかぎりのパンタナルの中にいる。或るところでは、木の生えた土地の隆起のあいだに水の溢れた窪地《くぼち》があり、また或るところには、木はなく、ただ泥水の広大な拡がりがあるだけだ。ここでは、鞍を付けた牛の方が馬より適しているかもしれない。なぜなら、この動物の方が重量はあるが、鼻輪に通した綱で導きながらゆっくりと進ませてやれば、しばしば胸前《むなさき》まで水につかりながら沼の中を歩くという重労働に、よく耐えるからである。

私たちは、恐らくパラグアイ河まで続いている、あまり平坦で水が捌《は》けることのない平原の中にいた。その時、私がそれまで出逢ったこともないような烈《はげ》しい雷雨が突然起こった。待避できるような場所はどこにもない。目の届くかぎり木立ちもなかった。馬もろとも、水を滴《したた》らせ、ずぶ濡れになりながら前進する以外に方法はなかった。そのあいだも雷は、右や左に弾幕射撃のように襲いかかっていた。こうした試練が二時間続いたあと、雨は止んだ。やがて、大洋の直中《ただなか》で起るように、地平線を横切って驟雨《しゅうう》がゆっくりと移動して行くのが見えた。だが、すでに平原の向こうの端には高さ数メートルの粘土質の台地が輪郭を現わし、その上に、十戸ほどの小屋が空を背景に浮かび上って見えた。私たちは、ナリーケに近いエンジェーニョ〔砂糖農場〕に来ていたのだ。一九三五年にはただの五戸の小屋しかなくなっていた昔の首府ナリーケでなく、このエンジェーニョに、私たちは滞在することに決めていた。

注意して観察しないかぎり、この小集落は、そこから最も近いブラジル人の農民の集落とほとんど変らないように見える。先住民とブラジル人農民とは、衣服に関しても、また、しばしば肉体的な特徴の上でも、まったく見分けがつかなかったが、それほど混血の度合いが強かったのである。だが、言語に関しては事情は異なっていた。グアイクル語の発音は耳に快い感覚を与える。その話し方は早口で、単語は長く、常に明瞭な母音が歯音や喉音《こうおん》と交互に現われ、その上、湿音や流音の音素が豊富なので、まるで小石の上を飛び跳ねながら流れて行く小川の音を聞いているようだ。現在用いられているカデュヴェオという語（彼らは実際には、カディュエウと発音するのだが）は、先住民が彼ら自身を指すのに用いた名称「カディゲゴディ」の崩れた形である。この土地で私たちの宿泊の世話をしてくれた人たちのポルトガル語は極めて幼稚なものだったが、これほど短い滞在では、言語を習うことは問題にならなかった。

家の木組みは、皮を剝いだ木の幹を地面に突き立て、木を伐るとき残しておいた最初の枝分れのところで梁《はり》を支えるようになっている。黄ばんだ椰子の枝の覆いが、両側に傾斜する屋根を形作っている。しかし、ブラジル人の小屋と違って壁がない。このように、家の構造は、白人の住居（そこから屋根の形を真似たのだ）と、筵《むしろ》で覆った平屋根をもつ先住民の雨除けとの、一種の折衷を示している。

この簡単な住居の大きさには更に深い意味がある。一家族しか住んでいない小屋はほとんどない。長く延びた納屋《なや》に似た幾つかの住居には、六家族も寝泊りしている。各家族は、骨組みの柱を境に廐舎《きゅうしゃ》のような板の仕切りで隔てられた区画の一つを——一家族が一区画ずつ——使っている。居住者はその区画内で、鹿の皮や綿布や瓢簞《ひょうたん》や網や藁の容器が、どこということなしに

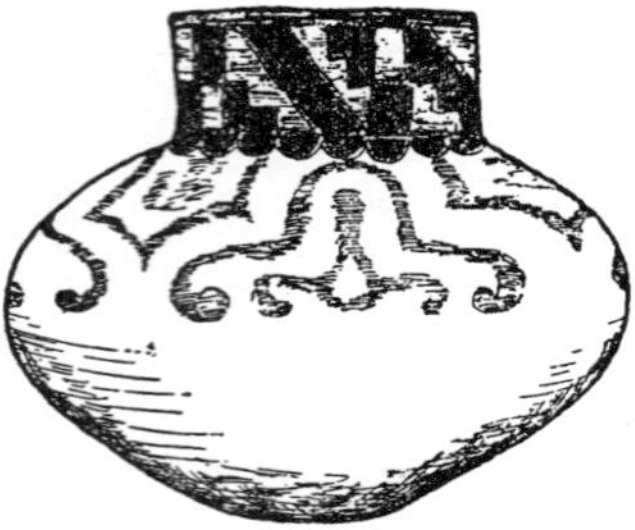

第1図　水甕．明るい赤で彩色し，黒い樹脂を釉にしてある

置かれたり、積み重ねられたり、掛けられたりしている中で、坐ったり、体を伸ばして横になったり、あるいは蹲《うずくま》ったりして時を過ごすのである。区画の隅には、装飾を施された大きな水甕《みずがめ》が、三つ叉になった木の支えの上に置かれているのが見える。支えは下の端で地面に差し込まれており、彫刻されていることもある。

かつては、これらの住居は、イロクォイ族〔北米東部沿岸に居住していたインディアン〕に見られるような「長い家」[1]であった。外観からすれば、幾つかの住居は依然としてこの名にふさわしい。しかし、多数の家族が一つの労働共同体として集っている理由が、いつもあるとは限らなくなってきた。もはや、かつてのように、娘婿たちが妻とともに義父母の家に集まる妻方居住制は行なわれていなかった。

それに、この惨めな集落の中に居ると、過去からは遠く隔てられているのを感じる。画家で探検家のグイド・ボジアーニ〔一八六一～一九〇二。イタリア人〕は、一八九二年と九七年の二度、この地方に滞在し、この旅行から、重要な民族学上の資料や、今はローマに保管されている収集品や、風情豊かな旅日記を残したが、彼が四十年ほど前に目のあたりに見た繁栄は、今ではその面影さえ消え失せてしまったようだ。三つある集落の人口は二百人そこそこで、彼らは、狩猟、野生の実の採集、僅かの牛や家禽《かきん》の飼育、台地の麓《ふもと》に湧き出ている、唯ひとつの泉の向こうに見える小さな畑での、マンジョーカの栽培などをして暮らしていた。この泉に私たちは代わる代わる出かけて、蚊の群がる中で顔を洗ったり、微かに甘味のある乳光色の水を汲んだりした。

彼らの主な工芸活動としては、藁編みのほかに、男が着ける木綿の帯を織ること、硬貨——銀貨よりニッケル貨のことが多い——を加工して首飾りの紐につないで通すための円盤や管を作ること、それに焼き物作りなどがあった。

第2図　カデュヴェオ族の焼き物の三例

女たちは、ピトコ河の粘土と搗《つ》き砕いた土器の破片を混ぜ、それを転がして縄のような形に捏《こ》ね、渦巻状に巻き上げる。巻き上げられた土の縄が接着して一個の土器の形ができるまで、それを軽く叩く。まだ乾ききらないうちに、この塑形に細い縄を押し当てて刻紋で飾り、山地《セラ》で見つかる酸化鉄で彩色する。それから野天で焼く。その後は、

第３図　木像二体．左は老人の小像，右は双生児の母親

まだ熱いうちに、溶けやすい樹脂で作った二種類の塗料――パウ・サントの黒とアンジュの半透明の黄色――を使って装飾を続けて行けばよい。冷えてしまってから、刻紋を際立たせるために白い粉――白堊《はくあ》か灰――を塗《まぶ》す。

子供のために、女たちは、いろいろな人物や動物を表わした人形を拵えてやる。材料は、粘土、蠟、乾かした木の実の莢《さや》――その場合女たちは、他のものを莢に重ね合わせて肉付けし、形を整えるに過ぎないのだが――など、手に入るものを何でも使う。

子供たちが木彫りの小像を手にしているのを見ることもあった。大抵はぼろ布を着せられており、子供たちにとっては人形の役をしているのである。しかし別の像は、前のものに似てはいるが、何人かの老女が籠の奥に大事そうに仕舞い込んでいる。それは玩具だったのだろうか。神像だったのか。あるいは祖先を表したものだろうか。それらの使われ方が矛盾しているので、何とも言うことはできなかった。時として、同じ小像が一つの使われ方から他の使われ方へと移し変えられるのでなおさらであった。現在、〔パリの〕人類博物館にある幾つかのものについては、宗教的な意味があることは疑いない。というのは、私たちはそれらの像の一つには双生児の母親を、他の一つのものには背の低い老人を、それぞれ認めることができるからである。この老人は地上に降りた神で、人間に虐待されたために人間を罰したが、彼を庇護した一家族だけは罰しなかったという。一方、このように聖物《サント》を無造作に子供たちに与えてしまっている状態を信仰の零落と看做すのは、あまりに安易な見方であろう。なぜなら、私たちの目にはたいへん不安定なものに見えたこうした状態が、まったく同じような言葉で、私より四十年前にボジアーニによって、ボジアーニより十年後にはフリッチ〔旧チェコスロヴァキアの人類学者。今世紀初頭、マト・グロッソでカデュヴェオ族の信仰などを調査した〕によって、記述されているからである。私より十年後の観察も同じような状態を認めている。変化することなく五十年間保たれた一つの状態は、或る意味では正常と言ってよいであろう。この状態の解釈は、宗教的な価値の崩壊のうちに求めるよりは——確かにそう言える面もあるが——、むしろ聖と俗との関係の考え方——それは、われわれが思い込みがちなものより、もっと両者の区別が曖昧なものである——の中に求めなければならないのであろう。聖と俗の二者を対置させることは、人が好んでそう看做したがるほどには、絶対的なものでも持続的なものでもないのである。

　私の隣の小屋には一人の呪医《じゅい》がいたが、彼の道具の中に、丸い腰掛け、藁の冠、飾り玉の付いた網で覆われた瓢箪のガラガラ、駝鳥《だちょう》の羽箒《はねぼうき》があった。この羽箒は病気の因《もと》であるビショ——禍《わざわい》をもたらす精霊というほどの意味だが——をもつ「動物たち」を捕えるためのもので、呪医自身のビショのもつ対抗力のお蔭で、治療を受ければ悪いビショを追い払うことが保証されるのであった。呪医のビショは、いわば彼の守護霊であるが、その上、標本保存係《コンセルヴァトゥール》でもあったらしい。というのは、他ならぬこのビショに差し止められたために、その庇護を受けている呪医は、これらの貴重な道具を私に譲ってくれなかったからである。ビショが私に向って呪医に語らせたところによると、ビショは「これらの道具に馴染《なじ》んでいる」のであった。

私たちの滞在中、別の小屋に住んでいる少女が思春期に達したお祝いの祭があった。人々はまず、少女を昔風に装わせる。普段の木綿の衣服の代りに、一枚の四角い布切れが、腋《わき》の下で胴に巻き付けられる。人々は少女の肩や腕や顔に豊かに模様を描く。そして、ありったけの首飾りが彼女の首のまわりに掛けられる。こうしたことすべては、慣習に従ったというより、私たちに「たっぷり見てもらう」ためだったようである。若い民族学者たちは、「先住民は写真によって彼らの姿が捕えられるのを恐れるから、彼らの恐怖が無用であることを説明し、品物か金の贈物をして、彼らが危険だと思っていることとの補償をしてやった方がいい」と教え込まれる。カデュヴェオ族は、この方式に十分磨きをかけていた。彼らは写真に撮られることに対して支払いを要求しただけでなく、金を払わせるため、無理矢理私に彼らの写真を撮らせせようとした。女が度外れに飾り立てて私の前に現われ、私の意向にはお構いなく、シャッターを切って彼女に敬意を表するように——その後、何ミルレイスかの金を払うことになる——私に強要しない日はほとんど一日もなかった。持っていたフィルムを節約するために、しばしば私は写す真似だけをし、金を払

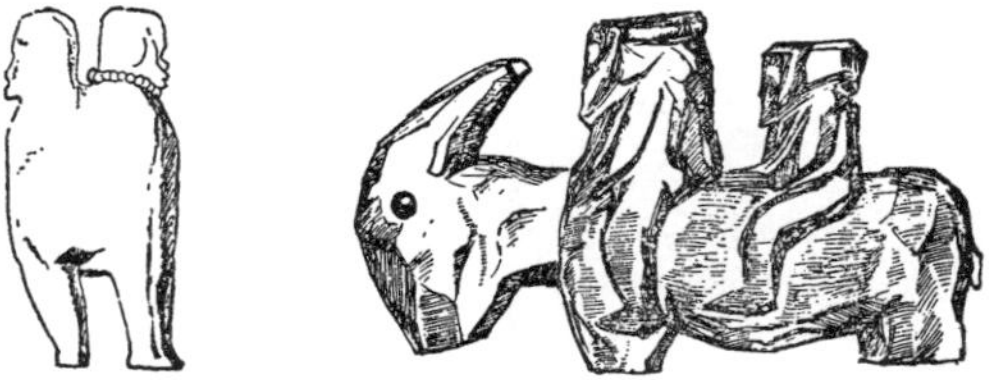

第4図　小像二体．左のものは石，もう一方のものは木で出来ており，神話の人物を表わしている

った。

しかしながら、この種の術策に逆らったり、さらには、それを退廃や金儲けの証拠と考えることさえも、民族学的に甚だしい誤りであったと言うべきであろう。なぜなら、移し変えられた形態の陰に、このようにして、先住民社会の特徴というものが再び姿を現わしていたからである。すなわち、高い身分の生れの女性の持っている自恃《じじ》と権威、外来者の前での虚勢、低い身分の人々に対する尊敬の要求などがそれである。女の装いは、その時の好みや気分次第のものだったかもしれない。が、この女を駆り立てていたあのような振舞いは、元の意味をそっくり保っていたのだ。それを伝統的な制度の脈絡の中で復原するのが、私の仕事である。

同じようなことは、例の少女に腰覆いを着けさせた後での行事についても言えた。午後になるとすぐ、人々はピンガつまり砂糖黍の蒸留酒を飲み始めた。男たちは車座になって、自分は伍長《ごちょう》だ、准尉《じゅんい》だ、中尉だ、大尉だと、下級軍人の階級（それが彼らの知っているすべてだった）から借りてきた位を大声で喚《わめ》きながら自慢し合った。

それは紛れもなく、すでに十八世紀の著者たちによって叙述されている、あの「荘厳な酒盛り」の一種であった。この酒盛りで首長たちは、それぞれの序列に従って席を占め、従者に侍《かしず》かれ、一方で触れ人《びと》は、酒盛りをしている者の称号を列挙し、一人一人の手柄を物語ったとのことである。カデュヴェオ族は、酒を飲むと奇妙な反応を示す。興奮のひとときの後、彼らは陰鬱《いんうつ》に黙りこくってしまい、やがて啜り泣きを始める。すると、比較的酔っていない二人の男が、絶望した男の両腕をとって彼に慰めの優しい言葉を囁《ささや》きながら、彼がついに嘔吐《おうと》する覚悟をするまで縦横に歩き回らせる。それから三人とも自分の席に戻り、酒盛りが続けられる。

この間、女たちは、三つの調子から成る朗吟調の短い歌を、果しなく繰り返して歌う。その傍《かたわら》で飲んでいる数人の老女は、時折、興奮した身振りで盛り土の上に躍り出て、笑い声とやじの中で、一見ほとんど前後の脈絡がないような遣り方で演説をする。ここでも、彼女たちの振舞いを、単なる放縦、年取った酔っぱらい女のふしだらさの表れと見るのは誤っているだろう。なぜなら、昔この社会のことを記述した人たちは、祭、ことに身分の高い娘の成長の大切な折り目を祝う祭には、決って仮装した女たちが、戦士の行進や踊りや模擬戦を演じて見せたということを、はっきりと述べているからである。沼地の奥に取り残され、ぼろを纏ったこの田舎者たちの有様は、ひどく惨めだった。しかし、彼らの零落した姿そのものが、彼らが過去の生活の幾つかの標《しるし》を保持して来た執着力を、一層強く感じさせたのだった。

〔1〕イロクォイ族に特有の家の造りで、幅約八メートルに対して長さ二十〜三十メートルの長方形。中央に通路があり、両側に各家族のための区画が幾つも並んでいる。

20　先住民社会とその様式

一つの民族の習俗の総体には常に、或る様式を認めることができる。すなわち、習俗は幾つかの体系を形作っている。私は、こうした体系は無数に存在していないものであり、人間の社会は個人と同じく、遊びにおいても夢においても、さらには錯乱においてさえも、決して完全に新しい創造を行なうことはないのだということを教えられた。社会も個人も、全体を再構成してみることも出来るはずの、理論的に想定可能な或る総目録の中から、幾つかの組み合せを選ぶに過ぎない。観察された、あるいは神話の中で夢想された習俗のすべて、さらに子供や大人の遊びのうちに表わされている習俗、健康なまたは病気の人間の夢、精神病患者の行動、それらすべての一覧表を作ることによって、丁度元素の場合のように、一種の周期律表を描くことが可能になるかもしれない。その表の中では、一切の、実在の、あるいは単に可能性として存在する習俗が、様々な系列に纏められて姿を現わすことになるだろう。そして最早われわれは、社会が実際に採用している習俗を、その周期律表によって確かめさえすればよいことになるであろう。

こうした考察は、とくにムバヤ＝グアイクル語族の諸種族の場合によく当てはまる。ブラジルのカデュヴェオ族は、パラグアイのトバ族やピラガ族とともにムバヤ＝グアイクル語族の最後の生き残りなのである。彼らの文明は、われわれの社会が、古くからある一つの遊びの中で夢想して楽しんでいる文明を――ルイス・キャロルの空想が〔『不思議の国のアリス』の中で〕、あれほど見事に典型を取り出すことに成功したように――想い起こさせずにはおかない。つまり、騎士であるこれらのインディオは、「トランプの絵姿」に似ているのである。この特徴は、まず彼らの服装によく表われている。襟《えり》の詰まった上着、それに皮のマントが、肩幅を拡げて見せてから硬直した襞《ひだ》になって下へ落ちており、昔の著者たちがトルコ絨緞《じゅうたん》のようだと書いている赤と黒の模様――スペード、ハート、ダイヤ、クラブの形のモティーフがそこには見られる――で飾られている。

キングもクィーンもあった。そして、『不思議の国のアリス』のクィーンのように、この種族のクィーンも、戦士が切って持ち帰った首と戯れるのが何よりも好きだった。貴族の紳士淑女は模擬戦に娯楽を求めていた。彼らは、下賤な仕事は、彼らより古くからこの土地に住みついていて言語や文化の上で異なる一種族、グアナ族にやらせていた。テレノと呼ばれる住民がこのグアナ族の最後の残存で、ミランダという小さな町から遠くない政府の保護地域区に生活していて、私もそこに彼らを訪ねて行ったことがある。これらのグアナ族は、土地を耕し、主人であるムバヤ族に保護の代価として農産物の貢物《みつぎもの》を納めていた。保護というのは、馬に乗った戦士の群れが行なう強盗、略奪から守ってもらうことを意味している。この地方に探検を試みた十六世紀の或るドイツ人は、この関係を、当時中央ヨーロッパに存在していた封建領主と農奴の関係にひき比べている。

ムバヤ族は幾つかのカーストに組織されていた。社会階層の頂上には貴族がいたが、貴族は二つの階位に分れていた。世襲の大貴族と、多くの場合、上の階位の子供と偶然同じ時に生まれたことを認められて貴族に列せられた個人、とである。大貴族はその上、年長の分枝と年下の分枝とに分れている。貴族の次に戦士がくる。戦士の中でも最も優れている人々は入社式の後に一つの結社に入ることを許されるが、この結社に入ると、特別の名前をもつ権利と、或る種の隠語に見られるように、各々の言葉の後に或る接尾語を付けて作られる一種の人造語を使う権利とが認められる。シャマココ族などの出身の奴隷と、グアナ族の農奴とが下層民を形作っていた。ただグアナ族は彼ら自身の必要から、主人を真似て自分たちを三つのカーストに分けていた。

貴族は彼らの地位を、丁度紋章に当たる型を使って、体に描いた絵や入れ墨によって誇示していた。彼らは顔の毛を残らず、眉毛や睫毛《まつげ》までも抜いており、目の周りにもじゃもじゃと毛を生やしたヨーロッパ人を嫌がって、「駝鳥《だちょう》の兄弟分」扱いした。貴族の男も女も、人前に姿を現わす時には、奴隷と、彼らが庇護している者とを供に従えていたが、こうした供の者は、貴族の身

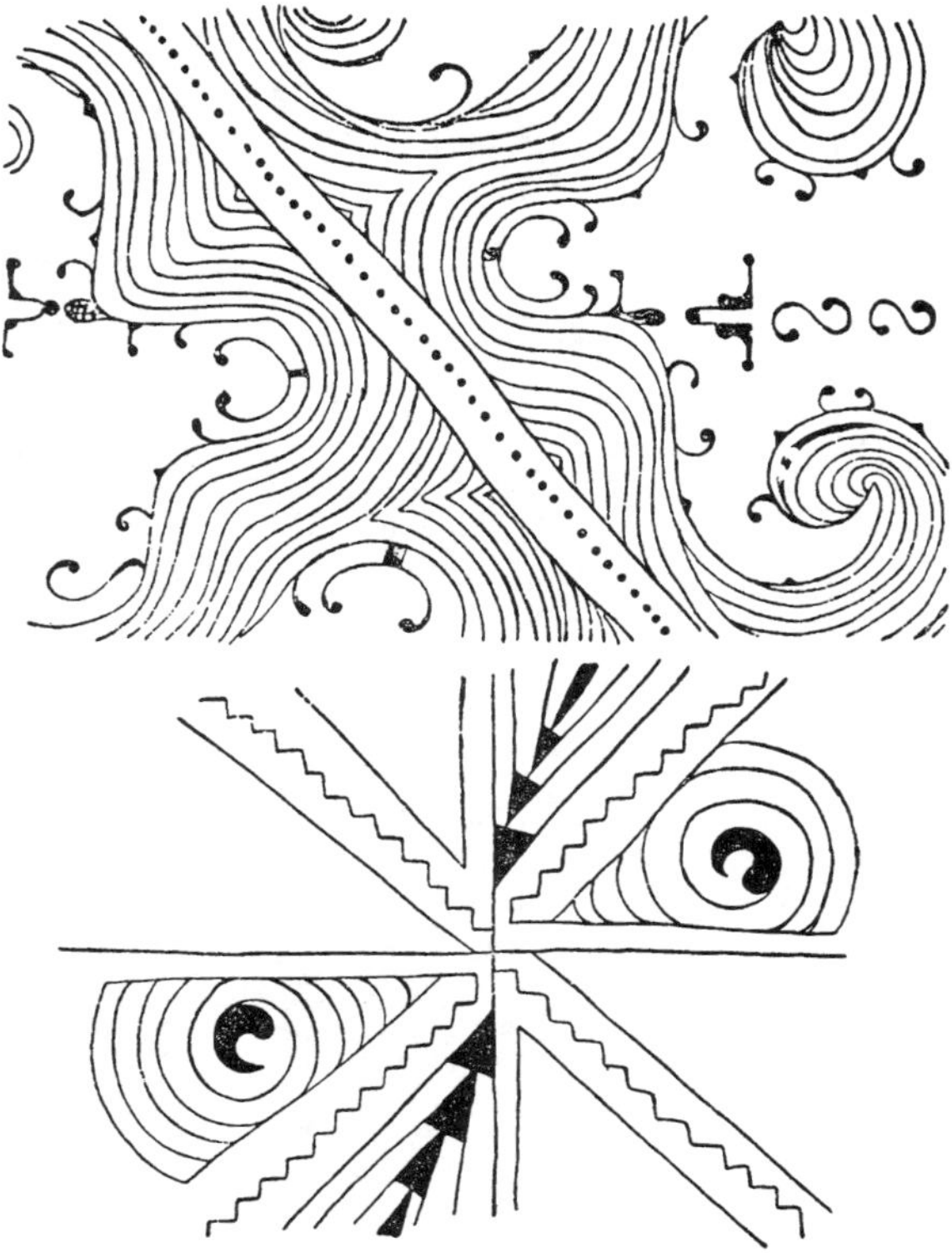

第5、6図　カデュヴェオ族の紋様

第7、8図　身体塗飾のモティーフ

第9～12図　身体塗飾の他のモティーフ

辺でいそいそと立ち働き、貴族から一切の手間を省かせようとしていた。一九三五年当時にはまだ、厚化粧をして重たげに耳飾りを下げた、最も腕のいい図案家でもあった怪物じみた老女たちがいて、かつては彼女らの用に当てられていたカティヴァ――奴隷――がいなくなったので、もう装飾芸術も続けられなくなった、と言い訳していた。ナリーケにはまだ、かつてのシャマココ奴隷が何人かいた。当時はもう部族集団に統合されていたが、或る隔てを置いて取り扱われていた。

これらの貴族の尊大さはスペイン人やポルトガル人の征服者まで怖気付《おじけ》かせ、征服者は彼らに、「ドン」や「ドナ」など貴族の称号を授けたのであった。当時人が語っていたところによると、白人女性は、ムバヤ族に捕えられても少しも怖れる必要はなかった。というのは、ムバヤ族の戦士の誰ひとり、白人女と交わって自分の血を汚そうなどと夢想さえしなかったからである。何人かのムバヤの貴婦人は副王夫人に会うことを拒んだが、その理由は、ただポルトガル王妃だけが彼女たちと交際するに値したからである。他の貴婦人――まだほんの小娘で、ドナ・カタリーナという名で知られていた――は、マト・グロッソ州知事からのクイアバへの招待を断わった。彼女はもう妙齢だったので、閣下は結婚を申し込むかもしれない、自分より身分の低い者とは結婚できないし、かといって拒否して閣下を侮辱すべきでもない、と彼女は考えたのである。

ここのインディオたちは一夫一婦であった。しかし思春期の少女たちは、時には、危険を冒しに行く戦士に付き従うことを好んだ。彼女らは戦士の従者や小姓や情婦として振舞った。一方、貴族の夫人たちは自分たちに媚《こ》び従う騎士を何人も抱えており、騎士たちはしばしば情夫でもあった。しかし彼女らの夫は、体面を失うことになるので、表立って嫉妬《しっと》を表すようなことはしなかった。この社会には、われわれが自然と看做す感情に、著しく逆らっているところがあった。たとえば、出産に対する激しい嫌悪《けんお》がある。堕胎や嬰児《えいじ》殺しは、ほとんど当り前といった風に行なわれており、したがって集団の永続は、次の世代を生むことによってよりは、むしろ、よその子を養育することによって保たれていた。戦士の遠征の主な目的の一つは、子供を手に入れることだった。このようにして十九世紀の初めには、或る計算によれば、グアイクル族の一集団の成員のやっと十パーセントが、その集団の血を引いているに過ぎなかった。

子供がどうやら生まれてしまうと、子供はその両親の手で育てられないで他の家族に預けられた。しかも両親は、預け先の家族を極めて稀にしか訪れない。子供は儀礼的に頭から足まで黒い塗料で塗りたくられ――そして、ここの先住民がアフリカ黒人を初めて見たとき黒人に対して用いたのと同じ言葉で、子供たちは呼ばれる――、十四歳までそういう状態のままで置かれた。十四年目に子供は成人式を受け、洗われ、それまで二つの同心円状の冠の形に結っていた髪の一方を剃《そ》り落とされるのだった。

しかし、高い身分に属する子供が生まれると祭が行なわれ、子供の成長の各段階――乳離れ、歩きはじめ、遊びの仲間入りなど――に祭が繰り返された。触れ人《びと》がその家族の称号を大声でふれ、また新生児に輝かしい未来を予言するのだった。同じ時に生れたもう一人の赤子が、彼の将来の戦《いくさ》の兄弟として指名される。酒盛りが行なわれ、そのあいだ、角かあるいは頭蓋骨《ずがいこつ》で作った器で蜂蜜酒が振舞われる。戦士の装備一式を着けた女たちが、模擬戦で闘い合う。序列に従って坐っている貴族は、奴隷に傅《かしず》かれる。奴隷は飲む権利をもたず、必要とあれば主人が吐くのを助けたり、酔いがもたらす甘美な幻影を待ち受けながら主人が眠り込んでしまうまで、何くれとなく世話をする。

これらのダヴィドやアレクサンドルやセザールやシャルルマーニュたち、これらのラシェルやジュディトやパラスやアルジーヌたち、これらのエクトールやオジエやランスロやライールたち〔フランスで、トランプのキング、クィーン、ジャックにそれぞれ付けられている、歴史・伝説上の人物からとった名〕――彼らすべての倨傲《きょごう》は、彼らが人類に号令するように予め定められているという確信に基づいていた。一つの神話が、それを彼らに保証していた。その神話は、もう断片的にしかわれわれに伝えられていないが、何世紀もの年月を経て浄化され、素晴しい簡潔さに輝いている。この神話は、隷属の度合いというものは、その社会の性質の完結度に応じて決るという、後に東洋への旅行が私に銘記させた事実を、最も簡明に表わしている。その神話は次のようなものである。最高の存在であるゴノエンホディが人間を創造しようと決めた時、彼はまず大地からグアナ族を、次いで他の部族を引き出した。それぞれの分担として、彼はグアナ族には農業を、他の部族には狩猟を与えた。そのとき、先住民の万神殿《パンテオン》にいた別の神、「欺《だま》す神」は、ムバヤ族が穴の奥に忘れられていることに気づき、彼らをそこから出させた。しかし彼らには何も残されていなかったので、彼らはまだ残っていた唯一の役、他の部族を抑圧し搾取するという役の権利を手に入れた。これ以上に深遠な社会契約がかつてあったろうか？

騎士道物語に登場しそうなこれらの人物は、二重の意味で「切れの鋭い」と形容されるにふさわしい社会の中で、特権と支配の惨《むご》たらしい遊戯にふけりながら、コロンブス以前のアメリカが残した殆ど何ものとも比べられないような様式の、グラフィック・アートを作り出したのである。その様式は、恐らくわれわれのトランプの図案に似ているほかは、他の如何なるものにも類似していない。私は先にもこのことを仄めかしたが、今ここで、カデュヴェオ文化のこの異常な特性について述べようと思う。

カデュヴェオ族では、男が彫刻をし女が絵を描く。男は、堅くて青味を帯びた癒瘡木《ガヤック》の木で、先に述べた小像を彫る。男はまた、器として使うゼブ牛の角を、人間や駝鳥《だちょう》、馬の形の浮彫りで飾る。男は、時には絵も描くが、それは決って葉の茂みとか人間とか動物を表わしたものである。女には、焼き物や皮の装飾、そして身体塗飾——何人かの女は、まさしく名人と呼ぶにふさわしかった——の仕事が割り当てられている。

第13図　カデュヴェオ族の男の子が描いた絵

彼らの顔、そして時には体全体が、繊細な幾何学モティーフと互い違いになった非対称のアラビア風模様〔二九三ページ割注参照〕の網で覆われている。この模様について初めて記述した人は、一七六〇年から七〇年まで彼らの中で暮らしたイエズス会の宣教師、サンチェス・ラブラドール〔一七六〇～七〇年頃、ムバヤ族の地方で布教活動をしたイエズス会士。ムバヤ語で記したカテキズムの本や『ラプラタ河地方誌』を著す〕であった。しかし、この模様の精確な複製を見るまでには、ボジアーニまで一世紀待たなければならなかった。一九三五年には、私自身も、次のような遣り方で数百のモティーフを採集した。まず私は、顔の写真を撮ろうと考えたが、この部族の美女たちの金銭的な要求は、たちまち私の資金を吸い尽くすだろうと思われた。そこで私は、顔の輪郭を紙の上に描いて、女たちに、彼女らが実際に自分たちの顔に描くようにして、それに装飾を施してみないかと言った。この遣り方はたいへん成功し、私は自分の下手な素描を止めてしまった。この画家たちは、白い紙を前にして少しも当惑しなかったが、このことは、彼女らの芸術が人間の顔の自然の形には制約されないことを示している。ほんの何人かの老女だけが、昔の名人芸を保持しているように思われた。そして私は長いあいだ、私の収集は、この名人芸が消滅する最後の時期に集められたものだと思い込んでいた。それ故、その十五年後にブラジル人の私の同僚が集めたという収集の図入りの出版物を二年前に受け取った時の驚きといったらなかった。彼の集めた資料が、私の資料と同じくらい確実な遣り方で作成されているように見えただけでなく、ほとんどの場合、モティーフも同一であった。この年月の移り変りのあいだ、様式も技術も着想も、ずっと変わらずにいたのだ。それは、ボジアーニの訪れた時と私が行った時の間に流れた四十年間についても同様であった。この保守主義は土器には及んでいないだけに、一層注目される。土器は、最近採集され公表された標本を見ると、完全に変質しているように思われる。そこに、身体塗飾、とくに顔面のそれが、先住民文化の中でもっている例外

第14図　同じ男の子が描いた別の絵

第15図　顔面塗飾の二例。向き合った二つの渦巻から成るモティーフは上唇を表わし、上唇の上に描かれることに注意。

的な重要性の一つの証《あかし》を見ることができる。

かつては、モティーフは入れ墨されたり描かれたりしていた。しかし、後の方法だけが存続している。この国の女流画家は、同性の友だちの、時には男の子の顔や体に絵を描くのだ。男はもっと速かにこの習慣を止めてしまった。ジェニパポの汁――初めは無色だが酸化すると青黒くなる――に浸した細い竹の箆《へら》で、芸術家は生きた人間の上に、モデルも下描きもなく目印もつけずに即興で描いていくのである。彼女は、両端が渦巻で終っている弓形のモティーフで上唇を飾る。次いで縦に線を引いて顔を分け、時には横の線でも切る。顔は四分され、刻まれ――あるいは斜めにさえ切られ――、それからアラビア風模様で自由に飾られる。この模様は、目や鼻や頬《ほお》や額や顎《あご》があることは一切考慮せずに、ひと続きの面の上でもあるかのように拡げられるのである。洗練され、非対称ではあるが均衡のとれたこの構図は、どこか一つの隅から出発して始められ、躊躇《ためら》うことも消すこともなしに終りまで続けられる。構図は比較的単純な幾つかのモティーフ、たとえば、渦巻、S字形、十字、菱形《ひしがた》、ギリシア式直線、渦形などを用いているが、各々の作品が独自の性格を具えるような遣り方で、このモティーフは組み合わされている。一九三五年に集められた四百の絵のうちで、互いに似ていると認められるものは一つもなかった。しかし、私の収集と後に集められた収集とを比較してみると、その逆の事実が確かめられたから、この芸術家たちの驚異的に広い作品目録も、やはり伝統によって固定されているということが推論できる。

残念ながら、私も、私のあとに研究した人たちも、先住民のこの様式論の下に隠れている理論にまで立ち入ることはできなかった。私が話を聞かせてもらった先住民も、基本的なモティーフに対応するような幾つかの言葉は話してくれたが、もっと複雑な装飾に関係のあることについては、一切知らないとか忘れたとか言い張った。世代から世代に受け継がれる習い覚えに基づいて製作しているというのが本当なのか、彼らが自分たちの芸術の秘法について口を閉ざしているのか、いずれかであろう。

今日では、カデュヴェオ族は、単に楽しみのためにお互いに絵を描き合っている。しかし、かつては、この習俗はより深い一つの意味をもっていたのだ。サンチェス・ラブラドールの報告によると、貴族のカーストの人々は額にしか塗飾を施さず、平民だけが顔全体を飾っていた。この時代においても、若い女だけが流行を追っていた。「年取った女たちが——とサンチェス・ラブラドールは書いている——こうした模様を描いてもらうのに時を費やすことは稀である。老女たちは、年齢が顔に刻んでくれた模様だけで沢山だと思っているからである」。この宣教師は、創造主の作品に対するこの侮辱に心穏やかではいられなかったらしい。なぜ先住民は、人間の顔の外見を変えるのか。彼は説明を探し求める——彼らがアラビア風模様の線を引くために何時間も費やすのは、空腹を紛らすためではないか。あるいは、敵に顔を分らせないようにするためか。いずれにせよ、彼の考えるのは、いつも何かを欺くということである。なぜか。それは、その習俗にどれだけの反発を感じたにせよ、宣教師の彼も、これらの絵が先住民にとって根源的な重要さをもっており、或る意味では絵は先住民自身の目的でさえある、ということに気付いていたからである。

それ故、彼は、狩りも漁も家族もないがしろにして、顔に模様を描いてもらうことに何日も潰しているこれらの人々を非難する。先住民は宣教師たちに向かって訊ねた。「なぜ、あなたがたはそんなに愚かなのか」。「なぜ、われわれが愚かなのか」、宣教師たちは反問した。「なぜなら、あなたがたは、エイグアイェギ族〔カデュヴェオ族の一部族〕のように体に絵を描いていないからだ」。人間であるためには、絵を描いているべきであった。自然の状態のままでいる者は、禽獣《きんじゅう》と区別がつかないではないか。

現在、女性のあいだにこの習俗が存続しているのは、性的魅力への配慮からだと説明してよいことはほとんど疑いない。カデュヴェオ族の女の評判は、パラグアイ河の両岸一帯に確乎たるものがある。多くの混血者や他の種族のインディオが、定住し結婚するためにナリーケに来ていた。恐らく顔と体の塗飾のせいで、と言えるであろう。いずれにせよ、塗飾はその魅力を強め、象徴している。繊細で微妙なこれらの曲線、それは顔そのものの線と同じくらい人の心を捉《とら》える。或る時は顔の線を引き立たせ、或る時は裏切り、男の胸に甘美なときめきを惹き起す何かを、女性に与えるのである。絵画によるこの外科手術は、人間の肉体に一種の芸術的接《つ》ぎ木をするのであ

第16図　革の塗飾の紋様

る。サンチェス・ラブラドールは、これこそ「自然の恩恵に、人工の醜悪さで歯向かうもの」だと気遣わしげに批判しているが、彼は自家撞《じかどう》着《ちゃく》に陥っている。というのは、何行か先で彼は、最も美しい綴れ織りでも、これらの塗飾に匹敵できないだろう、と断定しているからである。恐らく、紅白粉《べにおしろい》のエロティックな効果も、これほど系統だって意識的に開発されたことはかつてなかっただろう。

堕胎や嬰児《えいじ》殺しの慣習と同様、ムバヤ族は彼らの顔を塗り飾ることによって、自然に対する一つの恐怖を表わしているのである。この先住民の芸術は、神がわれわれを初めに造り給うた材料であるという、粘土への最高の侮蔑《ぶべつ》を表明している。この意味で、先住民の芸術は罪と境を接している。サンチェス・ラブラドールは、イエズス会の宣教師としての観点から先住民芸術の中に悪魔を見抜いたという点で、奇妙に鋭いものを示している。先住民が星の形をしたモティーフで体を覆う技術について彼が叙述する時、彼自身、この未開芸術のプロメテウス〔ギリシア神話で、ゼウスに反逆して人間のために天から火を盗んだ神〕的側面を強調している。「このようにして、エイグアイィエギの一人一人は、自分をもう一人のアトラス〔ギリシア神話で宇宙を支える巨人〕だと思っているが、このアトラスは、肩と腕だけでなく体の表面全体で、幼稚に描き表わされた宇宙の支えになっているのである」。これは、人間が神の姿の反映であることを芸術を媒介として拒んでいるというカデュヴェオ芸術の例外的な性格を、よく説明してはいないであろうか。

この芸術で、とくに好んで用いられている棒や渦巻や縺《もつ》れの形をしたモティーフを眺めていると、どうしても、スペインのバロック様式を、その鍛鉄細工や化粧漆喰《スタッコ》を連想させられる。私たちは、もしかすると、単に征服者から借用されたに過ぎない様式を見ているのではないだろうか。先住民が幾つかのテーマを取り入れていることは確かであり、私たちはそうした過程の実例を知っている。一八五七年にパラグァイ河を航行していた西洋の軍艦を、先住民が初めて訪れた時のことだが、マラカニャ号の乗組員は、翌日、インディオたちが錨の形をしたモティーフで体を飾っているのを見た。一人のインディオなどは、上半身全体に士官の制服をそっくりそのまま、ボタンや飾り紐や革帯や裾《すそ》の割れ目までつけて描かせていた。このことは、ムバヤ族が当時すでに体に絵を描く習俗をもっていたこと、そしてこの技芸において、一種の名人芸の域にまで達していたことを立証している。さらに、コロンブス以前のアメリカでは稀であったとはいえ、曲線の多い彼らの様式は、アメリカ大陸の様々な地点で発掘された考古学的資料――そのあるものは、コロンブスの大陸発見に数世紀先行しているに過ぎない――との類似を示している。例えば、オハイオ河谷のホープウェル出土の遺物、ミシシッピー河谷のカッド族の比較的新しい土器、アマゾン河下流のサンタレンやマラジョー、あるいはペルーのチャビンで発見された遺物などである。このような広大な地域に分散していること自体、古さを示す一つの証拠である。

だが、真の問題はそこにはない。カデュヴェオ族の模様を注意深く見るならば、一つの異説を立てざるをえない。カデュヴェオ模様の独自性は、基本的なモティーフの独自性に基づいているのではない。基本になっているモティーフは、借用されなくとも十分独立に発明し得るほど単純なものである（そして恐らく、発明と借用とは並行していたのであろう）。すなわちカデュヴェオ模様の独自性は、これらのモティーフ相互の組合せ方に基づいており、いわば結果の段階、完成された作品の段階に位置づけられるものなのである。ところで、この組合せ方は極めて洗練され体系立てられているので、あるいはルネサンス時代のヨーロッパ芸術がインディオに何か関係のある暗示を与えたかもしれないが、それを遥かに凌駕《りょうが》している。それ故、出発点がどこにあったにせよ、他に例のないこの発達は、それ独自の理由によってしか明らかにすることができない。

私はかつて、カデュヴェオ芸術を、これと類似を示す他の芸術――古代中国、カナダとアラスカの西海岸、ニュージーランドなどの芸術――と比較することによって、こうした理由の幾つかを解明しようと試みたことがある。* 私がここに提出する仮説は、それとはかなり異なっているが、しかし矛盾するものではなく、前の仮説を補足するものである。

第17, 18図　身体塗飾. 左はボジアーニ（1895年）が, 右は著者（1935年）が, それぞれ採録したもの

＊「アジアとアメリカの芸術における表象の二面性」Le dédoublement de la représentation dans les arts de l'Asie et de l'Amérique.『ルネサンス』誌（第二、三巻、ニューヨーク、一九四五年刊）。

前の論文でも指摘しておいたように、カデュヴェオ芸術は一種の二元主義――男女の二元主義――によって特徴づけられる。一方は彫り、他方は描くのである。前者は多くの点での様式化にもかかわらず、ものを描写するという自然主義的な様式に執着している。これにひきかえ、後者は非描写的な芸術に専念している。今、この女性の芸術だけに考察を限って、そこにも様々な面で二元主義が現われていることを、私は強調したい。

女は二種の様式を用いて制作するが、どちらにも同じように装飾と抽象の精神が働いている。一つは角《かく》ばった幾何学的なものであり、他は曲線の多い自由な様式である。しばしば、装飾の構成は二つの様式の規則的な組み合せの上に成り立っている。例えば、一方が縁《ふち》取りや枠組みに用いられると、他方は中心になる装飾のために用いられる。更に対比が著しいのは土器の場合で、普通、頸部に幾何学装飾が施されて器体は曲線装飾であるか、またはその逆である。曲線様式は顔の塗飾に、そして幾何学的様式は体の塗飾に、それぞれ、より好んで取り入れられている。ただし、更に分割され、分割された各部分に、それ自体二つの組合せであるような一つの装飾が施されていることもある。

これらすべての場合について、完成された作品には、やはり対になって働く異なった諸原理のあいだの均衡を保とうとする配慮が読み取れる。元来は直線形であった装飾が仕上げの段階で手を加えられ、部分的に面に変形されることがある（丁度、われわれが機械的に絵を描いている時にするように、幾つかの空いた部分を埋めようとして）。大部分の作品は、二つの主題を交互に按配することによって成り立っている。そしてほとんどの場合、図柄と地とがほぼ等しい面積を占めているので、二つの役割を入れ替えて考えることによって、構図を二通りに読み取ることが可能である。つまり、各々のモティーフは、陽画としても陰画としても見ることができるのである。さらに装飾には、対称と非対称が同時に用いられた、いわば二重の原理が重んじられていることが多い。このことは、模様の描き込まれた面が互いに対置されるという形をとって現われている。パルティ〔左右に等分〕されたり、相称形にクーペ〔裁断〕されたりすることは稀で、よりしばしばトランシェ〔右上から左下に斜めに二分〕されるか、タイエ〔対角線によって斜めに等分〕され、あるいはまた、エカルトレ〔十字線で四分〕されたり、ジロネ〔風車模様〕になっていたりする。私は絵について語るのに、紋章学の用語を使っている。というのも、こうした規則のすべては、どうしても紋章の原理を思い出させるからである。

一つの例をとって分析を進めよう。ここに、単純なように見える身体塗飾の模様がある（第17、18図）。それは波形になり並行した縦の縞条《しまじょう》から成っている。縞条は長菱形《ちょうりょうけい》の規則的な区画を縁取っており、一区画一つの割合で、その中に小さな楯形模様が配置されている。しかし、こうした叙述は、人を誤らせるものだ。さらに仔細《しさい》に眺めてみよう。この叙述は恐らく、描き上げられた後の、概観を報告することにはなるであろう。しかしそれを描いた女は、先ず波形のリボンを描き、次いで空いている部分を楯形模様で飾ったのではない。彼女の遣り方はこれとは異なっており、そしてもっと込み入っている。彼女は舗石工夫《ほせきこうふ》のように、同一の要素を使って、順に繋がってゆく列を作る作業をしたのである。このようにして、各々の要素は、リボンの部分（それ自体、帯の凹形の部分と、これに隣接する帯の凸形の部分とから成っている）、長菱形の区画、そして区画の中央の一個の楯形とで構成されている。要素と要素は、接着せずに一つが他のもの

第19、20図　顔面および身体塗飾の二つのモティーフ

の上に鱗状《うろこじょう》に重ね合されているのであり、作業が終わって初めて、図は一つの安定を見出し、全体としてそれが作られた動的な方法が確定されもし、隠されてもしまうのである。

カデュヴェオの様式は、それ故、われわれを一連の込み入ったものに当面させる。先ず一つの二元主義があり、その二元主義は、丁度多くの鏡を取り付けた広間の中で起こるように、次々と続いている面に自らを投影して行くのである。男と女、絵画と彫刻、表象と抽象、角を成したものと曲線を成したもの、幾何学的模様とアラビア風模様、頸部と器体、対称と非対称、線と面、縁飾りと主想《モティーフ》、断片とその置かれている場、図柄と地など。しかしこれらの対置は、作業の終わった後に認められるのであり、静的な性格のものだ。芸術の動態、つまりモティーフが着想され描かれる遣り方は、この基本的な二元性をあらゆる面で裁断し直す。なぜなら、第一次の主題は先ずばらばらに解体され、次いで第二次の主題に再構成されるが、第二次の主題は、第一次の主題から借用された断片を、仮の統一に組み入れるからである。しかも、まるで手品の業にかけられたように最初の統一が再び姿を現わすような遣り方で、これらの断片は接合されるのである。最後に、こうした方法によって得られる錯綜《さくそう》した装飾は、それ自体が再び分断され、紋章の十字型の四分割――そこでは二つの装飾が、単に一方から他方へ繰り返されるか、彩色し直されただけの二つの部分が二組対置され、四つの区画に分割される――に似た方法で対置されるのである。

このようにして、カデュヴェオの様式が、なぜわれわれのトランプの様式を更に、微細な点で想起させるかを説明することが可能になる。トランプのカードに描かれた各々の絵姿は二つの必要に応じている。絵姿は先ず、一つの機能を担っていなければならない。そして、その機能は二重である。すなわち一個の客体《オブジェ》であること、そして向かい合った二人のパートナーのあいだの対話に――あるいは対決に――役立つことである。さらに各々の絵姿は、一つの集合、つまり一組の札の中の客体として、各々のカードに当てがわれた役割を演じなければならない。この複雑な任務から、幾つもの要求が生じて来る。機能に基づく対称性の要求、そして役割に応ずる非対称性の要求である。問題は、対称的でありながら、しかし斜めに対称であるという構成を取り入れることで解決される。このようにして、役割には満足を与えるが機能とは相容れない完全な非対称の形式も、そして、これとは反対の結果をもたらす完全に対称的な形式も、とらないで済む。ここでもやはり、問題となっているのは二元性の相矛盾する二つの形に対応した複雑な状況であり、この状況のもたらす結果は、客体としての理想的な軸と、客体が表わしている図柄の軸とを、二次的に対置させることによって実現された、一つの折衷となって現われている。しかし、こうした結論に達するためには、私たちは様式分析という次元を超えざるを得なかった。トランプの様式を理解するためには、その絵を眺めるだけでは十分ではない。トランプが何に使われているかということも考えてみなければならない。それでは、カデュヴェオ芸術は何に使われているのか。

私たちは、部分的にはすでにこの問いに答えておいた。というより、先住民が私たちのために答えておいてくれたのである。顔の塗飾は先ず、個人に人間であることの尊厳を与える。それは、自然から文化への移行を、「愚かな」動物から文明化された人間への移行を果たすのである。次に、カーストによって様式も構成も異なるこの塗飾は、複合的な社会における身分の序列を表現している。このようにして顔面塗飾は、或る社会学的機能をもっているのである。

このことの確認がどんなに重要であっても、その確認は先住民芸術の独自の性質を報告するには十分ではない。せいぜいそれは、先住民芸術の存在を説明するだけである。そこで、社会構造の分析を進めよう。ムバヤ族は三つのカーストに分れていたが、各々のカーストは、それにふさわしい礼儀作法を守ることに汲々としていた。貴族、そしてある程度まで戦士にとっても、最大の関心事は威信の問題であった。古い記録によると、彼らは、面子《メンツ》を保つこと、身分を汚さないこと、そしてとくに、身分の低い者と結婚しないことなどへの配慮でがんじがらめになっていたらしい。したがって、このような社会は分離の危険に脅かされている。自ら好んで、あるいは必要から、各々のカーストは、社会集団全体の融合を犠牲にしてまで、自分たちのことだけ考える傾向にあった。とくに、カースト内での婚姻と、身分の序列の微妙な隔りの拡大とは、集団生活の実際上の必要に応じた相互の結びつきの可能性を危うくするものであった。このようにして初めて、この社会のもつ自家撞着《じかどうちゃく》、すなわち出産に対しては頑《かたく》なな態度をとりながら、社会内部で身分の低い者と結婚する危険を避けるために、敵や他集団から養子を迎えるという、顚倒《てんとう》した対人差別を実施するようになった訳も理解されるのである。

こうした条件のもとで、ムバヤ族によって支配されている広大な領域の、北東と南西それぞれの境界地方で、地理的な隔たりにもかかわらず、ほとんど同一の社会組織の形が見出されるのも意味深長なことに思われる。パラグアイのグアナ族も中部マト・グロッソのボロロ族も、ムバヤ族のものに近い、身分序列のはっきりした構造をもっていた（そしてボロロ族の場合は現在ももっている）。これらの種族は三つの階級に分けられていたか、現在も分けられており、三つの階級は、少なくとも過去においては、異なる掟《おきて》に従っていたように思われる。これらの階級は世襲で、それぞれの階級内で婚姻を行なっていた。しかし、ムバヤ族に関して前述したような危険は、グアナ族においてもボロロ族においても、二つの半族(1)への分割によって部分的には避けられていた。ボロロ族については、半族が階級を分断していたことが知られている。異なる階級成員のあいだの結婚は禁じられていたにせよ、それとは逆の義務が二つの半族には課せられていた。つまり、一つの半族の男はもう一方の半族の女を娶《めと》る義務があり、それは相互的なものであった。したがって、階級の非対称性が、或る意味で半族の対称性によって均衡を与えられているということができる。

序列化された三階級と均衡をもった二つの半族とから成るこの複合構造を、不可分な一つの体系として考察すべきであろうか。それも可能である。また、階級と半族という二つの側面を区別し、一方が他のものより古いと考えるのも興味あることである。その場合、階級、半族のいずれについても、一方が他方に先行したという論拠はいろいろと挙げることができよう。

ここでわれわれにとって関心のある問題は、これとは異なる性質のものである。グアナ族とボロロ族の体系について、私は極く簡単に叙述しただけであるが（ボロロ族については、彼らのところに私が滞在していた時のことを後で述べる際に、再び取り上げる）、この体系が、カデュヴェオ芸術に関して様式の次元で私が取り出した構造に類似した構造を、社会学的な次元で示していることは明らかである。両者いずれの場合にも二重の対立が問題なのである。社会学的な次元においては、構造は先ず、三分組織と双分組織という、一方は対称性をもたず他方は対称性をもった組織の対置のうちに存在しており、第二に、一方は相補性に他方は上下の序列関係に基づく二つの社会機構の対置のうちに存在している。これらの互いに矛盾する原理に忠実であり続けようと努めるならば、その結果、社会集団は、連携し対立する更に小さい

第21図　顔面塗飾

集団に分割され、再分割される。紋章がその図柄の中に、様々な血統から受けた特権を凝集させているように、社会もタイエ〔対角線によって斜めに等分〕されクーペ〔裁断〕され、パルティ〔左右に等分〕され、あるいはトランシェ〔右上から左下に斜めに二分〕されているのである。ボロロ族の村落が、カデュヴェオ族の絵と同じ遣り方で組織されていることを知るためには、ボロロ族の村落の平面図を注意深く見るだけで十分だ（後で私はそれを示す積りである）。

社会構造の矛盾に当面したグアナ族とボロロ族では、あたかも、彼らがその矛盾を純粋に社会学的な方法で解決する（あるいはそう見せかける）ことに成功したかのように、すべてが営まれている。彼らはムバヤ族の影響の及ぶ範囲に入る前に半族をもっており、このようにして、矛盾を解決する手段はすでに彼らが利用できる状態にあったのかもしれない。あるいは、彼らは半族という制度を後になって発明したか、他の社会から取り入れるかしたのかもしれない。なぜなら、貴族の尊大さも、地方では十分には確立されていなかったからである。まだほかにも、仮説はいろいろと考えることができる。ムバヤ族にはこの解決方法が存在しなかったが、それはムバヤ族がそれを知らなかったからか（蓋然《がいぜん》性が少ない）、あるいはむしろ、彼らの狂信的な性格と相容れなかったからであろう。それゆえムバヤ族は、自分たちの矛盾を解決する機会を、少くとも、そうした矛盾を狡猾な制度で覆い隠す機会をもたなかった。しかし、社会的な面ではムバヤ族に欠けていた、もしくは、それを求めることを彼らが自らに禁じていた救済法は、完全に彼らの手から逃れてしまったわけではなかった。それは潜伏して、彼らを揺さぶり続けた。そしてムバヤ族は、この救済法を意識することも、それを生活の中に取り入れることもできないままに、それを夢みることを始めたのだ。彼らの習俗の先例に反するような直接的な形ではなく、移し変えられた形で、無害な外見を装って、すなわち彼らの芸術においてである。もしこの分析が正しいとすれば、社会の利害や迷信が妨げさえしなければ実現できたはずの諸制度を象徴的に表わす方法を、飽くことのない情熱で探し求める一社会の幻覚として、最終的にはカデュヴェオ族の女の絵画芸術を解釈し、その芸術の神秘な魅惑や、一見何の根拠もないように思われるその錯綜ぶりを説明すべきであろう。素晴しい文明ではないか、そのクィーンたちは化粧で夢を囲むのだ。化粧は決して到達できない黄金の時を叙述する神聖文字であり、法典がないので、クィーンたちは身を飾ってその時を祝福するのである。そして自らの裸体を現わすように、黄金の時のヴェールを外して見せるのだ。

〔1〕或る特定の二つの単系血縁集団があって、それが互いに結婚し合うようになっている組織の各々を半族という。またこの語は、広い意味で、一つの社会が二つに分けられ、宗教的、社会的、その他の機能を相互補完的に果たしている場合にも用いられる。

中公
クラシックス
W3

悲《かな》しき熱帯《ねつたい》 I
レヴィ=ストロース

2001年4月10日初版
2024年2月1日22版

訳　者　　川田順造
発行者　　安部順一
印刷　TOPPAN
製本　TOPPAN
発行所　中央公論新社
〒100-8152
東京都千代田区大手町 1-7-1
電話　販売 03-5299-1730
　　　編集 03-5299-1740
URL https://www.chuko.co.jp/

訳者紹介

川田順造（かわだ・じゅんぞう）
1934年（昭和9年）東京生まれ。
東京大学教養学部教養学科（文化人類学分科）卒、同大学大学院社会学研究科博士課程修了。パリ第5大学民族学博士。東京外国語大学アジア・アフリカ言語文化研究所教授、広島市立大学国際学部教授、神奈川大学大学院歴史民俗資料学研究科教授を経て、現在神奈川大学特別招聘教授・同大学日本常民文化研究所客員研究員。2009年（平成21年）、文化功労者として顕彰される。著書に『口頭伝承論』『聲』『人類学的認識論のために』『母の声、川の匂い』『日本を問い直す』『文化人類学とわたし』『〈運ぶヒト〉の人類学』『富士山と三味線』『人類学者への道』がある。また近訳書に『月の裏側　日本文化への視角』（レヴィ=ストロース）がある。

Published by CHUOKORON-SHINSHA, INC.
Printed in Japan　ISBN978-4-12-160004-2　C1220

■「終焉」からの始まり
——『中公クラシックス』刊行にあたって

二十一世紀は、いくつかのめざましい「終焉」とともに始まった。工業化が国家の最大の標語であった時代が終わり、イデオロギーの対立が人びとの考えかたを枠づけていた世紀が去った。歴史の「進歩」を謳歌し、「近代」を人類史のなかで特権的な地位に置いてきた思想風潮が、過去のものとなった。

人びとの思考は百年の呪縛から解放されたが、そのあとに得たものは必ずしも自由ではなかった。固定観念の崩壊のあとには価値観の動揺が広がり、ものごとの意味を考えようとする気力に衰えがめだつ。おりから社会は爆発的な情報の氾濫に洗われ、人びとは視野を拡散させ、その日暮らしの狂騒に追われている。株価から醜聞の報道まで、刺戟的だが移ろいやすい「情報」に埋没している。応接に疲れた現代人はそれらを脈絡づけ、体系化をめざす「知識」の作業を怠りがちになろうとしている。

だが皮肉なことに、ものごとの意味づけと新しい価値観の構築が、今ほど強く人類に迫られている時代も稀だといえる。自由と平等の関係、愛と家族の姿、教育や職業の理想、科学技術のひき起こす倫理の問題など、文明の森羅万象が歴史的な考えなおしを要求している。今をどう生きるかを知るために、あらためて問題を脈絡づけ、思考の透視図を手づくりにすることが焦眉の急なのである。

ふり返ればすべての古典は混迷の時代に、それぞれの時代の価値観の考えなおしとして創造された。それは現代人に思索の模範を授けるだけでなく、かつて同様の混迷に苦しみ、それに耐えた強靭な心の先例として勇気を与えるだろう。そして幸い進歩思想の傲慢さを捨てた現代人は、すべての古典に寛く開かれた感受性を用意しているはずなのである。

（二〇〇一年四月）